Moments littéraires

Preface

Moments littéraires introduces a selection of French literary masterpieces from the Middle Ages to the present day to intermediate students at the college level and those in third, fourth, and fifth year high school classes. It may be used by itself for a single term, or in conjunction with a grammar review text for an entire academic year. For many students, this anthology will represent the first encounter with French literature, and the readings have been selected with that in mind. They represent major trends and accomplishments of each period; they also introduce certain minor literary figures whose works are particularly interesting and suitable for intermediate students.

The language of some of the texts from the medieval period and the sixteenth century has been modernized for ease of reading. All of the other works are presented in their original form. This may seem to be a linguistic obstacle in some cases, but

> With literature, there is some special incentive involved: enjoyment; suspense; a fresh insight into issues which are felt to be close to the heart of people's concerns; the delight of encountering one's own thoughts or situations encapsulated vividly in a work of art; the other, equal delight of finding those same thoughts or situations illuminated by a totally new, unexpected light or perspective: all these are incentives which can lead learners to overcome enthusiastically the linguistic obstacles that might be considered too great in less involving material. (Collie and Slater, *Literature in the Language Classroom,* Cambridge University Press, 1987, pp. 5–6.)

Poems, essays, and short stories appear in their entirety, for the most part, while scenes from plays and episodes of novels have been chosen for their unity and interest.

FEATURES OF THE TEXT

Historical and Literary Analyses

Each chapter covers a period in French history. Chapters begin with a brief historical and literary analysis of the period (in French). Literary genres are introduced. This ample contextual support is essential to enable intermediate-level students to read with success.

Prereading Sections

Passage-specific prereading strategies appear throughout the text to encourage students to read the pieces all the way through without resorting to dictionary searches. Often students are urged to skim through a piece once to get the gist or to scan for specific information. This type of quick read-through is meant to precede a subsequent close reading. These strategies help students to develop techniques that facilitate effective reading.

The prereading activities also introduce students progressively to the most common literary devices (**personnification, métaphore, comparaison,** etc.) and the simplest characteristics of versification (**rimes, pieds,** etc.). Each of these stylistic elements is presented as needed to facilitate its accompanying reading, rather than as part of an overwhelming cluster of facts. Note also the section entitled "Strategies for Successful Reading" in the «Chapitre préliminaire», which provides detailed reading guidance.

Glosses

While the readings are glossed to facilitate comprehension, the overwhelming majority of glosses are in French to strengthen students' ability to arrive at meaning from context. Good readers are effective guessers who avoid turning to the dictionary to search for every new word. The use of French glosses will encourage intelligent guessing, among other techniques, by guiding students to build upon words and word families they already know, to recognize cognates, and to perceive patterns of spelling changes from English to French. Where appropriate, on-page footnotes supplement the glosses, providing cultural or literary background needed for comprehension.

Compréhension

«Compréhension» questions, also in French, follow each selection, to prompt students to read closely for general comprehension and vocabulary development. The questions lead students to use the selection's essential vocabulary as well as to understand its structure. «Compréhension» takes into consideration the fact that intermediate students' reading skills are usually more advanced than their speaking or writing skills. The questions are therefore constructed with the level of these skills in mind. They challenge students, but ask them to produce only what they are capable of producing.

Perceptions

The «Perceptions» questions guide students to think about the reading from a variety of perspectives. The questions concern points of style, ideas and questions raised by the author, and personal reactions to the work and its content. In addition, they may offer ideas for paired role-plays and other activities. This section provides practice in speaking and writing and is pitched slightly beyond students' likely level of proficiency in these skill areas. One goal of intermediate courses is generally to develop these productive skills as well as the receptive skills of listening and reading to the extent that each student approaches the higher ranges of Intermediate on the ACTFL scale. (See chart of Functions, Context, Content, Accuracy, and Text Type from the ACTFL scale, p. x.)

Synthèse

At the end of each chapter, a «Synthèse» section enables students to compare and contrast authors and works within that period, both orally and in writing, through a carefully structured progression of tasks ranging from concrete to abstract analyses. This progression mirrors students' likely development of speaking and writing ability from Intermediate toward Advanced on the ACTFL scale. In the «Chapitre préliminaire», a section entitled "Strategies for Successful Writing" provides ample guidance for this written work, adding the dimension of composition to the reading and conversational focus of this anthology.

These features have been designed to afford students a working knowledge of French literature, while developing all four skills. This anthology is by no means meant to be a complete history of French literature. Women writers, often unduly neglected in traditional anthologies, are well represented here. Certain major figures have been omitted because of space considerations and the stated goals of readability and interest. For the same reasons, a limited number of authors have been included from the earlier centuries. *Moments littéraires* does, however, present the chronological evolution of French literature in a manner conducive to preparing intermediate-level students for more intensive study in the field.

Acknowledgments

A book is the work of many people: its authors, yes, but also those who have accepted its concept, bettered its manner of expression, and nurtured its development. For this we thank Vince Duggan, Gina Russo, and Denise St. Jean. They understood from the first how an intermediate-level anthology could introduce students to great works of French literature while increasing their proficiency.

We wish also to thank the following instructors who completed a series of reviews during the development of *Moments littéraires*. Their participation does not imply their endorsement of the book.

Annette Baslaw, New York University
Isabelle Kaplan, Williams College and ACTFL
Constance Knop, University of Wisconsin, Madison
Robert Kreiter, University of the Pacific
Clara Krug, Georgia Southern College
Carol Murphy, University of Florida, Gainesville
Nancy O'Connor, Middlebury College
Lorraine Paszkeicz, San José High School
Annette Plante, SUNY—Potsdam
Mary Rogers, Wichita State University
Mary Savage, St. Cloud State University

Assessment Criteria: Speaking Proficiency

	GLOBAL TASKS/FUNCTIONS	CONTEXT	CONTENT	ACCURACY	TEXT TYPE
Superior	Can discuss extensively by supporting opinions, abstracting and hypothesizing	Most formal and informal settings	Wide range of general interest topics and some special fields of interest and expertise; concrete, abstract and unfamiliar topics	Errors virtually never interfere with communication or disturb the native speaker	Extended discourse
Advanced	Can describe and narrate in major time/aspect frames	Most informal and some formal settings	Concrete and factual topics of personal and public interest	Can be understood without difficulty by speakers unaccustomed to non-native speakers	Paragraph discourse
Intermediate	Can maintain simple face-to-face conversation by asking and responding to simple questions	Some informal settings and a limited number of transactional situations	Topics related primarily to self and immediate environment	Can be understood, with some repetition, by speakers accustomed to non-native speakers	Discrete sentences and strings of sentences
Novice	Can produce only formulaic utterances, lists and enumerations	Highly predictable common daily settings	Common discrete elements of daily life	May be difficult to understand, even for those accustomed to non-native speakers	Discrete words and phrases

Reprinted with permission, American Council on the Teaching of Foreign Languages (ACTFL).

Table des Matières

Moments littéraires

Pour mieux lire et écrire: Conseils pratiques

✦ Strategies for Successful Reading

As you read a passage in your native language, you are likely to employ many techniques to facilitate the reading process. However, it is quite possible that you are unaware either of these strategies or of their applicability to any language. If so, you may not realize that you can draw upon them when reading in French. This introductory discussion will list some of the most common reading strategies and explain how each may be useful to you. In addition, immediately before each reading passage you will find a highlighted section, «PREPARATION», with an activity that incorporates a reading strategy that we feel is particularly appropriate to that text. Performing these activities will allow you to implement each strategy discussed here and to assess its effectiveness for you as a reader.

Our goal in presenting this general discussion of reading strategies is to help you to become a fluent reader of French. We all know how frustrating it is to refer to a dictionary or a glossary at the end of the book every time you come across a seemingly unknown word. Searching for individual words takes a lot of time, interrupts the continuity of the reading, is quite boring, and often leads to written English translations atop the French words whose meanings still escape you at the end of the reading! The processes effective readers use are often automatic and subconscious. You probably use a number of them already when reading in English. We will attempt here to bring them to the surface for you, so that they will also become part of your repertoire when reading in French.

THE READING PROCESS

As you read, do you assume that the most important part of the process of understanding goes on between your eyes and the words on the page? Actually, the next phase, what happens between your eyes and what is already in your head, is probably much more important. It is at this

1

stage that you draw upon your past experiences and what you know about the world to make sense of the print on the page. Some of the activities suggested here and at the outset of each reading are intended to make you actively aware of the facts related to the reading's content that you already possess. When you are thinking about a subject in a focused manner, you will be much more likely to make the kind of intelligent guesses that facilitate reading. The best guessers are often the best readers!

BRAINSTORMING

When you read the title (or first sentence) of a story or are otherwise introduced to its theme, it is often helpful to guess what you are likely to encounter as you read the passage. Thinking about the topic will help reactivate previously learned related vocabulary stored in your memory, and you will thus be better prepared to read.

INTRODUCTORY MATERIAL

What you find in visual or written form before the reading passage is there to orient you. It may inform you about an author, a period of time, a style, a particular fact necessary to understand the work, and so on. Be sure to examine this material before you approach the reading itself. It should help you avoid some of the difficulties inherent in the reading.

SKIMMING

A very useful technique when approaching a new reading is skimming. This consists of a quick (perhaps 2–3 minutes per page) read-through of the passage with the aim of getting a general sense of the meaning or gist of what you have read. Following this reading, you will be able to answer such general questions as whether it is about a person, a place, or an event. During this kind of reading, your eyes should travel from left to right over each line in a continuous fashion. You will not have time to stop to ponder over the unfamiliar. Instead, your purpose should be to get a general sense of the reading's content. After the first skimming, you already understand the general outline and are ready for a closer reading.

SCANNING

Scanning is another initial reading technique that you will be asked to try with certain readings, and that you might use yourself whenever you read. This strategy is particularly useful when you know in advance that a particular passage will contain certain features. As you read, train your eyes to search for and stop at these different bits of information. For example, you may be aware that a given passage will contain many dates. Underline each as you reach it, to gain a sense of the time period of the reading. Or perhaps you will encounter a detailed description of a character in a novel or short story. You may choose to circle all the adjectives that tell you something about this character.

Like skimming, scanning can introduce you to some important components of the passage, give you a general sense of its content, and prepare you to go back and read more closely. When you have practiced using skimming and scanning prior to detailed reading, you may find that the confidence gained from your general awareness of its content makes the presence of some unknown words or forms less bothersome to you.

VOCABULARY AND GENERAL MEANING

Guessing from the Context

When you encounter a new word in isolation, its meaning may be impossible to fathom. When you see that same word in context, though, the difficulty may evaporate. Because the other words in the sentence are known to you, you can figure out the meaning of the unknown one.

Example: Do you know the meaning of **tracassent**? Read the following lines from *La Farce du cuvier*:

Ma femme là, sa mère ici,

Comme des démons, me tracassent,

Je n'ai repos ni loisir,

Pas de bonheur, pas de plaisir!

Now in context can you come closer to guessing that the word means *cause problems*?

Realize also that cues to the word's meaning may not appear in the same sentence, but later in the paragraph. Guessing from context means not jumping immediately to the glossary or a dictionary, but waiting instead until the context develops. After you try to arrive at a meaning on your own, these devices will serve for confirmation rather than information.

Families of Words

Many new words you will meet will resemble other words you have already learned. Even though these words are new, you can usually trust your hunch that they are indeed another form of an already known word. The glosses you will find in the margins will help you with this process. They will often refer you to a similar word in French, or an infinitive if the difficult word is a verb form.

Example: Each of the following words appears in passages you will read. Look at the word in parentheses and with this association to a more familiar word, attempt to guess the new one:

la perte   (perdre)

je me venge   (vengeance)

éloigné   (loin)

méprisante   (mépriser)

voulussiez   (vouloir)

Cognates

Many words are the same, or almost the same, in both French and English. These **mots apparentés** will often be noted for you in the glosses. Again, it is a question of freeing up your imagination to reach for the seemingly unknown! (The few false cognates you will run across should not deter your guessing about the meaning of most French words that look like English words.)

Example: Guess the meaning of the following words that you will encounter in the passages of the book:

la destinée

une torture

attaqués

des privilèges

dégrader

Patterns of Change

Certain letters and accents in French suggest certain letters in English. These patterns will often be noted for you.

For example, when you see an **accent circonflexe** above a vowel and before a **t,** if you add an **s** before the **t** you will often be close to the corresponding word in English.

hôte (*host*)

Or an **é** followed by a **t** in French can often be close to an English word by changing the **é** to **s**.

état (*state*)

And the ending **-ment** is often the equivalent of -*ly* in English.

gracieusement (*graciously*)

Also, **-eur** in French is often like -*er* or -*or* in English.

danseur (*dancer*)

Verb Tense Endings

Probably no one technique will help you in your reading more than that of focusing on the exact time frame suggested by the verb ending. A review of verb tenses is strongly suggested. Knowing whether the passages are narrating and describing in past, present, or future time will immediately establish a frame of reference for you.

Sentence Structure

In our native language we read with certain expectations of the words on the page. Sentences usually revolve around a subject, a verb, and the complement of that verb (its object and other related words). As you read in French, identify this core of each sentence. Often the meaning of the sentence will fall into place once this is done. This is especially true when the sentence is elaborately constructed and/or contains many difficult words. In the following sentence, underline the subject, circle the verb, and put parentheses around the complements:

Le capitaine, un grand monsieur, maigre, à longs favoris, se promenait sur la passerelle d'un air important... .

GENERAL SUGGESTIONS

These reading strategies should be considered each time you begin a reading assignment. Even if just one of these is suggested at the beginning of the reading, you may want to consider others that you have found helpful. The few minutes you spend in preparation will pay off royally in an easier, shorter, more interesting reading of your class assignment.

USING THE DICTIONARY

Our suggestions thus far have been directed toward strategies that will enable you to avoid the frequent looking up of words in a passage. If, after implementing all of these strategies, you still need help in deciphering a word, then it is probably time to turn to your bilingual dictionary. Before opening it, however, keep in mind that only rarely will you find just one definition listed for the word you have looked up. How can you pick the correct meaning? Here are a few suggestions.

- Identify the part of speech you are looking for. Is it a verb, a noun, an adjective, etc.? This will begin the narrowing-down process.

  EXAMPLE: (*Les Maximes*) «...le vent éteint les bougies et allume le feu.» Once you realize that **éteint** and **allume** are verbs, you should search for the meaning of their infinitive forms, **éteindre** and **allumer**.

- Grammatical considerations can also help you. For example, if you need to define a verb, consider whether it is transitive (a direct object follows) or intransitive (an indirect object follows). Is it a pronominal (or reflexive) verb?

  EXAMPLE: (*Lettres*—Madame de Sévigné) «...vous vous avisez donc de penser à moi...». The realization that **vous vous avisez** is a pronominal verb form will narrow your dictionary search, enabling you to focus on the entries for **s'aviser**.

- Always keep in mind the context of the word you are looking up. Even though the contextual guessing you practiced prior to going to the dictionary did not yield the meaning of the word, remaining aware of its context within the reading may help you find its correct meaning among the many listed.

  EXAMPLE: (*Emile*) «Supposons que, tandis que j'étudie avec mon élève le cours du soleil et la manière de s'orienter, tout à coup il m'interrompe pour me demander à quoi sert tout cela.» Rereading the rest of the sentence (and even the rest of the paragraph) will help you decide which of the meanings of **cours** (*path, course*) makes sense.

- Consider whether the word you are looking up is part of a longer expression. If this is the case, you may discover that the entire expression appears in the listings, usually toward the end of the dictionary entry. Be aware that you may have to look up the expression under more than one of its component words before finding the meaning of the entire expression.

EXAMPLE: (*Lettres persanes*) If you have trouble with «il a l'air bien persan», finding the expression **avoir l'air** (*to seem*) will be your key to the meaning of **l'air** in this passage.

Once you have identified the appropriate definition of a word or expression, be sure to verify the definition you have selected by checking it against the context of the passage. Being thorough will make your limited use of the dictionary a valued strategy for successful reading.

◆ Strategies for Successful Writing

The central task of writing is that of negotiating meaning with a partner, the reader, who is absent. In a conversation, instant clues such as interruptions and facial expressions indicate when clarifications are needed. With writing, there is no such feedback. The writer must anticipate the reader's questions and address them in a clear and complete way. Writing in a foreign language, therefore, is as much a negotiation problem as it is a language problem. The following strategies will help you become a better writer in French.

1. «Faire ce qu'on peut avec ce qu'on a»

One of the first rules of survival is, as the French saying above tells us, to do what you can with what you have. Applied to a French writing assignment, this means using what you already know in French, instead of trying to translate literally to French the thoughts that come to you in English. Remember that direct translation often leads to linguistic disaster and that in any language there are many ways to get a message across, including *simpler* ways. If the ideas that come to your mind are too sophisticated for *your* French, do not try to translate; instead, reformulate! Ask yourself: "How can I say this with the words and the structures that *I* know?"

For example, if you are not sure of your ability to narrate or describe in the past, at first stay away from the past! *Le présent de narration* is much safer and perfectly acceptable in many contexts.

Before you rush to the dictionary, activate the vocabulary that you already have in French and see if you can convey the same idea with familiar terms. You may have to settle for less precision, but you will be more in control of what you write, and your message will be clearer. When you do have to resort to the dictionary, keep in mind the instructions that appear on pp. 6–7.

2. Knowing What to Say

Thinking of what to say about a given topic is not always easy. The main obstacle may be that you are expecting too much too soon. Do not be discouraged if you are unable to generate novel ideas and smooth prose instantly. If you look at writing as a series of little steps, the task may not be quite so overwhelming. The first of these steps is brainstorming, in groups or by yourself; taking notes is essential during this part of the process. The trick is to generate ideas on the topic at hand as quickly as possible. These can be expressed as single words or whole thoughts as long as the flow is unstructured, free from screening and judging. "Dumb ideas" can be tossed away later.

When generating ideas, start with small, concrete events from your personal experience. If your topic is the role of joy and suffering in life (see «Synthèse», p. 35), think of moments of joy and moments of suffering in your life. The way to capture your reader's interest is to write about what you know best. From the concrete, you can then move to the abstract by asking yourself: What generalizations can be made from the way the event unfolded? What conclusions can be drawn from this experience?

Once you begin brainstorming in this fashion, you may be surprised to find out how much you have to say about nearly any topic.

3. The Reader's Role

What you say and how you say it often depends on the audience you are addressing. For a letter on the moral codes of modern society (see «Synthèse», p. 35) consider the following potential readers: an old-fashioned grandparent, a younger brother or sister, or a newspaper editor. For each of those readers your purpose, your tone, and the examples you would use might be entirely different, because each audience has to be approached in a different way. In fact, one key to good writing is a sense of audience. When you have a "real" reader in mind, writing is no longer a mechanical act but instead becomes real communication.

If your reader is not defined for you, create your own best audience. Writing to the teacher may not be the best policy, because teachers read and grade and can thus be intimidating. Find and define an audience with whom you feel comfortable. It will help your writing come alive; it may also raise your grade because everyone, including teachers, appreciates lively writing.

4. Order and Organization

Once you have generated ideas and decided on a reader, look for a common thread among your ideas and define your thesis or the main point you want to make. It doesn't have to be a striking universal truth; it only needs to be something that matters to you, a message worth sharing with your chosen audience. For example, if the ideas you have generated on joy and suffering point to the fact that, from your point of view, it is necessary to experience the bad to appreciate the good, therefore suffering and joy are interdependent, this can be your thesis. Your whole essay will then revolve around this statement. Your thesis determines where you are going. Now how do you get there?

The next step is to review your notes and organize them. Does each idea relate to your thesis? If the connection is not immediately evident, delete the idea. If it does relate, determine how and group your ideas into categories and subcategories. If an idea or illustration seems to fall into several categories at once, assign it to one arbitrarily, remembering that you can always move it later.

After grouping comes sequencing or putting the groups in an order that seems logical to you. Anticipate your reader's logic as well: "What will s/he want to know first? What will s/he logically want to know next?" Your outline might look something like this:

> Introduction
>
> I. Main idea #1
>   A. supporting idea #1
>   B. supporting idea #2
>   etc.
>
> II. Main idea #2, with itemized supporting ideas
>
> III. Main idea #3, with supporting ideas
> etc.
>   Conclusion

5. Introductions and Conclusions

Introductions and conclusions should be relatively short and written after you have shaped the rest of the essay.

A good *introduction* has three purposes: (1) to establish the topic; (2) to tell the reader how you are approaching the topic; and (3) to "hook" the reader. Among the many ways to capture a reader's interest are:

- Beginning with a shocking statement or an idea that seems self-contradictory and therefore demands further explanation. To introduce the topic of modern society's moral codes, such a statement could be: «La société moderne parle de nouvelle moralité pour défendre l'immoralité.»

- Asking a rhetorical question that readers cannot resist thinking about, like «La société d'aujourd'hui repose-t-elle encore sur des principes moraux?»

- Using a narrative opener, such as a short anecdote, to illustrate your point.

In all cases, avoid opening statements such as «Dans cette dissertation, je vais analyser...».

The *conclusion* is not a summary of the essay, a repetition of its thesis, or a last word, though it must signal the end of the essay. This can be accomplished in a number of ways.

- Without summarizing or repeating, you may come full circle and return to the essay's opening. If you began with a question, a natural way to conclude is to give the answer. If you began with a narrative about someone, return to that person, possibly in a different predicament.

- Save a clinching statement or anecdote for the end as a reminder of your main point.

- Consider your topic as a subtopic of larger issues and talk about the long-run implications of your thesis. Offer a final, provocative thought to ponder.

6. The Development of Ideas

An essay is like a road; if it reads as though you are driving a few yards in one direction, then a few yards in another, and yet another, with abrupt stops along the way, what you have is a series of disconnected sentences—and poor writing. To achieve unity, you must remove the stop signs and connect the pieces together. This is what constructing a paragraph is all about. Each main idea in your outline can become the basis for a paragraph, with one central focus to which all supporting information relates. Connecting words and punctuation both signal specific relationships between clauses and sentences. Connectors include relative pronouns (**qui, que, dont, où,** etc.) and a number of conjunctions and adverbs. The list below will help you achieve cohesion in French.

Relationship	*Common connectors*
Sequence	Tout d'abord (*first of all*), puis/ensuite (*then*), enfin (*finally*)
Additions	Et (*and*), aussi (*also*), d'ailleurs (*furthermore*), surtout (*especially*), ou (*or*), ou plutôt (*or rather*), en fait (*actually*)
Explanation	Parce que (*because*), à cause de (*because of*), puisque/comme (*since*), car (*for*), c'est pour cette raison que (*that is why*), la raison pour laquelle (*the reason why*), c'est-à-dire (*that is to say*), en d'autres termes (*in other words*)

Illustration	Par exemple (*for example*), comme (*like, as*)
Contrast	Mais (*but*), d'une part... d'autre part (*on one hand . . . on the other hand*), cependant/pourtant (*however*), néanmoins (*nevertheless*), par contre (*on the contrary*), malgré (*in spite of*), au lieu de (*instead of*), bien que [+ subjonctif] (*even though*), alors que/tandis que (*whereas*), même si (*even if*)
Consequence	Alors/donc/ainsi (*so, therefore*)

Unity within a paragraph is further achieved through proper development. Have you stated your main idea clearly? Have you provided explanations, examples, reasons, and implications as needed? Have you anticipated and answered all of your reader's questions?

Just as essential as linking sentences within a paragraph is linking the paragraphs themselves. In a well-constructed essay, each separate paragraph should not signal a complete stop but a "breather" between two ideas that share a common thread. Here are three ways to establish transitions or linkages between paragraphs:

- Use connectors: **Pourtant, d'autre part,** etc... (see the preceding list).

- Raise a question at the end of paragraph 1 («La société est-elle donc destinée à l'échec?»); answer it at the beginning of paragraph 2 («L'espoir est encore vivant, car...»).

- Recall a key word or idea from the preceding paragraph («Un retour aux traditions semble donc être une solution. Une autre solution...»).

7. «Vingt fois sur le métier remettez votre ouvrage»

In trying to define **l'art d'écrire,** seventeenth-century French writer Boileau said:

Hâtez-vous[1] lentement, et, sans perdre courage,

Vingt fois sur le métier[2] remettez votre ouvrage[3]:

Polissez[4]-le sans cesse et le repolissez;

Ajoutez quelquefois, et souvent effacez[5].

In other words, write and rewrite!

Rewriting or editing for *content* is basically the process of asking yourself questions such as: Does this belong? Is that exactly what I mean? What's missing? Have I kept my audience in mind throughout? Is the information clearly organized? Does one thought lead logically into an-

---

1. allez vite 2. *loom* 3. travail 4. *polish* 5. *erase*

other? Does each paragraph support my thesis? Does my work have a clear beginning, evolution, and conclusion?

Editing or proofreading for *form* is the process of asking yourself another set of questions: Do the verbs agree with the subjects? Do I have the right tenses? (Note: Do not mix present and past!) This is a compound tense with **être** as the auxiliary—does my past participle agree with the subject? Here the auxiliary verb is **avoir**—is there a preceding direct object and therefore a past participle agreement? Have I used some verbs or conjunctions that require the subjunctive? Do the adjectives agree with the nouns? What about word order? Is this the right preposition? What about my articles? Is this the right gender? Is this word spelled correctly? What about accents? (Note: For gender and spelling, check the dictionary.)

And of course, as you edit your French, remember the basic rule of writing in a foreign language: FOR SAFETY AND CLARITY, DO NOT TRANSLATE—REFORMULATE!

Finally, remember that while writing is a language task, good writing, in French or in any language, involves first of all clear thinking. As you approach each writing assignment, remember Boileau's advice:

Avant donc que d'écrire apprenez à penser.
Ce que l'on conçoit[6] bien s'énonce[7] clairement.
                                        —*L'Art poétique,* Chant I

---

6. Infinitif: concevoir 7. se dit

Pol de Limbourg, Calendrier des très riches heures du Duc de Berry:
Août. Chantilly, Musée Condé.

CHAPITRE 1
Le Moyen Age

ONGTEMPS ignoré ou considéré comme une longue nuit entre la chute de l'Empire romain et l'avènement de la Renaissance, le Moyen Age est une période de mille ans qui s'étend du 5ᵉ au 15ᵉ siècle et qui, loin d'être une époque barbare, nous a laissé de nombreux trésors littéraires. Dans le contexte d'une période aussi vaste, on ne peut guère parler d'*une* littérature médiévale; pour comprendre l'évolution de cette littérature, il faut d'abord comprendre la société dont elle est l'expression.

La société du Moyen Age, principalement rurale jusqu'au 12ᵉ siècle, est une société féodale divisée en 3 classes: les «oratores» (terme latin pour «ceux qui prient»), les «bellatores» (ceux qui se battent) et les «laborantes» (ceux qui travaillent). Chaque classe a donc des fonctions bien définies mais c'est une organisation qui repose sur la réciprocité des besoins.

En tant que représentants de Dieu sur la terre, les oratores sont les plus privilégiés. Tout le monde a besoin de leurs prières pour recevoir le salut[1] éternel. Les oratores ont à leur tour besoin des bellatores pour les protéger et des laborantes pour les nourrir.

Les bellatores sont les propriétaires terriens, les seigneurs[2] qui sont toujours en guerre pour défendre ou aggrandir leurs territoires. Ils dépendent du clergé pour les purifier des péchés de la guerre; ils dépendent aussi des laborantes qui assurent leurs moyens d'existence.

Les laborantes, ou les serfs, représentent 90% de la population. La terre qu'ils travaillent, les maisons qu'ils habitent, les fours où ils font leur pain, tout appartient aux seigneurs à qui ils doivent service et obéissance en échange contre la protection et la sécurité.

La société féodale est une pyramide hiérarchique de vassaux[3] et de seigneurs. Les serfs sont les vassaux d'un seigneur qui est lui aussi le vassal d'un seigneur plus puissant, jusqu'au roi de France qui est au sommet de la pyramide. Et tous, y compris le roi, sont les vassaux de l'Eglise qui exerce un contrôle absolu sur la destinée des âmes[4] et domine tous les aspects de la vie médiévale. C'est ainsi que les monastères et les abbayes sont pendant longtemps les seuls centres de la vie intellectuelle. L'Eglise protège les arts et l'architecture, comme en attestent les grandes cathédrales romanes et gothiques. Au 13ᵉ siècle, elle fonde aussi les premières universités, dont la Sorbonne qui reçoit son nom de son premier directeur, le théologien Robert de Sorbon. C'est enfin l'Eglise qui, du 11ᵉ au 13ᵉ siècle, appelle les «chevaliers»[5] à délivrer la Terre Sainte[6] des «Infidèles de l'Islam» et à défendre la chrétienté contre les invasions païennes.[7] Nées de l'enthousiasme religieux, les croisades[8] font naître peu à peu l'esprit d'aventure et la soif de conquêtes matérielles.

Les 12ᵉ et 13ᵉ siècles, qui sont en France une période de paix relative et de croissance économique, voient changer la société du Moyen Age. Dans les châteaux, le culte du raffinement et les préoccupations de la vie de cour[9] viennent tempérer le culte de la guerre. Dans les villes, c'est la naissance d'une nouvelle classe, les bourgeois, qui revendiquent[10] des privilèges économiques et

1. voir «sauver» 2. *landowners, lords* 3. sing. vassal 4. *souls* 5. *knights* 6. Jérusalem 7. *pagan* 8. *crusades*
9. *court* 10. demandent

juridiques semblables aux pouvoirs des seigneurs.

Le déclin de la féodalité se produit pendant la Guerre de Cent Ans contre l'Angleterre (1337–1453). Obligés d'oublier leurs conflits internes, les seigneurs français se rallient sous une seule bannière, celle du roi de France, pour libérer l'ensemble du royaume de la présence anglaise. Grâce à Jeanne d'Arc, une jeune bergère[11] qui, improvisée Général en Chef, mène l'armée française à une victoire décisive en 1429, l'autorité du trône est restaurée et le nationalisme français fait ses débuts.

Etroitement liée à son contexte social, la littérature médiévale est tout d'abord une littérature religieuse. Les auteurs, souvent restés anonymes, sont des membres du clergé ou de la noblesse. Comme peu de gens savent lire, c'est une littérature orale, récitée ou chantée par les «troubadours» ou «jongleurs» qui voyagent de château en château. Les premières œuvres écrites sont des vies et légendes de saints, comme la *Cantilène de Sainte-Eulalie,* une chanson poétique qui date du 9e siècle. Dès le 11e siècle, les «chansons de geste» apparaissent; ce sont de longs poèmes épiques qui exaltent l'idéal féodal. Plus fort que la fatigue ou la peur, doué d'une valeur guerrière extraordinaire, fidèle en toutes choses à son seigneur, le chevalier des chansons de geste se bat glorieusement pour sa foi.[12] *La Chanson de Roland,* qui raconte les exploits guerriers de Charlemagne et de son neveu Roland contre les Infidèles, est la plus connue des chansons de geste.

Au 12e siècle, alors que la vie de cour se raffine, le chevalier féodal ajoute à ses valeurs le service d'amour. Comme à la cour imaginaire du roi Arthur dans les romans de la Table Ronde, le chevalier est non seulement brave, mais il fait tout pour plaire à sa dame. Il pratique la courtoisie,[13] s'habille de façon élégante, s'intéresse à la musique et à la poésie; fidèle et soumis, il doit mériter par le sacrifice et la maîtrise de ses désirs l'amour d'une femme qui est souvent mariée ou de condition supérieure. Tel est l'idéal de l'amour courtois qui inaugure dans la littérature courtoise un culte poétique de la femme. Les *Lais* de Marie de France (voir p. 17) sont des exemples de cette littérature.

Aux 14e et 15e siècles, la littérature française prend de nouvelles formes. La prose apparaît dans les chroniques historiques qui racontent les croisades et la Guerre de Cent Ans. Au théâtre, les «mystères»[14] continuent à transposer sur le parvis[15] des églises les textes sacrés de la Bible, mais entre les longs épisodes dramatiques apparaissent des interludes comiques d'inspiration populaire comme *La Farce du cuvier* (p. 22).

En poésie, c'est le début des poèmes à formes fixes, comme les «ballades» et les «rondeaux».[16] C'est aussi le début de la poésie lyrique[17] avec François Villon et Charles d'Orléans (p. 32).

---

11. personne qui garde des moutons 12. croyance religieuse 13. origine du terme qui désigne les manières galantes 14. *miracle plays* 15. place devant l'entrée 16. voir «Appendice littéraire» 17. qui exprime des sentiments personnels

① Courtly

Marie de France
(1159–1184)

Marie de France est la première femme poète de la littérature française. Elle a vécu dans la deuxième moitié du 12ᵉ siècle, à la cour du roi Henri II d'Angleterre, dont l'épouse, Aliénor d'Aquitaine (une Française) a encouragé la mentalité et la littérature ①courtoises

Inspirée par la légende du roi Arthur et les romans de la Table Ronde, Marie de France a transposé plusieurs légendes bretonnes en petits poèmes narratifs qu'on appelle des «lais», ou «chansons», parce qu'à l'origine ces œuvres étaient chantées et accompagnées à la harpe celtique. Dans ces lais, Marie de France nous présente une peinture très délicate du monde courtois où le rêve tient une place plus importante que la réalité, et où la femme, tendre et mélancolique, est souvent la victime de mariages malheureux et de circonstances adverses.

Le Lai du laustic qui vous est présenté ici est une transposition en prose et en français moderne.

✦ Le Lai du laustic

PREPARATION

During a first reading of a short piece of fiction, it is often a good idea to identify the major characters and then to determine their physical or personality traits. In this way, you will gain an initial impression of the characters and a sense of their roles in the piece. This information will be especially helpful in a work such as *Le Lai du laustic,* where emotions, not plot, are central to its development.

As you skim the work quickly a first time, list 2 or 3 adjectives (or other expressions) from the second paragraph that describe **le mari** (hint: he is one of the two **chevaliers**), **la jeune femme,** and **le bachelier.**

✦ LE LAI DU LAUSTIC

Je vous rapporterai une autre aventure dont les Bretons ont fait un
Lai; ils le nomment dans leur langue *Laustic;* les Français par cette raison
l'appellent *Rossignol,* et les Anglais *Nightingale.*

5 A Saint-Malo, ville renommée dans la Bretagne, résidaient deux chevaliers fort riches et très estimés. La bonté de leur caractère était tellement connue que le nom de la ville où ils demeuraient était devenu
célèbre. L'un d'eux avait épousé une jeune femme sage, aimable et spirituelle. Elle aimait seulement la parure;° et par le goût qu'elle apportait
dans ses ajustements,° elle donnait le ton à toutes les dames de son rang.°
10 L'autre était un bachelier fort estimé de ses confrères.° Il se distinguait
particulièrement par sa prouesse,° sa courtoisie et sa grande valeur; il
vivait très honorablement, recevait bien et faisait beaucoup de cadeaux.

Le bachelier devint éperdument° amoureux de la femme du chevalier. A force de prières et de supplications et surtout à cause des lou-
15 anges° qu'elle en entendait faire, peut-être aussi à cause de la proximité
de leur demeure,° la dame partagea° bientôt les feux° dont brûlait son
amant. Par la retenue qu'ils apportèrent dans leur liaison,° personne ne
s'aperçut de leur intelligence.° Cela était d'autant plus aisé° aux deux
personnages que leurs habitations se touchaient, et qu'elles n'étaient
20 séparées que par un haut mur noirci de vétusté.° De la fenêtre de sa
chambre à coucher la dame pouvait s'entretenir° avec son ami. Ils
avaient même la facilité de se jeter l'un à l'autre ce qu'ils voulaient; la
seule chose qui leur manquait était de ne pouvoir pas se trouver ensemble, car la dame était étroitement gardée. Quand le bachelier était à la
25 ville, il trouvait facilement le moyen d'entretenir sa belle, soit de jour,
soit de nuit. Au surplus ils ne pouvaient s'empêcher° l'un et l'autre de
venir à la croisée° pour jouir seulement du plaisir de se voir.

Ils s'aimaient depuis longtemps, lorsque pendant la saison charmante
où les bois et les prés° se couvrent de verdure, où les arbres des vergers°
30 sont en fleurs, les oiseaux font entendre les chants les plus agréables et
célèbrent leurs amours, les deux amants deviennent encore plus épris°
qu'ils ne l'étaient. La nuit, dès que la lune faisait apercevoir ses rayons
et que son mari se livrait au sommeil,° la dame se relevait sans bruit,
s'enveloppait de son manteau et venait s'établir à la fenêtre pour parler
35 à son ami, qu'elle savait y rencontrer. Ils passaient la nuit à parler ensemble; c'était le seul plaisir qu'ils pouvaient se procurer. La dame se levait
si souvent, ses absences étaient si prolongées, qu'à la fin le mari se fâcha
contre sa femme, et lui demanda plusieurs fois avec colère quel motif
elle avait pour en agir ainsi et où elle allait.

40 —Seigneur, dit-elle, il n'est pas de plus grand plaisir pour moi que

ici: l'élégance

vêtements, bijoux /
son... sa classe so-
ciale / collègues,
associés / **sa...** son
courage

follement

compliments

maison / sentit aussi /
sentiments ardents /
relation / ici: com-
plicité / facile

voir vieux

parler

s'abstenir

fenêtre

petites prairies / jar-
dins d'arbres fruitiers

amoureux

se... dormait

① utter, express ② From that time
③ to come over; fall upon, lay hold of, possess
④ bird-lime — trap, snare

d'entendre chanter le rossignol : c'est pour cela que je me lève sans bruit la plupart des nuits. Je ne puis vous exprimer ce que je ressens du moment où il vient à se faire entendre. Dès lors, il m'est impossible de pouvoir fermer les yeux et de dormir.

45 En écoutant ce discours le mari se met à rire de colère et de pitié. Il lui vient à l'idée de s'emparer de° l'oiseau chanteur. Il ordonne en conséquence à ses valets de faire des engins,° des filets,° puis de les placer dans le verger. Il n'y eut aucun arbre qui ne fût enduit de glu ou qui ne cachât quelque piège.° Aussi le rossignol fut-il bientôt pris.
50 Les valets l'apportèrent tout vivant à leur maître, qui fut enchanté de l'avoir en sa possession. Il se rend de suite auprès de sa femme.

    —Où êtes-vous, Madame? lui dit-il. J'ai à vous parler. Eh bien! cet oiseau qui troublait votre sommeil ne l'interrompra pas davantage. Vous pouvez maintenant dormir en paix, car je l'ai pris avec de la glu.

55 Je laisse à penser quel fut le courroux° de la dame en apprenant cette nouvelle. Elle prie° son mari de lui remettre le rossignol. Le chevalier, outré de jalousie, tue le pauvre oiseau, et, chose très vilaine, il lui arrache° la tête et jette son corps ensanglanté° sur les genoux de sa femme, dont la robe fut tachée sur la poitrine. Aussitôt il sortit de l'ap-
60 partement.

    La dame ramasse le corps du rossignol, elle verse des larmes° et maudit° de tout son cœur les misérables qui avaient fait les engins et les lacs.°

    —Ah! malheureuse, dit-elle, quelle est mon infortune! Je ne pourrai
65 désormais° me lever la nuit ni aller me mettre à la fenêtre, où j'avais coutume° de voir mon ami. Je n'en puis° douter, il va penser sans doute que je ne l'aime plus. Je ne sais à qui me confier,° et à qui demander conseil. Eh bien, je vais lui envoyer le rossignol, et l'instruire ainsi de ce qui vient de se passer.

70 La dame enveloppe le corps du malheureux oiseau dans un grand morceau de taffetas brodé en or,° sur lequel elle avait représenté et décrit l'aventure. Elle appelle un de ses gens et l'envoie chez son ami. Le valet remplit sa mission, il se rend auprès du chevalier, le salue de la part de sa maîtresse, puis, en lui remettant le rossignol, il lui raconta
75 l'histoire de sa mort.

    Le bachelier qui était fort sensible° fut vivement affecté d'apprendre cette nouvelle. Il fit faire un petit vase, non pas de fer ou d'acier,° mais d'or fin et enrichi de pierres précieuses et fermé par un couvercle. Il y enferma le corps de l'oiseau, puis ensuite il fit sceller° le vase qu'il porta
80 toujours sur lui.

    Cette aventure, qui ne pouvait longtemps rester ignorée, fut bientôt répandue° dans tout le pays. Les Bretons en firent un Lai auquel ils donnèrent le nom du *Laustic.*

                — *Le Lai du laustic,* 12e siècle

---

s'... prendre
instruments de chasse / *nets*
comme «engin»

la colère
demande à

coupe / couvert de sang

verse... pleure
condamne
ici: pièges de chasse

à partir de maintenant
l'habitude / peux
me... parler en confidence

métal précieux

facilement touché par les sentiments / **fer...** métaux ordinaires
fermer de façon permanente

racontée

COMPREHENSION

Vrai on faux?

1. *Laustic* est un vieux mot breton pour le nom d'un oiseau. *vrai*
2. Le Lai raconte l'histoire de deux chevaliers en Normandie. *faux*
3. La jeune femme que l'un des chevaliers a épousée n'était pas très *?* coquette. *Pas necessairement*
4. La jeune épouse est tombée amoureuse de (l'ami) de son mari.
5. Les deux amoureux étaient voisins. *vrai*
6. La femme a voyagé avec son amant. *faux*
7. Pendant la nuit, la femme est entrée dans la maison de son voisin. *faux*
8. Le mari a commencé à avoir des soupçons. *vrai*
9. Le mari s'est fâché contre sa femme parce qu'elle quittait souvent *vrai* son lit la nuit.
10. Le mari a fait tuer le rossignol. *vrai*
11. Le bachelier n'a jamais compris pourquoi leurs «visites» nocturnes *faux* ont cessé.
12. Le bachelier portait toujours le vase d'or qui contenait le corps du *vrai* rossignol parce que ce vase représentait son amour perdu.

PERCEPTIONS

A. Répondez:

1. Pendant une première lecture, vous avez noté certains adjectifs qui décrivent les trois personnages principaux du Lai. Maintenant que vous avez lu l'histoire plus soigneusement, quels autres adjectifs ajouteriez-vous pour mieux décrire chacun des trois? Essayez d'en trouver deux ou trois pour chaque personnage.

2. Quelle est la signification du rossignol pour le couple amoureux? pour le mari? Indiquez les phrases du Lai qui déterminent votre jugement.

3. A quelle classe sociale appartiennent les trois personnages? Comment le savez-vous? Le ton de l'histoire est-il familier ou élevé? Comment est-ce que leur classe sociale influence les actions des deux amants?

4. Comment Marie de France inspire-t-elle chez ses lecteurs des sentiments positifs et non des accusations vis-à-vis de la jeune femme?

5. Quelles émotions dominent cette histoire?

6. Quelle morale les nobles de l'époque auraient-ils probablement trouvée dans ce Lai?

7. A quelles légendes et histoires traditionnelles dans votre culture pensez-vous en lisant celle-ci?

8. Comparez le concept de l'amour idéal que ce texte fait ressortir et votre propre concept de l'amour.

B. Jeux de rôles: Jouez les scènes suivantes en groupes de deux d'abord, puis devant la classe. Elaborez le plus possible.

1. Imaginez une conversation entre les deux amants un soir. «Elle» exprimera, entre autres, ses pensées sur son mari et la prison de son mariage. «Lui» voudra sans doute parler de sa solitude, ses espoirs, etc.

2. Ensuite imaginez la conversation entre le mari et la femme après l'incident de l'oiseau. («Elle»: pourquoi cet acte cruel et injuste? «Lui»: ses raisons, ses sentiments.)

La Farce du cuvier
(Anonyme)

Le but d'une farce est de nous faire rire, et de nous faire oublier nos problèmes en riant des problèmes exagérés des autres. Née de la tradition satirique, la farce nous donne aussi une description réaliste et familière de la société bourgeoise et populaire de l'époque. *La Farce du cuvier,* qui date du 15ᵉ siècle, est une protestation comique contre la domination tyrannique des femmes dans certains foyers.

◆ La Farce du cuvier

PREPARATION

When reading a play, it may be helpful to identify the major action of each scene. Who is talking with whom and what happens? Skimming quickly through the three scenes of *La Farce du cuvier,* extract the central event; and for each scene describe it in two or three sentences.

◆ LA FARCE DU CUVIER [abrégée]

Personnages

JAQUINOT, le mari
JEANNETTE, la femme
JAQUETTE, la belle-mère

SCENE PREMIERE

JAQUINOT, *seul*

JAQUINOT: Le diable° me conseilla bien,   Satan
         Le jour où, ne pensant à rien,
         Je me mêlai de mariage!°   **mêlai...** suis marié
         Depuis que je suis en ménage,°   **en...** marié
    5   Ce n'est que tempête et souci.°   tourment
         Ma femme là, sa mère ici,
         Comme des démons, me tracassent;°   causent des problèmes
         Et moi, pendant qu'elles jacassent,°   bavardent
         Je n'ai repos ni loisir,
   10   Pas de bonheur, pas de plaisir!
         On me bouscule,° et l'on martelle°   pousse / frappe
         De cent coups ma pauvre cervelle!°   tête
         Quand ma femme va s'amender,°   se corriger
         Sa mère commence à gronder.°   réprimander
   15   L'une maudit,° l'autre tempête!   parle avec colère
         Jour ouvrier° ou jour de fête,   de travail
         Je n'ai pas d'autre passe-temps
         Que ces cris de tous les instants.
         Parbleu!° Cette existence est dure!   (interjection popu-
   20   Voilà trop longtemps qu'elle dure!   laire)
         Si je m'y mets,° j'aurai raison!   **m'y...** fais quelque
         Je serai maître en ma maison.   chose

SCENE II

JAQUINOT, JEANNETTE, *puis* JAQUETTE

JEANNETTE (*entrant*): Quoi! Vous restez à ne rien faire!
         Vous feriez bien mieux de vous taire°   **vous...** être silencieux
   25   Et de vous occuper...

JAQUINOT: De quoi?

JEANNETTE: La demande est bonne, ma foi!
         De quoi devez-vous avoir cure?°   **avoir...** vous occuper
         Vous laissez tout à l'aventure!°   **à...** au hasard
   30   Qui doit soigner votre maison?

JAQUETTE (*entrant à son tour*): Sachez que ma fille a raison!
         Vous devez l'écouter, pauvre âme!
         Il faut obéir à sa femme :
         C'est le devoir des bons maris.
   35   Peut-être on vous verrait surpris
         Si, quelque jour, comme réplique,°   réponse

Elle se servait d'une trique!°   *bâton pour frapper*
Et pourtant n'est-ce pas son droit?

JAQUINOT: Me donner du bâton, à moi!
40   Vous me prenez pour un autre homme.

JAQUETTE: Et pourquoi non? Veut-elle en somme
Autre chose que votre bien?
Vous ne la comprenez en rien!
Ne le dit-on pas? Qui bien aime   **Qui...** réf. proverbe:
45   Pour le prouver frappe de même.°   «Qui aime bien
                                       châtie (punit) bien.» /
JAQUINOT: Il vaut mieux me le prouver moins;   **fais...** excuse de cette
Je vous fais grâce de ces soins,°   responsabilité
Entendez-vous, ma bonne dame?

JEANNETTE: Il faut faire au gré de° sa femme,   **au...** comme veut
50   Jaquinot, ne l'oubliez pas!

JAQUETTE: En aurez-vous moindre repas,°   **moindre...** moins à
Et sera-ce une peine grande   manger
D'obéir quand elle commande?

JAQUINOT: Oui! Mais elle commande tant,
55   Que, pour qu'elle ait le cœur content,
Je ne sais, ma foi, comment faire!

JAQUETTE: Eh bien, si vous voulez lui plaire,
Afin de vous en souvenir,
Un registre il faudra tenir,
60   Où vous mettrez à chaque feuille
Tous ses ordres, quoi qu'elle veuille!

JAQUINOT: Pour avoir la paix, j'y consens,
Vous êtes femme de bon sens,
Maman Jaquette, et, somme toute,°   **somme...** finalement
65   Vous pouvez me dicter : j'écoute.

JEANNETTE: Allez quérir° un parchemin   *chercher*
Et de votre plus belle main
Vous écrirez, qu'on puisse lire.

JAQUINOT *va prendre sur la cheminée un rouleau de parchemin, un encrier et*   **encrier...** instruments
une grande plume d'oie.° Il dispose le tout sur la table, et s'assied sur l'escabeau.°   pour écrire / sorte de
                                       chaise
JAQUINOT: Me voici prêt. Je vais écrire.

70 JEANNETTE: Mettez que vous m'obéirez
Toujours, et que toujours ferez
Ce que je vous dirai de faire!

JAQUINOT (*se levant et jetant sa plume*): Mais non! Mais non! Dame très
chère!

75 Je n'agirai que par raison!

JEANNETTE: Quoi! C'est encore même chanson?
   Déjà vous voulez contredire?

JAQUINOT (*se rasseyant*): Mais non! Mais non! Je vais écrire.

JEANNETTE: Écrivez donc et taisez-vous.

80 JAQUINOT (*ramassant sa plume*): Parbleu! Je suis un bon époux.

JEANNETTE: Taisez-vous!

JAQUINOT: Dût-on vous déplaire,
   Si je veux, je prétends me taire,
   Madame, et je me tais. Dictez.

85 JEANNETTE: En première clause, mettez
   Qu'il faut chaque jour, à l'aurore,°   **à...** juste avant le lever
   Vous lever le premier...   du soleil

JAQUINOT *fait mine de n'y pas consentir.*

                    Encore!...
   Qu'ensuite il faut préparer tout,
   Faire le feu, voir si l'eau bout°...   devient chaude
90 Bref, qu'au lever, avec courage,
   Pour tous les deux ferez l'ouvrage.
   Vous cuirez le premier repas.

JAQUINOT (*se levant et jetant sa plume*): Oui-dà!° Mais je n'y consens pas!   alors
   A cet article je m'oppose!
95 Faire le feu? Pour quelle cause?

JEANNETTE (*tranquillement*): Pour tenir ma chemise au chaud.
   Entendez-vous bien? Il le faut.

JAQUINOT (*se rasseyant et ramassant sa plume, se met à écrire avec ardeur*):
   Puisqu'il faut faire à votre guise,°   **à...** comme vous
100 Je ferai chauffer la chemise!   voulez

Il continue à écrire, et s'arrête tout à coup.

JAQUETTE: Écrivez donc! Qu'attendez-vous?

JEANNETTE: Vous allez me mettre en courroux!°   colère
   Vous êtes aussi vif° qu'un cancre.°   ici: intelligent / idiot

JAQUINOT: Attendez donc! Je n'ai plus d'encre!
   J'en suis encore au premier mot.

105 JEANNETTE: Vous bercerez° notre marmot,°   *rock* / bébé
   Lorsque la nuit il se réveille,
   Et vous attendrez qu'il sommeille
   Avant de retourner au lit.

Les deux femmes dictent à JAQUINOT *une longue liste de devoirs humiliants, qu'il doit écrire en protestant. Il signe finalement le parchemin.*

JAQUINOT: Désormais, aujourd'hui, demain,
110   Je n'obéis qu'au parchemin.
       C'est convenu,° j'en ai pris acte,   d'accord
       Et j'ai dûment signé le pacte.

JEANNETTE: Oui, c'est convenu, Jaquinot.

JAQUINOT: Songez que je vous prends au mot.

115 JAQUETTE: C'est bien, je puis partir tranquille.

JEANNETTE: Adieu, ma mère!

JAQUETTE: Adieu, ma fille!

Elle sort.

SCENE III

JAQUINOT *et* JEANNETTE

JEANNETTE (*s'approchant du cuvier qui est dressé à droite du théâtre*): Allons,
       Jaquinot, aidez-moi!

JAQUINOT: Mais voulez-vous me dire à quoi?

120 JEANNETTE: A mettre le linge à la cuve°   grande bassine
       Où j'ai versé° l'eau de l'étuve.°   mis / de... très chaude

JAQUINOT (*déroulant son parchemin et cherchant attentivement*): Ce n'est pas
       sur mon parchemin.

JEANNETTE: Déjà vous quittez le chemin,
       Avant de connaître la route.

JAQUINOT *cherche toujours sur son parchemin.*

125   Dépêchez-vous! Le linge égoutte;°   est plein d'eau
       Il faut le tordre!°... Et vivement!   *wring*
       Cherchez dans le commencement;
       C'est écrit : «Couler la lessive...»
       Voulez-vous que je vous l'écrive
130   A coups de bâton sur le dos?

JAQUINOT: Non, si c'est écrit, tout dispos,°   prêt
       Je vais me mettre, sans vergogne,°   honte
       A vous aider à la besogne.°   à... au travail
       C'est parbleu vrai que c'est écrit!
135   N'en ayez pas le cœur aigri!°   fâché
       Puisque c'est dit en toute lettre,

Attendez-moi, je vais m'y mettre.
J'obéis... Vous avez dit vrai!
Une autre fois j'y penserai.

Ils montent chacun sur un escabeau de chaque côté du cuvier. JEANNETTE *tend
à* JAQUINOT *le bout d'un drap° tandis qu'elle tient l'autre.*   sheet

140 JEANNETTE: Tirez de toute votre force!

JAQUINOT (*tirant*): Je me donnerai quelque entorse!°   **donnerai...** ferai mal / sprain
Ma foi! Ce métier me déplaît.
Je veux charger quelque valet
De vous aider dans le ménage.

145 JEANNETTE (*impatientée*): Tirez donc, ou sur le visage
Je vous lance° le tout, vraiment!   jette

Elle lui lance le linge à la figure.

JAQUINOT: Vous gâtez tout mon vêtement!
Je suis mouillé° comme un caniche.°   couvert d'eau / chien
Et vous en trouvez-vous plus riche,
150 De m'avoir ainsi maltraité?

JEANNETTE: Allons! Prenez votre côté.
Faut-il donc que toujours il grogne!°   *complain*
Ferez-vous pas votre besogne?

JAQUINOT *tire brusquement le drap et fait perdre l'équilibre à* JEANNETTE, *qui
tombe dans le cuvier.*

JEANNETTE (*en disparaissant dans la cuve*):
La peste soit du maladroit!

Elle sort la tête.

155 Seigneur, ayez pitié de moi!
Je me meurs! Je vais rendre l'âme!°   **rendre...** mourir
Ayez pitié de votre femme,
Jaquinot, qui vous aima tant!
Elle va périr° à l'instant,   mourir
160 Si vous ne lui venez en aide!
Je sens mon corps déjà tout raide!°   **tout...** mort
Donnez-moi vite votre main.

JAQUINOT (*après un moment*):
Ce n'est pas sur mon parchemin.

JEANNETTE (*sortant la tête*):
Las!° Voyez quelle est ma détresse!   Hélas!
165 Le linge m'étouffe° et m'oppresse!   m'empêche de res-
                                                                     pirer

Je meurs! Vite! Ne tardez pas!
Pour Dieu, tirez-moi de ce pas!°

      JAQUINOT (*chantant*): Allons, la commère,
      Remplis donc ton verre!
170   Il faut boire un coup!

      JEANNETTE: Jaquinot, j'en ai jusqu'au cou!
      Sauvez-moi, de grâce,° la vie.
      Retirez-moi, je vous en prie!
      Jaquinot, tendez°-moi la main.

175 JAQUINOT: Ce n'est pas sur mon parchemin.

      JEANNETTE: Hélas! la mort me viendra prendre
      Avant qu'il ait voulu m'entendre!

      JAQUINOT (*lisant son parchemin*): «De bon matin préparer tout,
      Faire le feu, voir si l'eau bout!...»

180 JEANNETTE: Le sang dans mes veines se glace!

      JAQUINOT: «Ranger les objets à leur place,
      Aller, venir, trotter, courir...»

      JEANNETTE: Je suis sur le point de mourir,
      Tendez-moi de grâce, une perche.°

185 JAQUINOT: J'ai beau relire, en vain je cherche...
      «Ranger,° laver, sécher, fourbir°...»

      JEANNETTE: Songez donc à me secourir.°

      JAQUINOT: «Préparer pour le four la pâte,
      Cuire le pain, aller en hâte
190   Relever le linge étendu,
      S'il pleut...»

      JEANNETTE: M'avez-vous entendu?
      Jaquinot, je vais rendre l'âme.

      JAQUINOT: «Chauffer le linge de ma femme...»

195 JEANNETTE: Songez que le baquet° est plein!

      JAQUINOT: «Mener la mouture° au moulin,°
      Donner à boire à la bourrique°...»

      JEANNETTE: Je suis prise d'une colique
      Qui m'achève... venez un peu!

200 JAQUINOT: «Et puis mettre le pot au feu...»

      JEANNETTE: Appelez ma mère Jaquette!

Side glosses:

ici: cette situation

de... s'il vous plaît

donnez

un long bâton

mettre en ordre / frotter / aider

la cuve

le blé / *mill*

âne

JAQUINOT: «Tenir la maison propre et nette,
Laver, sans prendre de repos,
Les écuelles,° les plats, les pots!»   *assiettes*

205 JEANNETTE: Si vous ne voulez pas le faire,
De grâce, allez chercher ma mère.   *for mercy's sake*
Qui pourra me tendre la main.

JAQUINOT: Ce n'est pas sur mon parchemin!

JEANNETTE: Eh bien, il fallait donc le mettre!

210 JAQUINOT: J'ai tout écrit lettre pour lettre.

JEANNETTE: Retirez-moi, mon doux ami!

JAQUINOT: Moi, ton ami... Ton ennemi!
M'as-tu ménagé° la besogne   *spared*
De ton vivant?—Va, sans vergogne,
215 Je vais te laisser trépasser.°   *mourir*
Inutile de te lasser,°   *fatiguer*
Ma chère, en criant de la sorte.   *like that; in that way*

On entend frapper au dehors.

Ah! Voici qu'on frappe à la porte!

JAQUETTE (*entrant*): Retirez-la! Dépêchez-vous!

220 JAQUINOT: Oui, si vous voulez me promettre
Que chez moi je serai le maître.

JEANNETTE: Je vous le promets de bon cœur!

JAQUINOT: Oui! Mais peut-être est-ce la peur
Qui vous rend d'humeur si facile?

225 JEANNETTE: Non! Je vous laisserai tranquille,
Sans jamais rien vous commander!
Toujours je saurai m'amender   *Improve; mend my ways*
Et me taire,° j'en fais promesse!   **me...** ne rien dire

JAQUINOT: Faut-il, ma femme, que je dresse
230 Une liste, ainsi que pour moi
Vous avez fait?

JEANNETTE: Non, sur ma foi
Reposez-vous-en, mon doux maître!

JAQUINOT: Enfin! Vous voulez reconnaître
235 Mon droit, madame, c'est fort bien!

JEANNETTE: Alors retirez-moi!

JAQUINOT: Le chien
    Eût° été plus heureux, madame,   *aurait*
    Que votre mari!

240 JEANNETTE: Je rends l'âme!
    Songez qu'au fond de ce baquet...   *coquettish; smart*

    JAQUINOT: Voyons! Était-ce bien coquet
    De me donner tant de besogne?
    N'en avais-tu pas de vergogne?

245 JEANNETTE: Hélas! Je demande pardon!
    Mon mari, vous avez raison!
    Je ferai toujours le ménage
    Avec ardeur, avec courage.

    JAQUINOT: C'est fort bien! Je vous prends au mot.
250 Vous bercerez notre marmot?

    JEANNETTE: Oui! Tirez-moi!

    JAQUINOT: Ferez la pâte?
    Cuirez le pain, en toute hâte?   *For mercy's sake*

    JEANNETTE: De grâce! Je vous le promets!
255 C'est bien! Je serai désormais
    De votre avis en toute chose,
    Pourvu que ne soit plus en cause°   *que... qu'on ne parle plus (du)*
    Le parchemin que vous savez!
    Brûlez-le, puisque vous l'avez!

260 JAQUINOT: Il ne faudra plus que j'écrive?
    Je ne ferai plus la lessive?

    JEANNETTE: Non, mon ami; ma mère et moi
    Ne vous mettrons plus en émoi.°   *mettrons... troublerons plus*

    JAQUINOT: Vous ferez chauffer ma chemise?

265 JEANNETTE: Je ferai tout à votre guise!
    Mais retirez-moi de ce pas!

    JAQUINOT: Vous ne me contrarierez pas?

    JEANNETTE: Je veux être votre servante!

    JAQUINOT: Cette soumission m'enchante :
270 Vous ne m'avez jamais plu° tant!   *(verbe plaire)*
    Et je vous retire à l'instant.

Il retire sa femme du cuvier.

    TOUS TROIS (*au public*): Bonsoir, toute la compagnie,
    Notre comédie est finie.

                   — *La Farce du cuvier*, 15ᵉ siècle

COMPREHENSION

Arrangez les phrases suivantes dans l'ordre chronologique de la pièce.
Numérotez de 1 à 10 devant chaque phrase.

1 à 5

_2_ Pour satisfaire sa femme et sa belle-mère Jaquinot écrit qu'il va obéir
à sa femme et qu'il fera ce qu'elle ordonne.

_4_ Jaquinot aide sa femme à faire la lessive.

_3_ Il signe le parchemin.

_1_ Jaquinot parle des difficultés de son mariage.

_5_ Jaquinot dit qu'il va faire seulement ce qu'il a écrit.

6 à 10

_10_ Jaquinot retire sa femme du cuvier.

_6_ Jeannette tombe dans le cuvier.

_8_ Jeannette s'excuse d'avoir dominé son mari.

_9_ Jaquinot sera le maître de sa maison.

_7_ Jaquinot refuse d'abord d'aider sa femme qui est dans le cuvier.

PERCEPTIONS

A. Répondez:

1. Quel est l'effet de la violence entre le mari et la femme? Est-ce que
   ça vous fait rire? Pourquoi ou pourquoi pas?

2. Expliquez comment l'équilibre des rôles change après la chute de
   Jeannette dans le cuvier.

3. Jaquette: dans quel sens est-elle individualisée et dans quel sens
   représente-t-elle «la belle-mère» traditionnelle? Est-ce que c'est le
   type ou l'individu qui vit dans notre mémoire?

4. On rit des difficultés des maris, mais quelle sorte de rire est-ce? Supériorité? Compréhension? Pitié? Expliquez.

5. Dans quel sens est-ce une farce?

6. Quels éléments de *La Farce du cuvier* la situent à une époque loin-
   taine?

7. A quelles émissions de télévision pensez-vous en lisant cette pièce?

8. a. Jouez cette farce en classe!
   b. Dans un petit groupe, créez une version contemporaine de cette pièce puis jouez-la devant les membres de la classe.

B. Jeu de rôles: Trois mois ont passé depuis l'incident du cuvier. La situation conjugale* a-t-elle évolué? En groupes de trois, imaginez d'abord les possibilités (Jeannette tient-elle sa promesse? Jaquette a-t-elle essayé d'influencer sa fille? Jaquinot est-il vraiment *le maître* chez lui?). Ensuite improvisez une petite scène dans votre groupe, puis devant la classe.

Charles d'Orléans
(1394–1465)

Charles, Duc d'Orléans, a vécu pendant la Guerre de Cent Ans (1337–1453). Blessé et fait prisonnier par les Anglais à la bataille d'Azincourt (1415), il est resté 25 ans captif en Angleterre. Obligé d'oublier les ambitions politiques auxquelles son titre et ses obligations familiales le destinaient, Charles d'Orléans a trouvé dans la poésie une consolation à son exil.

Après sa libération, il s'est retiré dans son château de Blois, dans la vallée de la Loire, entouré d'une cour élégante et de poètes. Il a continué à écrire des ballades et des rondeaux d'inspiration personnelle, où le paysage extérieur (la nature) se mêle subtilement au monde intérieur des sentiments. Ses poèmes charment le lecteur par leur élégance et leur simplicité.

* entre le mari et la femme

✦ Le Printemps

PREPARATION

A. Etude de mots

Though old French spelling (**le vieux français**) differs from modern French, many changes are readily recognizable. An **s** between a vowel and a consonant, for example, is often dropped in modern French and replaced by a circumflex over the vowel, as in **hospital/hôpital,** or **vestir/ vêtir** (**habiller**). The letter **y** in old French has often become an **i,** as in **pluye/pluie.** Letters have been added in some cases, and deleted in others.

    See if you can deduce the modern French equivalents for the words below that appear in the poem. If all else fails, you may find it helpful to pronounce troublesome words aloud.

laissié	s'abille	beste	oyseau
cler	souleil	chascun	

B. La Personnification*

You will at times be able to identify in a poem an image around which the poem is constructed, such as **le temps** in this rondeau. The treatment of **le temps** as a person is called **personnification,** a literary device you will often encounter.

    As you read the poem a first time, list the verbs and nouns that personify **le temps.**

✦ Le Printemps

Le temps a laissié son manteau
De vent, de froidure et de pluye,
Et s'est vestu de broderie
De souleil luyant,° cler et beau.   luisant, brillant

5   Il n'y a beste ne° oyseau   ni
Qu'°en son jargon ne chante ou crie: Qui
«Le Temps a laissié son manteau
De vent, de froidure et de pluye.»

* For further explanation of literary terms, please see Appendice littéraire, p. 231.

Rivière, fontaine et ruisseau°   petite rivière
10 Portent en livrée° jolie   costume
Gouttes° d'argent d'orfavrerie;°   *drops* / travaillées par
Chascun s'abille de nouveau.   un artisan

Le temps a laissié son manteau
De vent, de froidure et de pluye,
15 Et s'est vestu de broderie
De souleil luyant, cler et beau.

— *Rondeau VI*, 15e siècle

COMPREHENSION

1. Quelle est la saison du vent, du froid et de la pluie?   *C'est l'hiver*

2. Quelle sorte de temps remplace le vent, le froid et la pluie chaque année? Comment est-ce que Charles d'Orléans décrit ce changement?

3. Dès le premier vers, ce rondeau utilise l'image des vêtements pour décrire le changement du temps. Expliquez spécifiquement votre compréhension d(e):
   a. un manteau de vent, de froidure et de pluie
   b. broderie de soleil luisant, clair et beau
   c. livrée jolie
   d. gouttes d'argent d'orfèvrerie

PERCEPTIONS

1. Imaginez un titre différent pour ce poème. Pourquoi le choisiriez-vous?

2. Quel est l'effet de la personnification du temps sur vous en tant que lecteur/trice? Quelles autres personnifications vous viennent à l'esprit quand vous pensez au temps ou aux saisons?

3. Les poètes parlent très souvent de la nature. Parfois c'est le charme de la nature qui est présenté et parfois sa force destructrice. Quelle «nature» voyons-nous dans ce poème? Expliquez.

4. Les poètes parlent aussi de l'effet de la nature sur eux. Leur créativité peut être encouragée ou non par cette nature qui les entoure. Décrivez une expérience personnelle (réelle ou imaginaire) où la force ou la beauté de la nature vous a profondément influencé(e).

Synthèse

A DISCUTER

A. «Plus ça change plus c'est la même chose» est une maxime bien connue. La littérature du Moyen Age, si éloignée de notre vingtième siècle, nous initie à des perceptions différentes du monde et de la nature humaine. Cette littérature peut nous instruire et aussi nous aider à comprendre notre propre époque. En petits groupes, parlez des trois œuvres que vous avez lues et des thèmes universels (l'amour, le mariage, la nature) que cette littérature contient. Montrez comment ces thèmes ont évolué. Une personne de chaque groupe présentera à la classe un résumé de la discussion.

B. Certains auteurs montrent la souffrance humaine d'une manière assez légère; d'autres d'une manière plus pessimiste. En pensant aux passages que vous avez lus dans ce chapitre, comparez les effets de chaque technique sur le lecteur. Laquelle vous fait penser davantage? Laquelle préférez-vous?

A ECRIRE*

A. Les deux œuvres, *Le Lai du laustic* et *La Farce du cuvier,* donnent deux images très différentes de la relation entre un homme et une femme. Dans une lettre à quelqu'un qui ne connaît pas du tout la littérature du Moyen Age, décrivez ces relations et comparez-les avec celles d'aujourd'hui.

B. Les symboles qu'utilise un auteur ajoutent une nouvelle dimension aux idées qu'il présente. Choisissez un symbole dans le rondeau et un autre dans *Le Lai du laustic* et montrez ce qu'ils ajoutent.

* Voir "Strategies for Successful Writing," p. 8.

Atelier de la Loire, Concert à la fontaine, détail central — femme jouant de l'orgue. Paris, Musée des Gobelins.

CHAPITRE 2
Le Seizième Siècle

E 16ᵉ SIECLE est générale- ment connu sous le nom de «Renaissance», mais de quelle re-naissance s'agit-il?

C'est d'abord une renais- sance de la conception du monde. La terre est donc ronde et n'est pas le centre de l'univers? C'est ce qu'avance le savant Co- pernic, ouvrant de nouvelles frontières à la pensée humaine. Les découvertes de Chris- tophe Colomb et des autres navigateurs ouvrent aussi de nouveaux horizons géogra- phiques.

Des changements se produisent égale- ment dans la structure sociale. Les paysans continuent à représenter plus de 80% de la population, mais leur niveau de vie s'amé- liore. De grands centres urbains se déve- loppent, surtout Paris et Lyon. Le pouvoir économique remplace désormais le pouvoir féodal et les commerçants, les banquiers et autres riches bourgeois commencent à influ- encer les mœurs[1] et les arts.

L'invention de l'imprimerie[2] rend les li- vres plus accessibles et cause une véritable renaissance de la vie intellectuelle. On redé- couvre en particulier les textes de l'antiquité grecque et romaine, et avec cette résurrection des textes anciens vient une renaissance de la conception de l'homme. Alors que l'homme du Moyen Age, conscient de son insigni- fiance, s'appliquait surtout à glorifier Dieu, l'homme de la Renaissance, tout en croyant en Dieu, croit aussi et surtout en son propre potentiel. Cette foi illimitée en l'homme est ce qu'on appelle l'humanisme.

Commencée en Italie plus d'un siècle au- paravant, la Renaissance proprement dite s'introduit en France par l'intermédiaire des guerres d'Italie (1498–1525). Si les espoirs de conquêtes territoriales ne se réalisent guère, les armées françaises, menées par le roi Fran- çois Iᵉʳ (1515–1547), font la conquête d'une nouvelle culture. Eblouis[3] par la «dolce vita» ou la douceur de vivre italienne, les Français ramènent chez eux non seulement de grands artistes comme Léonard de Vinci et Benve- nuto Cellini, mais aussi une nouvelle perspec- tive sur la vie, avec le goût du luxe et des arts. Aux imposantes cathédrales romanes et gothiques qui avaient célébré les aspirations divines du Moyen Age succèdent les élégants châteaux de la Loire qui célèbrent les aspira- tions humaines de la Renaissance. Imités des palais italiens, ces châteaux rivalisent de somptuosité. Les artistes et les écrivains y sont les invités d'honneur et la mode des cours est au raffinement et à l'érudition.

Cette érudition commence par l'étude du latin mais aussi du grec et de l'hébreu pour pouvoir redécouvrir les chefs-d'œuvre de l'antiquité dans leur texte original. Or l'Eglise considère le grec et l'hébreu comme des langues «hérétiques» et en interdit l'enseigne- ment à la Sorbonne. Alors en 1530 François Iᵉʳ, protecteur des arts et ami des humanistes, fonde le Collège de France qui échappe au contrôle de l'Eglise et dont la charge princi- pale est d'enseigner les langues anciennes.

Mais le retour aux textes et la réflexion critique encouragés par les humanistes mènent aussi à de nouvelles interprétations de la Bible. L'Eglise perd son monopole en la matière et le mouvement de Réforme qui se développe, avec Luther en Allemagne et Cal- vin en France, engendre le protestantisme.

1. coutumes, manières de vivre 2. *printing press* 3. fascinés, séduits

Les conflits religieux dégénèrent bientôt en guerres civiles à travers l'Europe. De 1562 à 1593, les guerres de religion entre les catholiques et les protestants déchirent[4] la France à coups de[5] massacres sanglants. Ce n'est qu'en 1598 que le pays retrouve la paix, quand le roi Henri IV (1589–1610), lui-même un protestant converti au catholicisme, proclame par l'Edit de Nantes la liberté de culte et accorde aux protestants la possession d'une trentaine de villes à travers la France.

L'humanisme et la Réforme, liés dans leurs origines, ont profondément marqué la littérature de la Renaissance. La diffusion des livres et la glorification des artistes donnent aux écrivains un nouveau statut. Les rois et les princes leur offrent de nombreux privilèges pour les attirer à leurs cours et parce qu'ils dépendent de leurs protecteurs, les écrivains écrivent pour plaire à un public de courtisans cultivés. Il n'y a donc pas de littérature populaire au 16e siècle. C'est plutôt une littérature riche en références mythologiques et en figures de rhétorique, une littérature humaniste qui cherche à imiter les œuvres antiques ou italiennes mais avec originalité, une littérature de cour, une littérature engagée aussi car elle exprime souvent les tensions politiques et religieuses de l'époque.

L'œuvre de Rabelais (voir p. 39) reflète l'optimisme et la soif de connaissance du début du siècle. Dans ses contes où l'humanisme prend des dimensions gigantesques, Rabelais propose sur un ton joyeux des idées révolutionnaires sur l'éducation, la politique, la justice et la religion.

A la fantaisie rabelaisienne succède le style plus raffiné, plus aristocratique des poètes lyonnais, comme Louise Labé (voir p. 43), et surtout de la Pléiade, un groupe de poètes qui se donnent comme idéal la perfection classique. Du Bellay (voir p. 46), Ronsard (p. 49) et d'autres poètes de la Renaissance s'inspirent des modèles antiques ou italiens non pas pour les reproduire mais pour créer en français une nouvelle littérature. Ils enrichissent la langue française et perfectionnent les formes poétiques, en particulier le sonnet.

Vers la fin du siècle, au milieu des conflits religieux, l'optimisme humaniste se transforme en interrogations douloureuses. Si rien n'est impossible à l'homme, pourquoi ne peut-il pas mettre fin à l'horreur du fanatisme? Dans ses fameux *Essais*, Montaigne (p. 52) reconnaît les limites de l'homme mais, fidèle à l'esprit de la Renaissance, refuse de perdre la foi en la sagesse humaine.

---

4. divisent et détruisent   5. à... avec des

François Rabelais
(1494–1553)

Né dans une famille d'avocats, François Rabelais a la passion d'apprendre. Pour se consacrer aux études, il se fait d'abord moine, mais quand ses supérieurs lui interdisent d'étudier le grec, il quitte l'ordre Franciscain pour aller étudier le droit à l'Université de Poitiers. Il se lance ensuite dans la médecine, qu'il étudie à Paris, puis à Montpellier. Pendant qu'il exerce la médecine à Lyon, il publie en 1532 une traduction des traités d'Hippocrate, éminent médecin grec de l'antiquité. La même année, sous un pseudonyme, Rabelais publie aussi l'histoire du géant *Pantagruel,* où, sous des apparences bouffonnes, il exprime la réconciliation de l'homme avec la nature, le plaisir de la vie, et les joies de l'esprit. Ce récit est également une satire de la société de l'époque, et en particulier des théologiens. Le succès est immédiat, mais la Sorbonne condamne l'ouvrage.

Devenu le médecin particulier de l'évêque de Paris (Jean du Bellay, cousin du poète), Rabelais a l'occasion de faire plusieurs séjours en Italie, le rêve de tout humaniste. Entre deux voyages, il publie en 1534 l'histoire de *Gargantua,* le père de Pantagruel, avec le même résultat: succès et censure. Ici encore, sous des allures de farce, se cache toute une philosophie. En décrivant l'éducation de Gargantua, Rabelais propose une «renaissance» des idéaux antiques: une éducation encyclopédique («un abîme de science»), mais aussi un équilibre entre les disciplines intellectuelles (langues, sciences, musique), les disciplines physiques (sports, jeux, danse) et les valeurs morales, religieuses et sociales.

L'Abbaye de Thélème, fondée par Gargantua, incarne l'idéal de Rabelais, qui était d'allier la connaissance, la sagesse et la vertu, mais sans oublier la joie de vivre!

✦ L'Abbaye de Thélème

PREPARATION

When you read a passage in a second language, it often helps to anticipate its content. Sometimes the work's introduction will provide information on its nature and the topics it addresses. At other times you may
be able to glean this information from the title or from the first few lines of
text. Is it a news article? an essay? a passage from a piece of fiction? a scene
from a comedy? Each type of writing is likely to be structured in a way that
you will recognize. This can facilitate your reading. Identifying the subject and form of the passage will prepare you to think about its characteristics. Understanding these can help you make knowledgeable
guesses about unknown French words you encounter.

In the following passage, Rabelais discusses what an ideal community
of young people at the fictional Abbaye de Thélème might be like.
Before beginning your reading, try to anticipate the content of this
utopian depiction. Make a list of questions that you think this passage
will answer. What type of young person might live at the abbey? What
kind of education would that person have had? What rules would gov-
ern the residents of the abbey? After your list is complete, read the
passage and compare your list with the details Rabelais has included.

✦ L'ABBAYE DE THÉLÈME

Toute leur vie était employée non par lois, statuts ou règles, mais selon
leur vouloir et franc arbitre.° Ils se levaient du lit quand bon leur semblait, buvaient, mangeaient, travaillaient, dormaient quand le désir leur
venait; nul° ne les éveillait, nul ne les forçait ni à boire, ni à manger, ni
5 à faire chose autre quelconque.° Ainsi l'avait établi Gargantua. En leur
règle n'était que cette clause:

　　　　　Fais ce que voudras,
parce que les gens libres, bien nés, bien instruits, conversant en compagnie honnête, ont par nature un instinct et aiguillon,° qui toujours les
10 pousse à agir de façon vertueuse et fuir le vice; ils nommaient cela
honneur. Quand par vile° sujétion et contrainte, ils sont déprimés et
asservis,° ils détournent° le noble sentiment par lequel ils tendaient
franchement à la vertu, pour déposer ou enfreindre ce joug° de servitude; car nous entreprenons toujours choses défendues et convoitons°
15 ce qui nous est dénié.

Par cette liberté, ils entrèrent en louable émulation° de faire tout
ce qu'à un seul ils voyaient plaire. Si quelqu'un ou quelqu'une disait:

Glossary (right margin):

franc... liberté de choix

personne

chose... rien d'autre

force motivatrice

mauvaise

réduits à la servitude / perdent / **enfrein-dre...** sortir des restrictions / désirons

entrèrent... avaient le désir

«Buvons», tous buvaient; si l'un disait: «Jouons», tous jouaient; s'il disait: «Allons à l'ébat° aux champs», tous y allaient. Si c'était pour chasser, les

20 dames, montées sur de beaux chevaux, portaient chacune, sur le poing mignonnement engantelé,° ou un épervier, ou un laneret, ou un émerillon.° Les hommes portaient les autres oiseaux.

° à... nous promener

le poing... la main couverte d'un gant / **un épervier...** oiseaux de chasse

Ils étaient si noblement éduqués qu'il n'était entre eux celui ni celle qui ne sut lire, écrire, chanter, jouer d'instruments harmonieux, parler

25 cinq ou six langages, et en ceux-ci composer tant en vers qu'en prose. Jamais on ne vit chevaliers aussi preux,° aussi galants, aussi habiles à pied et à cheval, plus vifs, mieux remuant,° mieux maniant tous bâtons,° que ceux qui étaient là. Jamais on ne vit dames aussi propres, aussi mignonnes, aussi agréables, plus habiles à la main, à l'aiguille,° et à tout

30 acte de femme honnête et libre, que celles qui étaient là.

braves

mieux... plus actifs / toutes armes

aux travaux de couture

Pour cette raison, quand le temps était venu que quelqu'un de cette abbaye, ou à la requête de ses parents, ou pour autres causes, voulut partir, il emmenait avec lui une de ces dames, celle qui l'aurait pris pour son chevalier, et ensemble ils étaient mariés; et s'ils avaient bien vécu à

35 Thélème en dévotion et amitié, ils continuaient encore mieux dans le mariage, et s'aimaient autant à la fin de leurs jours qu'en leur premier jour de noces.°

mariage

— *Gargantua, chap. 57, 1535*
(français modernisé)

COMPREHENSION

A. Complétez les phrases suivantes par l'expression appropriée.

1. A l'Abbaye de Thélème, la vie est guidée par ___*b*___ des habitants.
   a. les lois
   b. le vouloir et le franc arbitre
   c. les règles

2. La devise de l'Abbaye est ___*c*___.
   a. Buvons!
   b. Jouons!
   c. Fais ce que voudras!

3. A l'Abbaye il y avait ___*a*___.
   a. des hommes et des dames
   b. des dames
   c. des hommes

4. Quand un homme quitte l'Abbaye, il ___*b*___.
   a. va à la chasse aux oiseaux
   b. emmène avec lui une dame de l'Abbaye pour l'épouser
   c. est poussé au vice

B. Analysez les aspects suivants de l'extrait.

1. Identifiez dans le passage les quatre verbes à l'impératif. Considérez l'effet de chacun sur la narration. S'agit-il d'un ordre dans le sens traditionnel? Pourquoi?

2. Comment les membres de l'Abbaye de Thélème sont-ils choisis? Quelle est leur formation (éducation)? Quelle sorte de gens sont-ils?

3. Analysez les talents des Thélémites (les habitants de l'Abbaye de Thélème): que savent-ils faire?

4. Contrastez la vie des Thélémites avec la vie dans un couvent ou dans un monastère typique. (Faites appel à votre imagination.)

PERCEPTIONS

1. L'Abbaye de Thélème est une utopie dans laquelle Rabelais présente sa conception de la vie idéale. Qu'est-ce qui est «idéal» ici? En quoi cette conception diffère-t-elle de celles de notre époque?

2. En grec, Thélème veut dire «la volonté libre». Dans cet extrait, Rabelais décrit comment les Thélémites mènent une vie vertueuse, non pas à cause des règles, mais à cause de leur vertu innée. Il croit que les jeunes gens bien élevés agissent avec honneur et que leurs instincts les dirigent naturellement vers «le bien». Est-ce un rêve impossible? Y a-t-il des gens dans ce monde qui sont naturellement bons, et capables de vivre une vie aussi vertueuse?

3. En décrivant la vie à Thélème, Rabelais semble critiquer les couvents et les monastères de son âge. Il affirme que ce n'est pas l'église ou la religion qu'il dénonce, mais plutôt ce qui s'oppose à «la nature humaine». Réussit-il à réconcilier la religion et la nature humaine?

4. Les Thélémites avaient pour but de devenir des «abîmes de science», possédant une sagesse encyclopédique dans beaucoup de disciplines. Aujourd'hui, il semble que nous estimons surtout les «spécialistes», dont les connaissances se limitent à un seul domaine. Quelle sorte de personne est mieux éduquée? Que recherchez-vous dans votre éducation?

5. La liberté de Thélème est une liberté que Rabelais n'a pas connue. Comme beaucoup d'écrivains de son âge, il devait déguiser ses critiques sociales et politiques. La censure existe-t-elle aux Etats-Unis aujourd'hui? Justifiez votre réponse. Expliquez ce qui se passerait si un(e) étudiant(e) choisissait d'attaquer le président de son université dans le journal universitaire. Devrait-il y avoir des limites à la liberté de la presse?

Louise Labé
(1524–1566)

Née à Lyon dans une famille de riches artisans, Louise Labé reçoit une éducation humaniste. Elle sait lire le latin et l'italien, elle est aussi experte en musique et en équitation. Belle et cultivée, elle choque son entourage par sa participation à des tournois équestres, normalement réservés aux hommes. Accusée d'immoralité par le réformateur Calvin, elle reçoit chez elle les intellectuels de la société lyonnaise, et ose parler librement de l'amour dans ses poèmes.

Nous savons très peu de sa vie personnelle, sinon que dans sa jeunesse, elle a passionnément aimé un homme qui l'a ensuite quittée, la laissant en proie à une souffrance profonde. Dans ses poèmes, elle décrit, sur un ton original et intime, les joies amoureuses du cœur et du corps, et la douleur de l'absence.

La forme poétique qu'elle utilise est le sonnet. Inventé par Pétrarque, poète italien du 14ᵉ siècle, et repris par les poètes de la Renaissance, le sonnet est un poème de 14 vers distribués en 2 quatrains (strophes de 4 vers) et 2 tercets (strophes de 3 vers).

✦ «Je vis, je meurs»

PREPARATION

As you read a poem, one feature of its organization or form may be immediately evident to you because of its repetition. When this is the case, an analysis of this repetitive feature will often yield a general understanding of the poem.

A series of opposites, or **antithèses,** form the core of this sonnet. The juxtaposition of these opposites forces an examination of their "opposite-ness." As a preparatory activity, skim the first two stanzas of the poem and list as many pairs of opposites as you can find. Be ready to compare lists with classmates. After composing this list, what guesses are you ready to make about the subject of the poem?

◆ «JE VIS, JE MEURS»

Je vis, je meurs; je me brûle et me noie.°   meurs dans l'eau
J'ai chaud extrême en endurant froidure;
La vie m'est et trop molle et trop dure.
J'ai grands ennuis° entremêlés de joie.   problèmes

5   Tout à un coup je ris et je larmoie,°   pleure
Et en plaisir maint grief tourment° j'endure;   **maint...** beaucoup de
Mon bien° s'en va, et à jamais il dure;   tourments pénibles /
Tout en un coup, je sèche et je verdoie.°   ma richesse / **sèche...**
                                                              dry up and turn green

Ainsi Amour inconstamment me mène.°   dirige
10 Et quand je pense avoir plus de douleur,
Sans y penser je me trouve hors° de peine.   sortie

Puis quand je crois ma joie être certaine,
Et être au haut de mon désiré heur,°   bonheur
Il me remet en mon premier malheur.

— *Sonnets, VII*, 1554–1556
(orthographe modernisée)

COMPREHENSION

A. Vérification du texte

1. Pour chaque phrase qui suit, indiquez si la phrase est vraie ou fausse,
   ou si le poème ne discute pas ce qui est proposé.
   a. La narratrice souffre beaucoup.
   b. Son bonheur est constant quand elle est amoureuse.
   c. Elle évite l'amour parce que l'amour fait souffrir.
   d. Elle peut contrôler son amour.

2. Trouvez dans le poème le contraire de chaque expression:
   le bonheur   *malheur*
   la chaleur   *froidure*
   la mort   *la vie*
   cesser   *dure; remet*
   la joie   *douleur; grief*

B. Analyse

1. Quels sont les effets de l'amour sur le poète, physiquement et psychologiquement?

2. Résumez le message présenté dans les deux quatrains. Faites la même chose pour les deux tercets. Contrastez les deux parties du poème.

3. «Amour», avec un «A» majuscule, suggère la personnification de l'amour: l'amour devient un être. Quelle relation entre «Amour» et le poète voyons-nous dans ce poème? Lequel des deux est le plus fort? Qui contrôle et qui est contrôlé(e)?

PERCEPTIONS

1. Quel est l'effet de la répétition du pronom *je* dans chaque strophe?

2. Les sentiments décrits dans le poème semblent extrêmes. Montrez à quels moments on sent le caractère passionné de la narratrice et l'intensité de cette passion. Est-ce vraisemblable?

3. Il y a de l'ironie dans le fait qu'à un moment de bonheur, il y a aussi une douleur, une tristesse, qui entre dans notre esprit. Cette image de l'amour est-elle vraie, selon vos propres expériences ou selon vos lectures?

4. La dualité humaine entre la raison et les émotions est un phénomène que beaucoup de philosophes et d'écrivains ont exploré.
   a. Parlez d'une œuvre littéraire que vous avez lue (en anglais ou en français) qui présente un autre exemple de cette situation: une œuvre où un personnage se laisse guider par ses émotions en dépit du bon sens.
   b. Certains écrivains représentent l'homme et la femme comme des êtres raisonnables qui peuvent contrôler leurs émotions. D'autres montrent que les émotions contrôlent nécessairement la raison. Quelle image vous semble la plus réaliste? Parlez de vous-même et de vos amis.

5. Louise Labé décrit ouvertement l'intensité de sa passion et les souffrances qui l'accompagnent. Cela implique le droit de la femme de se voir comme un être libre d'exprimer sa passion. Comme vous pouvez l'imaginer, cette contestation lui a valu d'être considérée comme une féministe. Que pensez-vous de ce jugement? Est-ce du «féminisme» quand une femme s'exprime librement? Etes-vous surpris(e) de trouver cette liberté d'expression au 16e siècle?

① sickly; weak; unhealthy

Joachim du Bellay
(1522–1560)

Joachim du Bellay est né au petit château de Liré, dans l'Anjou.[1] Devenu orphelin très jeune, maladif, négligé par son tuteur, il grandit plus ou moins seul dans son village natal, s'attachant profondément à cette terre dont il exprimera plus tard la nostalgie.

Pour se préparer à servir son cousin, le cardinal Jean du Bellay, dans ses responsabilités diplomatiques, Joachim étudie le droit à l'Université de Poitiers. Il y étudie le latin, compose ses premiers poèmes, et fait la connaissance de Ronsard, qu'il suit à Paris. Il apprend alors le grec et l'italien, et découvre l'œuvre du poète italien Pétrarque. Avec Ronsard et cinq autres poètes qui forment avec lui une société appelée «la Pléiade», il publie la *Défense et illustration de la langue française* (1549). Selon ce manifeste, la poésie n'est plus un simple jeu de l'esprit, mais une mission; élu des Dieux, le poète humaniste doit utiliser et enrichir la langue française pour égaler ou même surpasser les œuvres de l'antiquité grecque et latine et de la Renaissance italienne.

Cette même année, il publie *L'Olive,* un recueil de sonnets imités de Pétrarque. De 1553 à 1557, il accompagne le cardinal du Bellay à Rome. Joachim pensait que ce séjour serait bon pour sa santé et sa culture humaniste, mais ses responsabilités de secrétaire le déçoivent[2] beaucoup, et la France lui manque.

Aussi décevantes[3] soient-elles, ses années en Italie lui inspirent ses deux œuvres majeures: les *Antiquités de Rome,* consacrées à la Rome antique, et *Les Regrets,* consacrés à la Rome moderne et les «regrets» de l'exil. Ce recueil de sonnets est comme le journal du poète, où il écrit en vers ses impressions (satiriques) de la cour du pape, la corruption de la société romaine et sa nostalgie de l'Anjou natal.

De retour en France, Joachim du Bellay est accablé de difficultés financières et domestiques; une affaire de succession menace de lui enlever sa propriété de Liré. Malheureux en amour, il l'est aussi en matière de santé. Devenu sourd,[4] il ne peut plus communiquer que par écrit. Découragé, vieilli prématurément, il meurt à Paris à l'âge de 37 ans, laissant derrière lui une œuvre marquée par l'inspiration personnelle.

1. la vallée de la Loire 2. décevoir (*to disappoint*) 3. voir décevoir 4. incapable d'entendre

✦ «Heureux qui, comme Ulysse, a fait un beau voyage»

PREPARATION

In many types of writing that you may encounter, meaning will become clear once you perceive the structure of the passage. Is it built on a chronological sequence of events? a list of characteristics? a series of comparisons and contrasts?

The poem you are about to read has at its core comparisons in the form of similes (**comparaisons**) that use the French words for *like* or *as*, and metaphors (**métaphores**) that make comparisons without the use of these words. As you read the poem a first time, attempt to answer the following questions: Who is compared to Ulysses and Jason? What is compared to Rome? What is compared to **des palais romains**? to **l'ardoise fine**? to **le Tibre latin**? to **le mont Palatin**?

✦ «HEUREUX QUI, COMME ULYSSE, A FAIT UN BEAU VOYAGE»

Heureux qui,° comme Ulysse,[1] a fait un beau voyage,   celui qui
Ou comme cestuy-là° qui conquit la toison,[2]   celui-là
Et puis est retourné, plein d'usage° et raison,   expérience
Vivre entre ses parents le reste de son âge!

5   Quand reverrai-je, hélas, de mon petit village
    Fumer la cheminée, et en quelle saison
    Reverrai-je le clos° de ma pauvre maison,   jardin
    Qui m'est une province et beaucoup davantage°?   plus

    Plus me plaît le séjour° qu'ont bâti mes aïeux,°   la maison / ancêtres
10 Que des palais romains le front audacieux,
    Plus que le marbre dur me plaît l'ardoise° fine;   slate

    Plus mon Loir[3] gaulois, que le Tibre[4] latin,
    Plus mon petit Liré, que le mont Palatin,[5]
    Et plus que l'air marin la douceur angevine.°   de l'Anjou

                          — *Les Regrets, sonnet xxxi*, 1558
                               (orthographe modernisée)

1. héros de l'*Odyssée*   2. référence mythologique à la Toison d'Or (*Golden Fleece*) conquise par Jason   3. petite rivière près de la Loire   4. fleuve qui traverse Rome
5. une des sept collines de Rome

COMPREHENSION

1. Quel mot choisiriez-vous pour exprimer le ton du poème:
   la colère? la nostalgie? l'ennui?

2. Quelle expérience les deux héros mentionnés dans le premier qua-
   train du poème ont-ils en commun?

3. Le poète envie Ulysse et Jason. Expliquez pourquoi.

4. Quel est l'effet du mot *hélas* dans la deuxième strophe?

5. Dans la deuxième strophe, du Bellay constate que quelque chose de
   petit peut être plus important que quelque chose de grand. Clarifiez
   ce paradoxe.

6. Reprenez les comparaisons et les métaphores que vous avez trouvées
   dans le poème et expliquez-les. [Exemple de métaphore: «...ma pauvre maison, Qui m'est une province...». Pourquoi cette comparaison
   sous-entendue de la maison du poète avec une province?]

PERCEPTIONS

1. Celui qui doit vivre loin de sa famille, l'exilé, le voyageur, etc.,
   éprouve souvent une nostalgie profonde pour ce qui lui manque.
   Avez-vous déjà lu d'autres œuvres littéraires qui expriment ce sentiment? Avez-vous eu cette expérience? A quoi attribuez-vous cette
   nostalgie? Répondez de façon détaillée.

2. La maison de l'enfance occupe une place spéciale dans nos souvenirs.
   Quels souvenirs de sa maison du Bellay évoque-t-il? Lesquels
   pourriez-vous mentionner sur la maison de votre enfance?

3. Ce poème est un sonnet (voir Appendice Littéraire p. 231). Beaucoup de sonnets ont comme sujet l'amour. Ici le poète utilise cette
   forme pour d'autres buts.
   a. Imaginez un instant que vous êtes du Bellay. Ecrivez une lettre à
      un(e) ami(e) décrivant vos impressions sur la vie à Rome et votre
      mal du pays (*homesickness*).
   b. Lisez vos lettres aux autres membres de la classe.
   c. Discutez les effets différents des lettres en contraste avec le son-
      net. Laquelle des deux formes est plus émotionnelle? plus belle?
      plus longue?

4. Du Bellay commence un autre sonnet de la même série de la manière suivante:

> France, mère des arts, des armes et des lois,
> Tu m'as nourri longtemps du lait de ta mamelle!

Reconnaissez-vous une métaphore ici semblable à celle du sonnet que vous venez de lire? Expliquez. Dans quel sens le pays natal est-il comme une mère pour chacun de nous?

Pierre de Ronsard
(1524–1585)

Pierre de Ronsard est originaire d'une famille noble de la région d'Orléans, dans la vallée de la Loire. A l'âge de 12 ans, il devient le page des enfants du roi François 1er. Il voyage ainsi en Ecosse, en Angleterre et en Allemagne; il fréquente aussi les plus grands humanistes de la cour de France. A l'âge de 15 ans, une grave maladie le laisse à moitié sourd, mettant ainsi fin à ses ambitions d'une carrière militaire ou diplomatique. Il se réfugie dans l'étude des lettres antiques et la poésie.

Ses premières *Odes* (1550) sont imitées du grec. Inspiré ensuite par Pétrarque, Ronsard devient le maître de la poésie amoureuse. Il chante non seulement ses propres amours, mais les amours des rois et des princes pour lesquels il écrit. Poète officiel de la cour de France, et très bien rémunéré pour ses travaux, Ronsard compose également des poèmes d'éloge dédiés à ses protecteurs, et des *Discours* où il prend parti dans les luttes religieuses du temps. D'abord violemment opposé aux protestants, il deviendra plus modéré vers la fin de sa vie et se fera le porte-parole de la tolérance. Dans ses dernières années, Ronsard continue à prouver qu'il est toujours «le Prince des poètes» (et le poète des princes), en publiant pour le roi Henri III les *Sonnets sur la mort de Marie*, et les *Sonnets pour Hélène*, qui couronnent sa gloire.

De ses premières *Odes*, dont le poème suivant est tiré, à ses derniers *Sonnets*, Ronsard évoque avec hantise le thème de la fuite du temps: puisque le temps passe et détruit tout, il faut profiter du présent pour vivre et pour aimer.

✦ Ode à Cassandre

PREPARATION

Here again we have a poem structured around an implicit comparison, this time between a rose and a young girl (Cassandre). During a first reading of the poem, note two expressions that compare the rose to a person (first two **strophes**) and two expressions that compare the young girl to a flower (last **strophe**). In which of these is the comparison a personification?

✦ ODE À CASSANDRE

Mignonne, allons voir si la rose	
Qui ce matin avait déclose°	ouvert
Sa robe de pourpre° au soleil,	couleur rouge foncé
A point perdu cette vesprée°	ce soir
5 Les plis° de sa robe pourprée,	ondulations
Et son teint° au vôtre pareil.	*complexion*
Las! voyez comme en peu d'espace,	
Mignonne, elle a dessus la place,	
Las! las! ses beautés laissé choir°!	tomber
10 Ô vraiment marâtre° Nature	mère cruelle
Puisqu'une telle fleur ne dure	
Que du matin jusques au soir!	
Donc, si vous me croyez, mignonne,	
Tandis que votre âge fleuronne°	est ouvert comme une fleur
15 En sa plus verte nouveauté,	
Cueillez,° cueillez votre jeunesse:	prenez (profitez de)
Comme à cette fleur la vieillesse	
Fera ternir° votre beauté.	détériorer

— Odes, I, 17, 1550
(orthographe modernisée)

COMPREHENSION

A. Choisissez la meilleure réponse.

1. Dans la première strophe Ronsard décrit:
    a. la robe de Cassandre
    b. la beauté de la rose
    c. la faiblesse de la rose

2. Quel est le sentiment qui prédomine dans la deuxième strophe?
   a. la tristesse
   b. le bonheur
   c. l'humour

3. Et dans la troisième strophe?
   a. l'urgence
   b. l'ennui
   c. la mélancolie

B. Analysez les aspects suivants du poème.

1. Expliquez le sens de «Cueillez, cueillez votre jeunesse». Comment peut-on «cueillir» sa jeunesse?

2. Imaginez que vous parlez à quelqu'un qui n'a pas lu le poème. Racontez l'histoire du poème à cette personne en 5 ou 6 phrases. Puis, relisez le poème et comparez son effet avec celui de votre narration.

3. Le ton du poème: Comment Ronsard communique-t-il le ton de l'urgence dans ce poème (formes verbales, répétitions, etc.)?

PERCEPTIONS

1. Souvent, on parle de la Nature comme d'une mère. Ici elle devient une *marâtre*. Quelles images évoque le mot *marâtre*? Pourquoi le poète a-t-il choisi ce terme?

2. Si Ronsard vous avait dédié ce poème, quelle serait votre interprétation et votre réaction?

3. Toute réflexion sur la fuite du temps peut mener à une philosophie de la vie qui accentue le plaisir du moment: un bonheur égoïste. Ou bien on peut aussi décider qu'il faut être vertueux pour être heureux. Vers quelle conclusion penchez-vous? Expliquez.

4. Il existe dans ce poème presqu'un culte de la beauté. Quelles formes de beauté sont décrites? Quels sont les dangers d'un tel culte?

5. Ce poème, chanté aussi bien que lu, est bien connu des lycéens français. Il fait partie de l'héritage culturel national. Quels poèmes en anglais ont une telle importance pour vous et pour vos camarades de classe? Faites une liste des poèmes que chaque membre de la classe connaît bien et le premier vers de ces poèmes si c'est possible.

Montaigne
(1533–1592)

Michel Eyquem est né au château de Montaigne, dans le sud-ouest de la France. A la mort de son père, il a pris le nom du domaine familial. De son père, il a aussi gardé une éducation humaniste et le goût de l'engagement politique. Comme son père, en effet, Montaigne est devenu magistrat au parlement de Bordeaux, puis maire de Bordeaux. Mais, marqué par les guerres de religion, Montaigne ne peut guère partager l'optimisme humaniste de son père. Il opte plutôt, pendant plusieurs années, pour le stoïcisme, une philosophie d'austérité morale qui prépare l'individu à la souffrance et à la mort.

C'est Etienne de La Boétie, magistrat comme lui au parlement de Bordeaux, qui l'initie à cette philosophie. Les deux hommes deviennent de grands amis et, quand La Boétie meurt quatre ans plus tard, en 1563, Montaigne est déchiré de douleur. Pour «essayer» de trouver la sagesse et la consolation, il commence à rédiger ses *Essais*. Il se retire de la vie politique, se marie, et se consacre à l'étude et à l'écriture. Il publie la première édition des *Essais* en 1580. Pour des raisons de santé, il voyage ensuite à travers l'Allemagne et l'Italie. En 1581, à la demande du roi Henri III, il accepte la charge de maire de Bordeaux, qu'il garde jusqu'en 1585.

Activement lié aux drames de son temps, appelé à plusieurs reprises à servir d'intermédiaire entre les catholiques et les protestants, Montaigne continue à trouver refuge dans ses *Essais,* dont il publie la deuxième édition en 1588. Il meurt en 1592 dans son château de Montaigne, alors qu'il préparait une troisième édition de son œuvre.

A travers le portrait qu'il fait de lui-même, avec une sincérité parfois choquante, Montaigne «essaie» dans ses *Essais* de peindre l'homme universel. Ses expériences personnelles l'amènent ainsi à s'interroger sur des questions universelles comme la mort et l'amitié.

✦ De l'amitié

PREPARATION

An essay is a short composition on a single subject, usually presenting the personal views of the author. As you read for the first time the passage that follows, note in the margins of your book the main idea of each paragraph of the essay. During subsequent readings, and in the comprehension work after the reading, you will be able to look back at these initial notes and examine more closely how Montaigne manages to present his ideas about friendship.

✦ De l'amitié

Ce que nous appelons ordinairement amis et amitiés, ce ne sont qu'ac-cointances et familiarités nouées° par quelque occasion ou commodité, par le moyen de laquelle nos âmes s'entretiennent.° En l'amitié dont je parle, elles se mêlent et se confondent° l'une en l'autre, d'un mélange 5 si universel qu'elles effacent° et ne retrouvent plus la couture° qui les a jointes. Si on me presse de dire pourquoi je l'aimais je sens que cela ne peut s'exprimer qu'en répondant: «Parce que c'était lui, parce que c'était moi».

Il y a, au delà° de tout ce que je puis° en dire, je ne sais quelle force 10 inexplicable et fatale, médiatrice° de cette union. Nous nous cherchions avant de nous être vus, rapprochés° par des rapports que nous enten-dions l'un de l'autre, et aussi, je crois, par quelque ordonnance du ciel.° Nous nous embrassions° par nos noms; et à notre première rencontre, qui fut par hasard en une grande fête et compagnie de ville, nous nous 15 trouvâmes si pris, si connus, si liés° entre nous, que rien dès lors ne nous fut si proche que l'un à l'autre... .

Qu'on ne mette pas en ce rang° ces autres amitiés communes: j'en ai autant de connaissance qu'un autre, mais je ne conseille pas qu'on con-fonde leurs règles. Les autres amitiés, dans lesquelles il faut marcher 20 avec prudence et précaution, se nourrissent° de services rendus et de bienfaits.° Mais en ce noble commerce,° l'union de tels amis étant vérita-blement parfaite, elle leur fait perdre le sentiment de tels devoirs, et chasser d'entre eux ces mots de division et de différence: «bienfait, obligation, reconnaissance,° prière, remerciement», et leurs pareils.

(glosses marginales)

formées
restent ensemble
se mêlent... *mix and blend* / font disparaî-tre / *seam*

en supplément / peux à la base
brought closer
ordonnance... volonté de Dieu / étions unis

attachés

ce... cette catégorie

subsistent à cause
faveurs / **ce noble...** la vraie amitié

gratitude

25 Tout étant, effectivement, commun entre eux, volontés, pensées, jugements, biens,° enfants, honneur et vie, et leur convenance n'étant qu'une   *possessions*
âme en deux corps, selon la très propre définition d'Aristote,[1] ils ne
peuvent rien se prêter° ni se donner... . Si, en l'amitié dont je parle, l'un   *lend*
pouvait donner à l'autre, ce serait lui qui recevrait le bienfait qui
30 obligerait son compagnon. Car cherchant l'un et l'autre, plus que toute
autre chose, de s'entre-bienfaire,° celui qui en donne l'occasion est celui   *agir avec générosité*
qui se montre généreux... .

L'ancien Ménandre[2] disait celui-là heureux, qui avait pu rencontrer
seulement l'ombre° d'un ami. Il avait certes raison de le dire. Car, à la   *shadow*
35 vérité, si je compare tout le reste de ma vie, quoiqu'avec la grâce de
Dieu je l'aie passée douce et, sauf la perte° d'un tel ami, exempte d'afflic-   *(du verbe perdre)*
tion pesante et pleine de tranquillité d'esprit; si je la compare, dis-je,
toute, aux quatre années qu'il m'a été donné de jouir de la douce compagnie et société de ce personnage, ce n'est que fumée,° ce n'est qu'une   *smoke*
40 nuit obscure et ennuyeuse. Depuis le jour que je le perdis,°   *perdre (passé simple)*

Quem semper acerbum
Semper honoratum (sic, Di, voluistis) habebo,[3]

je ne fais que traîner languissant;° et les plaisirs mêmes qui s'offrent à   **traîner...** souffrir
moi, au lieu de me consoler, me redoublent le regret de sa perte. Nous
45 étions à moitié de tout; il me semble que je lui dérobe° sa part.   *enlève, prends*

Nec fas esse ulla me voluptate hic frui
Decrevi, tantisper dum ille abest meus particeps.[4]

J'étais déjà si accoutumé à être deuxième° partout qu'il me semble   *ici: avec lui*
n'être plus qu'à demi.

— *Essais, Livre I, xxviii,* 1580
(texte légèrement modernisé et édité)

1. philosophe de l'antiquité grecque   2. poète de l'antiquité grecque   3. «Jour qui
pour moi sera toujours amer, toujours sacré (Dieux, vous l'avez voulu ainsi!)»—citation
du poète de l'antiquité romaine Virgile.   4. «J'ai décidé que je ne saurais plus goûter
aucun plaisir, maintenant que j'ai perdu celui qui partageait tout avec moi»—citation de
Térence, autre poète de l'antiquité romaine.

COMPREHENSION

A. Ordonnez les phrases suivantes de manière à donner un résumé du texte. Numérotez les phrases de 1 à 8. Servez-vous des notes que vous avez prises lors de la première lecture.

1 à 4

___ Il y a une force méconnue qui unifie deux amis.

___ Ils ont tout de suite reconnu la force de leur amitié.

___ Montaigne contraste l'amitié et la camaraderie.

___ Ils se sont rencontrés à une fête.

5 à 8

___ Après la mort de son ami il se sent comme amputé.

___ La vraie amitié est une fusion parfaite de deux volontés: une âme en deux corps, donc les amis ne comptent pas qui a «prêté» et qui a «reçu».

___ Dans d'autres sortes de relations beaucoup de précautions sont nécessaires.

___ Le reste de sa vie (comparé aux quatre années de son amitié avec La Boétie) n'est que «fumée».

B. Exprimez l'idée principale des phrases suivantes en français simple.

1. «Ce que nous appelons ordinairement amis et amitiés, ce ne sont qu'accointances et familiarités nouées par quelque occasion ou commodité, par le moyen de laquelle nos âmes s'entretiennent.»

2. «...à notre première rencontre... nous nous trouvâmes si pris, si connus, si liés entre nous, que rien dès lors ne nous fut si proche que l'un à l'autre.»

3. «Les autres amitiés, dans lesquelles il faut marcher avec prudence et précaution, se nourrissent de services rendus et de bienfaits.»

4. «Si, en l'amitié dont je parle, l'un pouvait donner à l'autre, ce serait lui qui recevrait le bienfait qui obligerait son compagnon.»

PERCEPTIONS

1. En écrivant ses essais, Montaigne essaie de se comprendre. Que découvrons-nous sur sa nature en lisant cet essai? Quelle sorte de personne était-il, à votre avis?

2. Quelles sont les bases de l'amitié selon Montaigne? Etes-vous d'accord? En ajouteriez-vous d'autres? Lesquelles?

3. Montaigne constate que dans sa vie on ne peut avoir qu'un seul vrai ami. Etes-vous d'accord? Expliquez votre réponse.

4. La phrase de Montaigne «Parce que c'était lui, parce que c'était moi» a été reprise par de nombreux artistes, en particulier dans le monde de la chanson. Parlez d'une expérience que vous avez partagée avec quelqu'un, «parce que c'était lui [ou elle], parce que c'était moi».

5. A certains moments, l'amitié ici décrite ressemble à l'amour. D'après vous, quelles sont les différences entre les deux?

6. Une amitié profonde est quelque chose de très précieux. Parlez de votre expérience personnelle avec l'amitié: décrivez votre meilleur(e) ami(e) (maintenant ou auparavant). Comment avez-vous connu cette personne? Pourquoi et comment êtes-vous devenu(e)s ami(e)s? Quelles sont (étaient) ses caractéristiques?

7. Avec une si forte amitié vient aussi une certaine perte d'identité de la part de chacun des amis. Que pensez-vous de cet aspect de l'amitié? Donnez un exemple personnel si possible.

8. Montaigne nous présente l'histoire très personnelle de son amitié avec La Boétie.
   a. Racontez son histoire à un(e) camarade de classe à un niveau conversationnel et simple.
   b. Comment Montaigne élève-t-il son essai à un plus haut niveau? Considérez par exemple les citations et références aux écrivains classiques (Aristote, Ménandre, Virgile, Térence) et d'autres aspects de son style écrit.

Synthèse

A DISCUTER

A. Vous avez lu trois poèmes du 16e siècle: le premier sur la nature paradoxale de l'amour (Labé), le deuxième sur le mal du pays (Du Bellay) et le troisième sur le passage du temps (Ronsard). Faites ensemble une liste des images qui viennent à l'esprit quand vous pensez à chacun de ces thèmes.

B. Imaginez une conversation à une terrasse de café entre les cinq auteurs de ce chapitre. Labé va parler d'abord de ses souffrances en amour, puis Du Bellay va décrire sa nostalgie de son pays natal. Les trois autres vont essayer de les consoler. Basez vos paroles sur les idées et les sentiments exprimés dans les passages que vous avez lus.

A ECRIRE

A. On dit que certains écrivains de la Renaissance ont vu dans la joie de vivre le but de l'existence alors que beaucoup d'intellectuels du Moyen Age et même du seizième siècle voyaient la vie comme une période de souffrance nécessaire au bonheur du paradis, après la mort. Est-ce que le plaisir mental et physique devrait être l'aspect central de notre vie? Pensez à des exemples pris à la télévision, au cinéma, dans l'actualité ou dans votre vie personnelle. Divisez la classe en deux groupes. Un des groupes composera une liste «pour» cette proposition, et l'autre groupe «contre». Une personne de chaque groupe servira de secrétaire. Ces deux personnes écriront leurs listes au tableau pour inspirer une discussion générale. Après avoir comparé les deux listes, vous écrirez un essai d'une page présentant votre jugement personnel. N'oubliez pas de mentionner certaines des idées discutées en classe.

B. Qu'est-ce qui est moderne et qu'est-ce qui est ancien dans les idées de Rabelais et de Montaigne sur l'éducation et sur l'amitié?

Nicolas Poussin, Rebecca and Eliezer. Paris, Musée du Louvre.

CHAPITRE 3
Le Dix-septième Siècle

LE 17ᵉ SIECLE a été profondément marqué par le règne de Louis XIV. Agé de cinq ans quand il hérite du trône de France en 1643, Louis XIV règne personnellement de 1661 jusqu'à sa mort en 1715. Avant son règne, c'est une époque d'instabilité et de diversité, une période *baroque*. Pendant son règne, c'est l'âge de l'ordre, de l'autorité et de la grandeur, l'âge d'or du *classicisme*.

Les premières années du 17ᵉ siècle sont des années de convalescence. Affaiblie par les guerres de religion qui déchiraient le pays depuis 1562, la France souffre encore de troubles civils et économiques. Malgré l'Edit de Nantes qui dès 1598 accordait aux protestants la liberté de culte, le fanatisme religieux continue à faire des victimes. Après l'assassinat du roi Henri IV en 1610, la régence de Marie de Médicis et le début du règne de Louis XIII sont marqués par l'instabilité et l'intrigue.

Ce climat de transformation et de désordre est propice au développement de l'art baroque, dont l'extravagance de forme traduit[1] la complexité de la vie. L'artiste baroque préfère l'apparence à la réalité, l'excès à la modération. Tout comme l'architecte baroque dissimule les structures essentielles sous des décors fantaisistes, l'écrivain baroque substitue au mot précis un surchargement[2] d'images. Les métaphores, les personnifications, les antithèses, les hyperboles[3] et les périphrases[4] se multiplient. Comme un jeu intellectuel, un langage «précieux» se développe dans les milieux cultivés. C'est ainsi qu'un mot commun comme *les dents* devient *l'ameublement*[5] *de la bouche* et *les pieds* se font appeler *les chers souffrants*. Les superlatifs sont *terriblement, furieusement, admirablement* à la mode et le *badinage*[6] prend des dimensions grandioses. Bien que la préciosité soit parfois tombée dans le ridicule, son influence s'est fait sentir à travers le 17ᵉ siècle.

Parallèlement au mouvement baroque, cependant, une autre tendance se dessine: un besoin d'ordre au milieu du désordre, une recherche d'absolu au milieu de la complexité. En politique deux grands ministres, Richelieu puis Mazarin, essaient d'établir cet ordre. Entre 1630 et 1661 ils consolident l'autorité de l'Etat, préparant ainsi la monarchie absolue du «Roi Soleil». Se croyant le représentant de Dieu sur terre, Louis XIV élabore un système fondé sur l'ordre et la concentration des pouvoirs. La cour de Versailles devient le centre d'attraction de toute l'Europe. Nobles et bourgeois vivent pour le roi, par le roi. Chacun est à la merci des faveurs du roi. Avide de gloire, celui-ci s'entoure d'artistes et d'écrivains qui recherchent par leur art la perfection «classique».

Comme l'humanisme, le classicisme adopte les idéaux de l'antiquité grecque et romaine. Pour comprendre la nature humaine et l'univers, les classiques font appel au pouvoir suprême de la raison. C'est ainsi que Descartes, auteur du fameux «Je pense, donc je suis», base sur le doute et la raison sa méthode de l'analyse scientifique, psychologique et morale. Contemporain de Descartes, le

---

1. représente 2. *overload* 3. exagérations 4. circonlocutions (*circumlocutions*) 5. *furnishings* 6. *small talk*

philosophe Pascal explore lui aussi les lois de la physique et de la métaphysique à l'aide de la raison. Dans ses *Pensées,* il avance cependant que la raison seule ne suffit pas, car «le cœur a ses raisons que la raison ne connaît point». Pour Pascal, le cœur est donc un instrument légitime de découverte, surtout en matières spirituelles.

Avec le règne de la raison vient le règne de l'ordre et des règles. Pour établir les règles qui gouvernent la langue française et sa littérature, Richelieu fonde en 1635 l'Académie française. La charge des premiers académiciens est de codifier la langue française en un *Dictionnaire de l'Académie* qui paraît en 1694. L'Académie consacre aussi la «bonne» littérature, désapprouvant l'extravagance et les excès baroques, approuvant la clarté, la modération et la sobriété classiques.

Les auteurs dramatiques doivent suivre les règles du théâtre classique qui sont l'unité d'action (une seule intrigue),[7] l'unité de temps (l'action doit se dérouler en 24 heures), l'unité de lieu (un seul décor) et l'unité de ton (un seul genre).[8] Les grands noms du genre tragique sont Corneille et Racine; Molière,

quant à lui, est le maître incontesté de la comédie classique (voir p. 74).

En tant qu'art social, le théâtre est particulièrement à la mode au 17e siècle car il répond aux exigences[9] morales de la littérature classique, qui sont d'éduquer et d'édifier le public. D'autres genres remplissent aussi ces fonctions sociales: les maximes (voir La Rochefoucauld, p. 61), les fables (voir La Fontaine, p. 69) et les lettres (voir Mme de Sévigné, p. 64).

Malgré toute sa grandeur, le règne de Louis XIV souffre dans ses dernières années de sclérose économique, religieuse et intellectuelle. Les guerres et les dépenses de la cour ont beaucoup appauvri le pays; la révocation de l'Edit de Nantes en 1685 marque la fin de la tolérance religieuse; la liberté de pensée est en danger et les valeurs classiques commencent à être contestées; partout, le mécontentement s'élève. A la fin du 17e siècle, une nouvelle génération de penseurs et d'écrivains apparaît: ce sont les «modernes», qui soulignent le besoin de réformes politiques et sociales et annoncent le 18e siècle.

---

7. *plot*   8. c'est-à-dire tragique ou comique   9. demandes

François de La Rochefoucauld
(1613–1680)

François de La Rochefoucauld était un homme de la grande noblesse. Jusqu'à l'âge de 40 ans, il a mené une vie d'intrigues amoureuses et politiques. Grièvement blessé au cours d'une de ces intrigues en 1652, il s'est retiré de la vie politique et a cherché à se consoler dans la vie mondaine. En fréquentant les salons précieux où l'analyse psychologique et la dissertation morale étaient à la mode, il s'est mis à écrire ses fameuses *Maximes,* dont il a publié le premier recueil en 1665. Quatre autres éditions allaient suivre, exprimant le pessimisme d'une vie marquée par la maladie et les déceptions. Dans ses *Maximes,* La Rochefoucauld essaie d'exposer l'âme humaine, qu'il considère égoïste et faible. Par des phrases très courtes qui visent à frapper le lecteur, il exprime des généralisations qui sont peut-être aussi des confessions.

✦ Les Maximes

PREPARATION

A maxim is a seemingly authoritative generalization which is expressed with a degree of precision and density. La Rochefoucauld chose this condensed form in which to write about life and human behavior. In English you are probably familiar with such maxims as "Haste makes waste" or "Absence makes the heart grow fonder." As you read each maxim, the challenge will be first to understand the message of each terse statement and then to decide if you agree with its thrust. Even though most sentence-length maxims will not be too difficult to read, be sure to take the time to think about whether you believe the statement of "truth" that each expresses so authoritatively.

Make a chart using the following headings. The first time that you read each maxim, fill in your chart with the appropriate information. During class discussions add details to the chart and explain your positions.

Maxime   *Votre interprétation*   *Etes-vous d'accord?*

◆ LES MAXIMES [extraits]

[49] On n'est jamais si heureux ni si malheureux qu'on s'imagine.

[89] Tout le monde se plaint° de sa mémoire, et personne ne se plaint   lamente
de son jugement.

[113] Il y a de bons mariages, mais il n'y en a point de délicieux.

[122] Si nous résistons à nos passions, c'est plus par leur faiblesse que
par notre force.

[149] Le refus des louanges° est un désir d'être loué° deux fois.   compliments / compli-
menté, glorifié

[171] Les vertus se perdent dans l'intérêt,° comme les fleuves se perdent   égoïsme
dans la mer.

[276] L'absence diminue les médiocres passions et augmente les grandes, comme le vent éteint° les bougies° et allume° le feu.   cause l'extinction /
candles / commence

[303] Quelque° bien qu'on nous dise de nous, on ne nous apprend rien   Peu importe le
de nouveau.

[304] Nous pardonnons souvent à ceux qui nous ennuient,° mais nous   ennuyer: *to bore,*
ne pouvons pardonner à ceux que nous ennuyons.   *to annoy*

[389] Ce qui nous rend la vanité des autres insupportable,° c'est qu'elle   intolérable
blesse la nôtre.

[436] Il est plus aisé de connaître l'homme en général que de connaître
un homme en particulier.

— *Les Maximes*, 1665

COMPREHENSION

Vrai ou faux, d'après les maximes?

1. Les gens exagèrent leurs difficultés.

2. On considère qu'on a une bonne mémoire.

3. Le mariage a des limites.

4. La force de notre personnalité nous permet de résister à nos passions.

5. On aime les louanges.

6. Notre vertu est plus forte que notre intérêt.

7. Si on aime vraiment quelqu'un, l'absence ne va pas diminuer
l'amour.

8. Nous ne connaissons pas très bien nos mérites. *Nous connaissons trop le nos mérites*

9. Nous aimons penser que nous sommes amusants. *On n'aime pas être critiqué*

10. Nous aimons les gens vaniteux. *Nous sommes trop vaniteux vanité et nous voulons seulement nous mettre en valeur*

11. Les individus sont difficiles à connaître.

PERCEPTIONS

1. La forme des maximes est très concise. Est-ce que cette concision ajoute à la clarté du message ou le rend plus difficile à saisir? Pourquoi?

2. Est-ce que La Rochefoucauld vous semble optimiste? pessimiste? entre les deux? Donnez des exemples spécifiques pour appuyer votre opinion.

3. Quand vous n'êtes pas d'accord avec une maxime de La Rochefoucauld, est-ce parce que vous n'acceptez pas du tout sa conclusion ou parce que vous trouvez qu'il exagère? Donnez des exemples. Est-il plus facile d'être d'accord avec lui quand il juge les autres que quand il demande de nous juger nous-mêmes?

4. La Rochefoucauld implique que ce qui semble être une vertu est quelquefois un vice. Est-ce vrai? Donnez un exemple tiré de votre expérience (exemple: une situation où une personne semblait faire quelque chose pour une raison noble mais en vérité, c'était par intérêt ou égoïsme).

Madame de Sévigné
(1626–1696)

Née à Paris dans une famille de la grande noblesse, orpheline à un très jeune âge, mariée à 18 ans, puis veuve à 24 ans, Marie de Rabutin-Chantal, marquise de Sévigné, a partagé sa vie entre les salons mondains de Paris et sa fille, pour qui elle avait une véritable adoration. Quand sa fille se marie au Comte de Grignan et va vivre dans le sud de la France, Mme de Sévigné lui écrit deux lettres par semaine, parfois plus. Ces lettres sont devenues une chronique du 17ᵉ siècle. Avec précision et émotion, Mme de Sévigné raconte l'histoire de son temps: les grands événements historiques mais aussi la vie quotidienne de la cour, dans ses plus petits détails. Experte dans les jeux du langage chers aux «précieux», Mme de Sévigné sait aussi être directe et naturelle, autant dans son style que dans son sens de l'observation.

✦ Lettre à Madame de Grignan

PREPARATION

Mme de Sévigné was an intelligent, sensitive woman separated for long periods of time from her beloved daughter, the Comtesse de Grignan. The letters she wrote to her daughter and to friends constitute a portrayal of court life in the seventeenth century and an entertaining account of her own day-to-day activities.

In the first letter you will read, written shortly after Mme de Grignan had left for the south of France, Mme de Sévigné expresses her strongly felt emotions. As you read this letter a first time, underline all the words referring to feelings and emotions and then see if these words suggest accurately the main gist of the letter. Often such a focus on a cluster of words can help unravel the meaning of a passage.

◆ Lettre à Madame de Grignan

A PARIS, LUNDI 9ᵉ FÉVRIER [1671]

Je reçois vos lettres, ma bonne, comme vous avez reçu ma bague; je
fonds en larmes° en les lisant: il semble que mon cœur veuille se fendre   **fonds...** pleure
par la moitié;° il semble que vous m'écriviez des injures° ou que vous   **se...** se couper en
soyez malade, ou qu'il vous soit arrivé quelque accident, et c'est tout le   deux / insultes
5 contraire: vous m'aimez, ma chère enfant, et vous me le dites d'une
manière que je ne puis soutenir sans des pleurs en abondance. Vous
continuez votre voyage sans aucune aventure fâcheuse,° et lorsque j'ap-   désagréable
prends tout cela, qui est justement tout ce qui me peut être le plus
agréable, voilà l'état où je suis. Vous vous avisez° donc de penser à moi,   décidez
10 vous en parlez, et vous aimez mieux m'écrire vos sentiments que vous
n'aimez à me les dire. De quelque façon qu'ils me viennent, ils sont reçus
avec une tendresse et une sensibilité qui n'est comprise que de ceux qui
savent aimer comme je fais. Vous me faites sentir pour vous tout ce qu'il
est possible de sentir de tendresse; mais si vous songez à moi, ma pauvre
15 bonne, soyez assurée aussi que je pense continuellement à vous: c'est ce
que les dévots appellent une pensée habituelle; c'est ce qu'il faudrait
avoir pour Dieu, si l'on faisait son devoir.

Rien ne me donne de distraction; je suis toujours avec vous; je vois
ce carrosse° qui avance toujours, et qui n'approchera jamais de moi: voiture tirée par des
20 je suis toujours dans les grands chemins; il me semble même que j'ai   chevaux
quelquefois peur qu'il ne verse;° les pluies qu'il fait depuis trois jours   pleuve
me mettent au désespoir; le Rhône° me fait une peur étrange. J'ai une   grand fleuve du sud-
carte devant les yeux; je sais tous les lieux où vous couchez; vous êtes   est de la France
ce soir à Nevers,° et vous serez dimanche à Lyon,° où vous recevrez   ville sur la Loire / ville
25 cette lettre. Je n'ai pu vous écrire qu'à Moulins° par Mme de Guéné-   sur le Rhône / ville
gaud. Je n'ai reçu que deux de vos lettres; peut-être que la troisième   entre Nevers et Lyon
viendra; c'est la seule consolation que je souhaite; pour d'autres, je n'en
cherche pas...

— *Lettres de Madame de Sévigné*, 1725
(édition posthume)

COMPREHENSION

Vrai ou faux (selon la lettre)?

1. Mme de Sévigné compare les lettres de sa fille à de la joaillerie.

2. Elle pleure en lisant les lettres de sa fille.

3. Mme de Grignan écrivait des injures à sa mère.

4. Mme de Grignan a eu un accident.

5. Mme de Grignan préfère dire qu'écrire ses sentiments pour sa mère.

6. Mme de Sévigné pense toujours à sa fille.

7. Elle suit sur une carte le voyage de sa fille.

8. Mme de Grignan sera à Lyon le 14 février.

9. Mme de Sévigné a reçu trois lettres de sa fille.

PERCEPTIONS

1. Cette mère semble très liée à sa fille. Comment le voyez-vous? (Quelles sortes de détails de la vie de sa fille occupent son esprit? Comment l'anxiété de la mère se voit-elle?) Quelle serait votre réaction si c'était votre mère?

2. Mme de Sévigné compare sa dévotion pour sa fille au zèle religieux des dévots: «une pensée habituelle». Une telle attention est-elle positive ou mène-t-elle à une relation étouffante? Est-ce que votre jugement serait différent si c'était une relation entre époux ou entre amis? Pourquoi?

3. Le style de Mme de Sévigné reflète les contraintes et conventions de la littérature du 17ᵉ siècle.
   a. Remarquez la forme verbale utilisée par Mme de Sévigné quand elle s'adresse à sa fille (vous? tu?). Comment ce choix change-t-il le ton de la lettre?
   b. Faites une petite expérience avec des contraintes de style. Ecrivez sur un ton formel un paragraphe d'une «lettre» où Mme de Grignan décrit son voyage à sa mère. Défense absolue d'utiliser le verbe être!

✦ Lettre à Monsieur de Coulanges

PREPARATION

In this letter to her cousin, we experience a very different aspect of Mme de Sévigné's writing style. The letter here appears almost like a game—she amuses her friend and keeps him in suspense about the news she wants to convey. If you were about to tell someone an incredible story (or piece of gossip!), think of five or six adjectives you might use to say *incredible:* «la chose la plus _____». As you read a first time, see if some of your adjectives are used in Mme de Sévigné's incredible series of superlatives.

✦ Lettre à Monsieur de Coulanges[1]

A PARIS, CE LUNDI 15ᵉ DÉCEMBRE 1670

Je m'en vais vous mander° la chose la plus étonnante, la plus surpre-   *dire*
nante, la plus merveilleuse, la plus miraculeuse, la plus triomphante, la
plus étourdissante,° la plus inouïe,° la plus singulière, la plus extraordi-   *staggering / staggering*
naire, la plus incroyable, la plus imprévue, la plus grande, la plus petite,
5 la plus rare, la plus commune, la plus éclatante, la plus secrète jusqu'aujourd'hui, la plus brillante, la plus digne d'envie: enfin une chose dont
on ne trouve qu'un exemple dans les siècles passés, encore cet exemple
n'est-il pas juste; une chose que l'on ne peut pas croire à Paris (comment
la pourrait-on croire à Lyon°?); une chose qui fait crier miséricorde° à   *où se trouve M. de Coulanges / mercy /*
10 tout le monde; une chose qui comble° de joie Mme de Rohan et Mme   *remplit*
d'Hauterive;[2] une chose enfin qui se fera dimanche, où ceux qui la
verront croiront avoir la berlue;° une chose qui se fera dimanche, et qui   *une maladie des yeux*
ne sera peut-être pas faite lundi. Je ne puis me résoudre° à la dire;   *décider*
devinez°-la: je vous le donne en trois.° Jetez-vous votre langue aux   *guess / trois occasions de deviner*
15 chiens? Eh bien! il faut donc vous la dire: M. de Lauzun[3] épouse diman-
che au Louvre, devinez qui? je vous le donne en quatre, je vous le donne
en dix, je vous le donne en cent. Mme de Coulanges dit: «Voilà qui est
bien difficile à deviner; c'est Mme de La Vallière.[4] —Point du tout,
Madame. —C'est donc Mlle de Retz?[5] —Point du tout, vous êtes bien
20 provinciale. —Vraiment nous sommes bien bêtes, dites-vous, c'est Mlle
Colbert.[5] —Encore moins. C'est assurément Mlle de Créquy.[5] —Vous
n'y êtes pas. Il faut donc à la fin vous le dire: il épouse, dimanche, au
Louvre, avec la permission du Roi, Mademoiselle, Mademoiselle de...,
Mademoiselle..., devinez le nom: il épouse Mademoiselle,[6] ma foi! par
25 ma foi! ma foi jurée! Mademoiselle, la Grande Mademoiselle; Mademoi-
selle, fille de feu° Monsieur;[7] Mademoiselle, petite-fille de Henri IV,[8]   *the late...*
Mlle d'Eu, Mlle de Dombes, Mlle de Montpensier, Mlle d'Orléans,[6] Mademoiselle, cousine germaine° du Roi; Mademoiselle, destinée au trône;   *first cousin*
Mademoiselle, le seul parti de France qui fût digne de Monsieur.[9]
30   Voilà un beau sujet de discourir.° Si vous criez, si vous êtes hors de   *faire des discours*
vous-même, si vous dites que nous avons menti, que cela est faux, qu'on

---

1. cousin de Mme de Sévigné   2. deux dames qui avaient fait des mariages d'amour et
non d'argent   3. personnage important à la cour   4. maîtresse du roi   5. femmes célèbres à la cour   6. titres de cette princesse qui, à 43 ans, va épouser M. de Lauzun
7. Gaston d'Orléans, oncle de Louis XIV, surnommé simplement «Monsieur»   8. roi
de France assassiné en 1610   9. Philippe d'Orléans, frère de Louis XIV, le «Monsieur»
actuel

se moque de vous, que voilà une belle raillerie,° que cela est bien fade°   plaisanterie / ridicule
à imaginer; si enfin vous nous dites des injures: nous trouverons que
vous avez raison; nous en avons fait autant que° vous.   **autant...** comme

35   Adieu: les lettres qui seront portées par cet ordinaire° vous feront   messager de poste
voir si nous disons vrai ou non.

— *Lettres de Madame de Sévigné*, 1725
(édition posthume)

COMPREHENSION

Vrai ou faux?

1. M. de Coulanges est à Paris quand il reçoit cette lettre.

2. La nouvelle dont Mme de Sévigné parle enragera Mme de Rohan et
   Mme d'Hauterive.

3. M. de Coulanges devinera très vite l'identité de la fiancée.

4. M. de Lauzun va épouser une princesse.

5. Mlle d'Eu, Mlle de Dombes, Mlle de Montpensier et Mlle d'Orléans
   sont des amies de la dame que M. de Lauzun va épouser.

6. Mme de Sévigné a été surprise par la nouvelle.

7. La réaction de M. de Coulanges est difficile à imaginer.

PERCEPTIONS

1. On nomme baroque ou précieux le style qui incorpore des exagérations et une accumulation d'adjectifs. Sévigné l'utilise dans cette
   lettre pour créer du suspense pour son lecteur et afin de l'amuser.
   Que pensez-vous de cette technique? Est-ce qu'elle vous amuse? vous
   exaspère? vous intrigue? Pourquoi?

2. Pensez à un événement de l'actualité, puis écrivez un paragraphe
   pour informer un(e) ami(e) de cet événement. Au lieu d'annoncer
   immédiatement la nouvelle, essayez d'augmenter sa curiosité par
   votre manière d'écrire. Vous pouvez imiter le style de Sévigné, avec
   beaucoup de superlatifs, ou vous pouvez utiliser une autre technique.
   Soyez prêt(e) à lire votre paragraphe à la classe.

3. Dans un siècle où il n'y avait pas de véritables journaux, et où les
   voyages étaient difficiles et chers, les lettres servaient plusieurs buts.
   Quels sont les buts les plus communs des lettres que vous écrivez?
   Quels buts pouvez-vous identifier ou imaginer pour une lettre du
   17e siècle?

4. On parle souvent de la valeur historique des lettres. Vous avez lu deux lettres de Mme de Sévigné. Qu'est-ce que ces lettres révèlent sur la vie au 17e siècle? De quoi sont-elles une chronique—la vie à la cour? les mœurs? la politique? les événements du jour? les scandales?

5. Pensez un moment à «l'art épistolaire»: la lettre comme littérature. Quels sont les ingrédients d'une lettre bien écrite? Quelles sont les qualités des lettres de Mme de Sévigné? Pensez surtout au style et au ton.

Jean de La Fontaine
(1621–1695)

Jean de La Fontaine, né d'une famille bourgeoise de province, était un dilettante qui aimait rêver et s'amuser. Son travail de «maître des eaux et forêts» dans une petite ville lui a permis d'observer les animaux et la nature. Il avait plus de 30 ans quand il a commencé à écrire. A 37 ans, il est devenu le poète officiel de Fouquet, le ministre des finances de Louis XIV, et quand, en 1668, il publie son premier recueil de *Fables*, il est déjà célèbre.

Ces fables étaient destinées au fils du roi, pour lui donner un enseignement moral illustré de façon vivante. Ce sont des poèmes narratifs qui reflètent de façon satirique non seulement la société du 17e siècle, mais aussi l'humanité en général, avec ses passions et ses faiblesses. Les sujets des fables ne sont guère originaux. La Fontaine les a pris aux fabulistes de l'antiquité grecque et latine, surtout Esope et Phèdre. Mais comme toute l'école classique, La Fontaine pensait que l'originalité est une question de manière et non de matière. Et la manière de La Fontaine est très originale: il écrit en vers libres, une innovation dans un siècle qui pratiquait exclusivement l'alexandrin, c'est-à-dire le vers de 12 pieds (ou 12 syllabes); ses fables sont des chefs-d'œuvre de concision dramatique, de rythme poétique et de richesse linguistique.

✦ La Cigale et la fourmi

PREPARATION

A narrative technique often used in fiction is the flashback: suddenly we go back to a former time. When the narration makes this shift in focus, the reader often gains insights into present action or characterization. In the fable you will read first, **la fourmi** (the ant) looks back to the summer months and reminds **la cigale** (the cicada, the cricket) of its activities during that time. As you read the tale a first time, focus on the present and the flashback to the past. How did the animals behave in each timeframe and how will that affect their future?

✦ La Cigale et la fourmi

La cigale, ayant chanté
    Tout l'été,
Se trouva fort dépourvue°   **fort...** privée de tout
Quand la bise° fut venue;   le vent d'hiver
5 Pas un seul petit morceau
De mouche° ou de vermisseau.°   *fly / worm*
Elle alla crier famine
Chez la fourmi sa voisine,
La priant de lui prêter°   *lend*
10 Quelque grain pour subsister
Jusqu'à la saison nouvelle.
«Je vous paierai, lui dit-elle,
Avant l'oût,° foi d'animal,°   le mois d'août / **foi...**
Intérêt et principal.»   je vous promets
15 La fourmi n'est pas prêteuse;
C'est là son moindre défaut.°   **son...** sa plus petite
«Que faisiez-vous au temps chaud?   imperfection
Dit-elle à cette emprunteuse.°   emprunter: *to borrow*
—Nuit et jour à tout venant°   **à...** pour chaque per-
20 Je chantais, ne vous déplaise.   sonne qui passait
—Vous chantiez? j'en suis fort aise.° **fort...** très contente
Eh bien! dansez maintenant.»
        — *Fables, Livre I, i*, 1668

COMPREHENSION

A. Vrai ou faux?

1. La cigale a beaucoup travaillé pendant l'été.

2. La fourmi a beaucoup travaillé pendant l'été.

3. La fourmi est une voisine de la cigale.

4. La fourmi n'a pas de nourriture pour l'hiver à venir.

5. La cigale a besoin d'emprunter de la nourriture.

6. La fourmi aime prêter des choses.

B. Cette fable ressemble à une pièce en miniature. On peut la diviser en quatre parties:

1. une exposition: introduction à la situation

2. l'action: initiée par la demande de la cigale

3. un court intermède: description du caractère de la fourmi

4. un dénouement: développé dans la conversation des deux animaux

Identifiez les vers qui constituent chacune des quatre parties.

C. D'après la fable, quelle sorte de personnalité possède la cigale? et la fourmi?

PERCEPTIONS

1. La fable nous présente deux animaux très différents:
   a. Quels sont les défauts de la cigale? et ses points forts?
   b. Quel est le point fort de la fourmi? et ses défauts?
   c. Etes-vous davantage comme la cigale ou la fourmi? Expliquez.

2. La Fontaine utilise des animaux pour raconter son histoire et c'est à nous, ses lecteurs, de trouver des êtres humains à leur image. Trouvez-vous qu'il est facile ou difficile de s'identifier avec des animaux? de trouver la morale? Pourquoi?

3. Très souvent dans les fables de La Fontaine l'histoire est suivie d'une morale clairement énoncée. Ici vous avez besoin de deviner la morale. Avec un(e) camarade de classe, discutez les morales possibles de la fable. Soyez prêt(e) à présenter vos conclusions à la classe.

4. Qu'est-ce que La Fontaine implique quand il dit, «C'est là son moindre défaut»? Est-ce qu'on peut être trop vertueux?

5. Dans notre monde, quelles valeurs (exemplifiées par les deux animaux) sont les plus importantes pour la vie:

la justice, l'industrie, la frugalité

ou

la joie de vivre et l'insouciance?

Expliquez votre jugement. Est-ce que La Fontaine nous dit d'imiter un des animaux?

✦ Le Loup et l'agneau

PREPARATION

In the following fable, two animals will again speak and illustrate a moral. As you read the fable a first time, identify the moral and note two characteristics of the wolf and of the lamb. Show how these characteristics relate to the moral.

✦ LE LOUP ET L'AGNEAU

La raison du plus fort est toujours la meilleure,
    Nous l'allons montrer tout à l'heure.
    Un agneau se désaltérait°   *buvait*
    Dans le courant d'une onde° pure.   *eau*
5 Un loup survient à jeun° qui cherchait aventure,   **à...** *sans avoir rien mangé*
    Et que la faim en ces lieux attirait.
    «Qui te rend si hardi° de troubler mon breuvage?°   *audacieux / ma boisson*
    Dit cet animal plein de rage:
    Tu seras châtié° de ta témérité.°   *puni / ton audace*
10 —Sire, répond l'agneau, que Votre Majesté
    Ne se mette pas en colère;
    Mais plutôt qu'elle considère
    Que je me vas désaltérant°   **me...** *bois*
    Dans le courant,°   *ici: la rivière*
15   Plus de vingt pas° au-dessous d'elle,°   *mesures / réf. à Sa Majesté le loup*
    Et que par conséquent en aucune façon
    Je ne puis troubler sa boisson.
    —Tu la troubles, reprit cette bête cruelle,
    Et je sais que de moi tu médis l'an passé.°   **de moi...** *tu m'accuses des misères de l'année dernière*

20 —Comment l'aurais-je fait, si je n'étais pas né?
     Reprit l'agneau, je tette encor° ma mère.   **tette...** bois encore le
          —Si ce n'est toi, c'est donc ton frère.   lait de
   —Je n'en ai point. —C'est donc quelqu'un des tiens°:   **des...** de ta famille
     Car vous ne m'épargnez° guère,   *spare*
25   Vous, vos bergers° et vos chiens.   gens qui gardent les
   On me l'a dit: il faut que je me venge.°»   moutons / voir «ven-
     Là-dessus au fond des forêts   geance»
     Le loup l'emporte, et puis le mange
     Sans autre forme de procès.°   ici: discussion

                         — Fables, Livre I, x, 1668

COMPREHENSION

Complétez:

1. La morale est _____ .

2. L'agneau _____ dans une rivière.

3. Les deux accusations du loup sont:
   a. _____
   b. _____

4. Le loup est plus _____ que l'agneau.

5. Parce que le loup _____, il mange l'agneau.

PERCEPTIONS

1. Le problème de l'agneau:
   a. Que veut-il?
   b. Comment se défend-il?
   c. Quels arguments utilise-t-il?
   d. Pourquoi perd-il?

2. L'attitude du loup:
   a. Quelle(s) tactique(s) utilise-t-il pour gagner?
   b. Est-ce typique des «forts» dans le monde? Expliquez.

3. Recréez cette fable en donnant une personnalité différente à l'agneau. Qu'est-ce que l'agneau fait de différent? Quel est le résultat?

4. Racontez un incident où vous vous êtes senti(e) inférieur(e) et intimidé(e). Qu'est-ce qui s'est passé? Si vous pouviez revivre cette expérience que feriez-vous de différent?

5. La Fontaine a dit dans son introduction aux *Fables,* «Je me sers d'animaux pour instruire les hommes.» Qu'est-ce que vous avez appris de ces deux fables? Quelle vue de l'humanité semble-t-il posséder?

6. Une fable est un peu comme une pièce de théâtre, une comédie humaine très concise. Dans un petit groupe, choisissez deux animaux et essayez de créer une courte scène qui prête aux animaux des caractéristiques humaines.

Molière
(1622–1673)

Molière, de son vrai nom Jean-Baptiste Poquelin, a dédié toute sa vie au théâtre. Après d'excellentes études dans un collège religieux de Paris, il a brisé ses attaches avec sa famille et il a fondé l'Illustre Théâtre, qui a été un désastre financier. Déterminé à continuer sa carrière dans le théâtre, il a emmené sa troupe en province, et pendant 13 ans il a parcouru la France. Acteur et metteur en scène, il est aussi devenu auteur dramatique, basant ses farces et ses comédies sur ses observations de la société contemporaine. Revenu à Paris en 1658, il a obtenu un grand succès avec sa pièce *Les Précieuses ridicules,* où il se moque de la préciosité excessive. Dès lors, il a vécu sous la protection du roi. Il est mort à 51 ans sur la scène, alors qu'il jouait, ironiquement, le rôle d'un hypocondriaque, *Le Malade imaginaire.*

Molière a écrit 33 pièces. Dans chacune, il crée le rire en caricaturant des aspects ridicules de la société de son temps ou de la nature humaine. Sa méthode est classique dans le sens où il décrit non pas des individus exceptionnels, mais des types universels. Il nous montre ainsi *L'Avare*[1], l'hypocrite (*Tartuffe*), l'arriviste (*Le Bourgeois Gentilhomme*), *Le Misanthrope,* le libertin (*Dom Juan*); il traite de problèmes éternellement actuels: le snobisme, l'éducation, le féminisme, l'amour et le mariage, la jalousie. Les solutions qu'il propose sont basées sur la raison; pour Molière, la source de la sagesse, c'est le bon sens. Dans *L'Ecole des femmes,* l'arrogant Arnolphe croit au mariage basé sur la soumission aveugle de la femme et l'autorité absolue de l'homme. Mais va-t-il pouvoir imposer sa volonté à la jeune Agnès? Le bon sens ne dit-il pas que l'amour et la tyrannie ne sont pas compatibles? Agnès n'est peut-être pas aussi naïve qu'elle en a l'air...

---

1. *The Miser*

✦ L'Ecole des femmes

PREPARATION

Reading in a foreign language involves confronting both the known and the unknown. Brainstorming about possible directions in which a topic may develop prior to reading a passage about that topic can often help.

In the scenes you will read from Molière's *L'Ecole des femmes,* the discussion is about marriage and the ideal wife. Before you read these lines, your class will divide into three groups. One group will generate (in French if possible) a list of characteristics of the ideal wife that a traditional and very conservative man might propose. The second group will create a similar list for the wife of the "liberated male" of the 1990s. The third group will list what kind of woman a reasonable, "average" man might choose today. One member from each group will write the group's list on the board or on an overhead transparency and the class as a whole will compare the three lists. Then as you begin your first reading of the passage from *L'Ecole des femmes,* think about the characteristics of the ideal wife Molière chose to list in the play.

✦ L'Ecole des femmes

ACTE III, SCENE II

ARNOLPHE, AGNES

ARNOLPHE (*assis*): Agnès, pour m'écouter, laissez là votre ouvrage.°   travail
    Levez un peu la tête et tournez le visage:
    Là, regardez-moi là durant cet entretien,°   cette conversation
    Et jusqu'au moindre° mot imprimez-le-vous° bien.   plus petit / **imprimez...** écoutez-le
5   Je vous épouse, Agnès; et cent fois la journée
    Vous devez bénir° l'heur de votre destinée,°   *bless* / (mot apparenté)
    Contempler la bassesse° où vous avez été,   misère
    Et dans le même temps admirer ma bonté,
    Qui de ce vil° état de pauvre villageoise   abject
10   Vous fait monter au rang° d'honorable bourgeoise   **au...** à la condition sociale / **jouir...** bénéficier du lit / fuir = *to flee*
    Et jouir de la couche° et des embrassements
    D'un homme qui fuyait° tous ces engagements,
    Et dont à vingt partis,° fort capables de plaire,   personnes à marier
    Le cœur a refusé l'honneur qu'il vous veut faire.
15   Vous devez toujours, dis-je, avoir devant les yeux
    Le peu que vous étiez sans ce nœud° glorieux,   mariage
    Afin que cet objet° d'autant mieux vous instruise   ici: cette idée

A mériter l'état où je vous aurai mise,

A toujours vous connaître, et faire qu'à jamais

20   Je puisse me louer° de l'acte que je fais.   être satisfait

Le mariage, Agnès, n'est pas un badinage:°   une chose frivole

A d'austères devoirs le rang de femme engage,

Et vous n'y montez pas, à ce que je prétends,°   **à ce que...** je vous le

Pour être libertine° et prendre du bon temps.   dis / immorale

25   Votre sexe n'est là que pour la dépendance:

Du côté de la barbe° est la toute-puissance.   **de...** de l'homme

Bien qu'on soit deux moitiés de la société,

Ces deux moitiés pourtant n'ont point d'égalité:

L'une est moitié suprême et l'autre subalterne;

30   L'une en tout est soumise° à l'autre qui gouverne;   réduite à l'obéissance

Et ce que le soldat, dans son devoir instruit,

Montre d'obéissance au chef qui le conduit,

Le valet à son maître, un enfant à son père,

A son supérieur le moindre petit Frère,°   frère servant dans un

35   N'approche point encor de la docilité,   monastère

Et de l'obéissance, et de l'humilité,

Et du profond respect où la femme doit être

Pour son mari, son chef, son seigneur et son maître.

Lorsqu'il jette sur elle un regard sérieux,

40   Son devoir aussitôt est de baisser° les yeux,   *lower*

Et de n'oser jamais le regarder en face

Que quand d'un doux regard il lui veut faire grâce.°   **lui...** accepte de lui

C'est ce qu'entendent° mal les femmes d'aujourd'hui;   donner / comprennent

Mais ne vous gâtez° pas sur l'exemple d'autrui.°   dépravez / de

45   Gardez-vous d'imiter ces coquettes vilaines   quelqu'un d'autre

Dont par toute la ville on chante les fredaines,°   aventures

Et de vous laisser prendre aux assauts du malin,°   diable (Satan)

C'est-à-dire d'ouïr aucun jeune blondin.°   **ouïr...** écouter un

Songez qu'en vous faisant moitié de ma personne,   jeune homme

50   C'est mon honneur, Agnès, que je vous abandonne;

Que cet honneur est tendre et se blesse de peu;°   **se blesse...** s'offense

Que sur un tel sujet il ne faut point de jeu;   facilement

Et qu'il est aux enfers des chaudières bouillantes°   **il est...** *there are in hell*

Où l'on plonge° à jamais les femmes mal vivantes.   *boiling cauldrons* / met

55   Ce que je vous dis là ne sont pas des chansons;

Et vous devez du cœur dévorer ces leçons.

Si votre âme les suit, et fuit d'être coquette,

Elle sera toujours, comme un lis,° blanche et nette;   *lily*

Mais s'il faut qu'à l'honneur elle fasse un faux bond,°   **fasse...** manque

60   Elle deviendra lors noire comme un charbon;°   *coal*

Vous paraîtrez à tous un objet effroyable,

Et vous irez un jour, vrai partage° du diable,   partenaire

Bouillir dans les enfers à toute éternité:

Dont vous veuille garder la céleste bonté!°   **Dont...** Que Dieu vous
garde de cela

65   Faites la révérence. Ainsi qu'une novice

Par cœur dans le couvent doit savoir son office,°   ses responsabilités

Entrant au mariage il en faut faire autant;°   **il en...** il faut faire la
même chose

Et voici dans ma poche un écrit important

Il se lève.

Qui vous enseignera l'office de la femme.

70   J'en ignore l'auteur, mais c'est quelque bonne âme;

Et je veux que ce soit votre unique entretien.°   ici: guide

Tenez. Voyons un peu si vous le lirez bien.

AGNES *lit.* Les Maximes du mariage ou Les Devoirs de la femme mariée, avec
son exercice journalier

I. MAXIME

Celle qu'un lien° honnête   *tie, bond*

75   Fait entrer au lit d'autrui,

Doit se mettre dans la tête,

Malgré le train° d'aujourd'hui,   **Malgré...** en dépit des
coutumes

Que l'homme qui la prend, ne la prend que pour lui.

ARNOLPHE: Je vous expliquerai ce que cela veut dire;

80   Mais pour l'heure présente il ne faut rien que lire.

AGNES *poursuit.*

II. MAXIME

Elle ne se doit parer°   s'embellir

Qu'autant que° peut désirer   **Qu'...** Que comme

Le mari qui la possède:

85   C'est lui que touche seul le soin de sa beauté;

Et pour rien doit être compté

Que° les autres la trouvent laide.   **Et pour...** Et ça n'a aucune importance si...

III. MAXIME

Loin ces études d'œillades,   **Loin...** Pas de maquil-
lages ou crèmes

90   Ces eaux, ces blancs, ces pommades,°

Et mille ingrédients qui font des teints fleuris:°   **font...** changent la
couleur de la peau

A l'honneur tous les jours ce sont drogues mortelles;

Et les soins° de paraître belles   efforts

Se prennent peu° pour lcs maris.   **Se...** Ne sont pas

95

IV. MAXIME

Sous sa coiffe,° en sortant, comme l'honneur l'ordonne,　　　son chapeau
Il faut que de ses yeux elle étouffe les coups,°　　　**de ses...** elle masque
　　　Car pour bien plaire à son époux,　　　ses regards
　　　Elle ne doit plaire à personne.

100

V. MAXIME

Hors ceux dont au mari la visite se rend,°　　　**Hors...** Exceptés ceux
　　　La bonne règle défend　　　qui viennent voir le
　　　De recevoir aucune âme:　　　mari
　　　Ceux qui, de galante humeur,

105

　　　N'ont affaire° qu'à Madame,　　　ne s'intéressent
　　　N'accommodent pas Monsieur.

VI. MAXIME

　　　Il faut des présents° des hommes　　　cadeaux
　　　Qu'elle se défende bien;

110

　　　Car dans le siècle où nous sommes,
　　　On ne donne rien pour rien.

VII. MAXIME

Dans ses meubles, dût-elle en avoir de l'ennui,°　　　**dût...** si elle s'ennuie
Il ne faut écritoire, encre, papier, ni plumes:

115

　　　Le mari doit, dans les bonnes coutumes,
　　　Écrire tout ce qui s'écrit chez lui.

VIII. MAXIME

　　　Ces sociétés déréglées°　　　**sociétés...** clubs dé-
　　　Qu'on nomme belles assemblées　　　bauchés

120

Des femmes tous les jours corrompent les esprits:
En bonne politique on les doit interdire;
　　　Car c'est là que l'on conspire
　　　Contre les pauvres maris.

IX. MAXIME

125

Toute femme qui veut à l'honneur se vouer°　　　consacrer
　　　Doit se défendre de jouer,
　　　Comme d'une chose funeste:°　　　qui apporte la mort
　　　Car le jeu, fort décevant,
　　　Pousse une femme souvent

130

　　　A jouer de tout son reste.°　　　ici: argent

X. MAXIME

　　　Des promenades du temps,
　　　Ou repas qu'on donne aux champs,
　　　Il ne faut point qu'elle essaye:

135   Selon les prudents cerveaux,°
        Le mari, dans ces cadeaux,
        Est toujours celui qui paye.

            XI. MAXIME...

    ARNOLPHE: Vous achèverez° seule; et, pas à pas, tantôt°
140   Je vous expliquerai ces choses comme il faut,
        Je me suis souvenu d'une petite affaire:
        Je n'ai qu'un mot à dire, et ne tarderai guère.°
        Rentrez, et conservez ce livre chèrement.°
        Si le Notaire vient, qu'il m'attende un moment.

prudents... gens pru-
dents

finirez / tout à l'heure

ne... ne serai pas
longtemps / pré-
cieusement

SCENE III

145 ARNOLPHE: Je ne puis° faire mieux que d'en faire ma femme.
        Ainsi que° je voudrai, je tournerai° cette âme;
        Comme un morceau de cire° entre mes mains elle est,
        Et je lui puis donner la forme qui me plaît.
        Il s'en est peu fallu que, durant mon absence,
150   On ne m'ait attrapé par son trop° d'innocence;
        Mais il vaut beaucoup mieux, à dire vérité,
        Que la femme qu'on a pèche° de ce côté.
        De ces sortes d'erreurs le remède est facile:
        Toute personne simple aux leçons est docile;
155   Et si du bon chemin on l'a fait écarter,°
        Deux mots incontinent° l'y peuvent rejeter.
        Mais une femme habile° est bien une autre bête;°
        Notre sort° ne dépend que de sa seule tête;
        De ce qu'elle s'y met rien ne la fait gauchir,°
160   Et nos enseignements ne font là que blanchir:°
        Son bel esprit lui sert à railler° nos maximes,
        A se faire souvent des vertus de ses crimes,°
        Et trouver, pour venir à ses coupables fins,°
        Des détours à duper l'adresse des plus fins.°
165   Pour se parer° du coup en vain on se fatigue:
        Une femme d'esprit est un diable en intrigue.
                                — L'Ecole des femmes, 1662

peux

comme / formerai

wax

Il... J'ai presque été,
pendant mon ab-
sence, victime de son
excès / soit faible

deviate

tout de suite

ici: intelligente / un
autre animal / desti-
née / De... Rien ne
la fait changer
d'idées / ne... ne
servent à rien se mo-
quer de / A... A
transformer ses
crimes en vertus /
venir... faire ce
qu'elle veut / à...
tromper les plus in-
telligents / se pro-
téger

COMPREHENSION

1. Vrai ou faux?
   a. Arnolphe dit qu'il va épouser Agnès.
   b. Selon Arnolphe, les deux époux sont «égaux».
   c. Agnès dit qu'elle n'aime pas les idées d'Arnolphe.
   d. Les *Maximes du mariage* décrivent une femme dans le rôle d'une esclave.
   e. La femme idéale d'après Arnolphe est très intelligente et très indépendante.

2. Expliquez en langage simple chacune des *Maximes*.

3. Décrivez la femme idéale qu'Arnolphe définit pour nous dans son monologue de la scène III.

PERCEPTIONS

1. Dès les premiers vers de la scène II, nous rencontrons un Arnolphe qui parle à Agnès comme un professeur à une étudiante ou comme un parent à son enfant. Pourquoi fait-il cela, à votre avis? Quel effet cherche-t-il? Quelle serait votre réaction?

2. Arnolphe n'est ni jeune ni beau mais il décrit la vie sociale extraordinaire qu'il abandonne pour Agnès. Pourquoi? Imaginez la réaction d'Agnès.

3. Selon Arnolphe, quelles sont les responsabilités du mari et de la femme dans le mariage?

4. Arnolphe a une grande peur de l'infidélité de sa femme. En parlant des tentations de la société qu'Agnès pourrait rencontrer, Arnolphe essaie de la terrifier. Que dit-il spécifiquement pour arriver à ses fins? Pourquoi choisit-il cette tactique?

5. Vous avez déjà regardé de près les *Maximes du mariage*. Que pensez-vous de ces maximes? Essayez de deviner pourquoi Arnolphe a écrit chacune.

6. Seul dans la scène III, Arnolphe monologue sur la sorte de femme qu'il aime et qu'il déteste (ou dont il a peur). Contrastez les deux. Pourquoi éprouve-t-il ces sentiments? Un homme du 20e siècle aurait-il les mêmes attitudes?

7. La femme est «comme un morceau de cire» qu'Arnolphe voudrait former. Est-ce possible? Croyez-vous qu'un époux ou une épouse puisse réussir à «former» son / sa partenaire? Y a-t-il des époux qui essaient? Donnez des exemples tirés de votre expérience et des œuvres de fiction que vous avez lues.

8. Agnès tombe amoureuse d'un autre homme et refuse d'épouser Arnolphe. Imaginez la réaction des spectateurs de cette pièce quand Arnolphe reste seul à la fin.

9. Vous avez lu une autre pièce comique (*La Farce du cuvier*). Une des différences entre les deux est la façon dont Molière montre les complexités de la nature humaine. Il présente des personnages bien nuancés. Arnolphe, par exemple, est un type: un vieillard ridicule. Mais Arnolphe est aussi amoureux. Le trouvez-vous plus pitoyable qu'odieux? Quel est l'effet d'une telle comédie de caractère? Pourquoi rit-on d'une pièce si sérieuse? Rit-on plus en regardant une farce? Pourquoi?

Madame de La Fayette
(1634–1693)

Marie-Madeleine Pioche de la Vergne, née dans une famille de la petite noblesse, a reçu une très bonne éducation. A l'âge de 22 ans, elle a épousé le Comte de La Fayette, dont elle a eu deux fils. Mais de nature indépendante, et s'ennuyant mortellement dans le domaine provincial de son mari, Mme de La Fayette est venue s'installer à Paris pour participer à la vie mondaine de son temps et faire entrer ses enfants dans la haute société. Avec l'aide de Mme de Sévigné et de La Rochefoucauld, elle a ouvert un salon qui est devenu un centre de la vie intellectuelle parisienne.

Publié anonymement en 1678, *La Princesse de Clèves* est un roman d'amour dont l'action se déroule au 16ᵉ siècle, mais qui rappelle l'amour courtois du Moyen Age: un amour impossible entre un jeune duc et une belle princesse qui est déjà mariée et pour qui l'honneur est sacré. Chef-d'œuvre du roman classique par sa sobriété et sa morale austère, *La Princesse de Clèves* est aussi l'ancêtre du roman d'analyse psychologique, où les sentiments des personnages sont plus importants que l'action.

✦ La Princesse de Clèves

PREPARATION

You have seen how brainstorming about a topic that will be discussed in a passage can help you guess about unknown elements of that passage. In similar fashion, having a clear image of the central characters of a work and the problem about to arise between them, can help you anticipate their possible reactions.

In the passage you are about to read, the Princesse de Clèves, a very moral and caring woman, admits to her husband that she loves another man. In small groups, discuss and list some possible reactions of the Prince, her husband. Also list some of the Prince's and the Princess's possible feelings. Share your lists with the other groups. As you read the passage, compare your guesses with what you find there.

✦ LA PRINCESSE DE CLÈVES [extrait]

II. MADAME DE CLEVES CONFESSE A SON MARI SON INCLINATION POUR MONSIEUR DE NEMOURS

...Monsieur de Clèves disait à sa femme: «Mais pourquoi ne voulez-vous point revenir à Paris? Qui vous peut retenir à la campagne? Vous avez depuis quelque temps un goût pour la solitude qui m'étonne et qui m'afflige,° parce qu'il nous sépare. Je vous trouve même plus triste que me cause de l'afflic-
tion / **de...** d'habitude

5 de coutume,° et je crains que vous n'ayez quelque sujet d'affliction. —Je triste
n'ai rien de fâcheux° dans l'esprit, répondit-elle avec un air embarrassé;
mais le tumulte de la cour est si grand, et il y a toujours un si grand
monde chez vous, qu'il est impossible que le corps et l'esprit ne se las-
sent° et que l'on ne cherche du repos. —Le repos, répliqua-t-il, n'est se fatiguent

10 guère propre pour une personne de votre âge. Vous êtes chez vous et
dans la cour d'une sorte à ne vous pas donner de lassitude,° et je crain- **vous...** pas souffrir de
fatigue / **fussiez...**
drais plutôt que vous ne fussiez bien aise d'°être séparée de moi. —Vous aimiez
me feriez une grande injustice d'avoir cette pensée, reprit-elle avec un
embarras qui augmentait toujours; mais je vous supplie° de me laisser demande

15 ici. Si vous y pouviez demeurer,° j'en aurais beaucoup de joie, pourvu rester
que vous y demeurassiez° seul et que vous voulussiez° bien n'y avoir demeuriez/ vouliez
(subjonctif) / presque
point ce nombre infini de gens qui ne vous quittent quasi° jamais. —Ah!
madame, s'écria monsieur de Clèves, votre air et vos paroles me font
voir que vous avez des raisons pour souhaiter d'être seule; je ne les sais

20 point, et je vous conjure° de me les dire.» demande

Il la pressa longtemps de les lui apprendre, sans pouvoir l'y obliger; et, après qu'elle se fut défendue d'une manière qui augmentait toujours la curiosité de son mari, elle demeura dans un profond silence, les yeux baissés; puis tout à coup, prenant la parole° et le regardant: «Ne me
25 contraignez° point, lui dit-elle, à vous avouer° une chose que je n'ai pas la force de vous avouer, quoique j'en aie eu plusieurs fois le dessein.° Songez seulement que la prudence ne veut pas qu'une femme de mon âge, et maîtresse de sa conduite,° demeure exposée au milieu de la cour. —Que me faites-vous envisager,° madame! s'écria monsieur de Clèves!
30 je n'oserais vous le dire de peur de vous offenser.» Madame de Clèves ne répondit point; et, son silence achevant° de confirmer son mari dans ce qu'il avait pensé: «Vous ne me dites rien, reprit-il, et c'est me dire que je ne me trompe pas.° —Eh bien, monsieur, lui répondit-elle en se jetant à ses genoux, je vais vous faire un aveu° que l'on n'a jamais fait à
35 un mari; mais l'innocence de ma conduite et de mes intentions m'en donne la force. Il est vrai que j'ai des raisons pour m'éloigner de la cour et que je veux éviter° les périls où se trouvent quelquefois les personnes de mon âge. Je n'ai jamais donné nulle marque° de faiblesse, et je ne craindrais pas d'en laisser paraître,° si vous me laissiez la liberté de me
40 retirer de la cour.... . Quelque° dangereux que soit le parti° que je prends, je le prends avec joie pour me conserver digne° d'être à vous. Je vous demande mille pardons, si j'ai des sentiments qui vous déplaisent;° du moins je ne vous déplairai jamais par mes actions. Songez° que, pour faire ce que je fais, il faut avoir plus d'amitié et plus d'estime
45 pour un mari que l'on n'en a jamais eu. Conduisez-moi, ayez pitié de moi, et aimez-moi encore, si vous pouvez.»

Monsieur de Clèves était demeuré, pendant tout ce discours, la tête appuyée sur ses mains, hors de lui-même, et il n'avait pas songé à faire relever sa femme. Quand elle eut cessé° de parler, qu'il la vit à ses
50 genoux, le visage couvert de larmes, et d'une beauté si admirable, il pensa mourir de douleur, et, l'embrassant en la relevant: «Ayez pitié de moi, vous-même, madame, lui dit-il, j'en suis digne, et pardonnez, si, dans les premiers moments d'une affliction aussi violente qu'est la mienne, je ne réponds pas comme je dois à un procédé comme le vôtre.
55 Vous me paraissez plus digne d'estime et d'admiration que tout ce qu'il y a jamais eu de femmes° au monde; mais aussi je me trouve le plus malheureux homme qui ait jamais existé. Vous m'avez donné de la passion dès le premier moment que je vous ai vue; vos rigueurs° et votre possession n'ont pu l'éteindre, elle dure encore;° je n'ai jamais pu vous
60 donner° de l'amour et je vois que vous craignez d'en avoir pour un autre. Et qui est-il, madame, cet homme heureux qui vous donne cette crainte? Depuis quand vous plaît-il? Qu'a-t-il fait pour vous plaire? Quel

---

Marginal glosses:

prenant... commençant à parler / forcez / confesser / l'intention

ses actions

penser

finissant

me... fais pas d'erreur
une confession

avoid

nulle... aucun signe

ne... n'aurais pas peur d'être vue / Aussi / la position / *worthy*

sont désagréables / Pensez

fini

tout... toutes les femmes

ici: votre froideur

dure... n'a pas changé / ici: inspirer

chemin a-t-il trouvé pour aller à votre cœur? Je m'étais consolé en quelque sorte de ne l'avoir pas touché par la pensée qu'il° était incapable de   (votre cœur)
65 l'être.° Cependant un autre fait ce que je n'ai pu faire: j'ai, tout ensem-   **de...** d'être touché
ble, la jalousie d'un mari et celle d'un amant; mais il est impossible
d'avoir celle d'un mari après un procédé comme le vôtre: il est trop
noble pour ne pas me donner une sûreté entière; il me console même
comme votre amant. La confiance et la sincérité que vous avez pour moi
70 sont d'un prix infini: vous m'estimez assez pour croire que je n'abuserai
pas de cet aveu. Vous avez raison, madame, je n'en abuserai pas, et je
ne vous en aimerai pas moins. Vous me rendez malheureux par la plus
grande marque de fidélité que jamais une femme ait donnée à son mari;
mais, madame, achevez et apprenez-moi qui est celui que vous voulez
75 éviter. —Je vous supplie de ne me le point demander, répondit-elle; je
suis résolue de ne vous le pas dire, et je crois que la prudence ne veut
pas que je vous le nomme. —Ne craignez point, madame, reprit monsieur de Clèves; je connais trop le monde pour ignorer que la considération d'un mari n'empêche pas que l'on soit amoureux de sa femme... .
80 Encore une fois, madame, je vous conjure de m'apprendre ce que j'ai
envie de savoir. —Vous m'en presseriez inutilement, répliqua-t-elle; j'ai
de la force pour taire° ce que je ne crois pas devoir dire. L'aveu que je   garder dans le silence
vous ai fait n'a pas été par faiblesse, et il faut plus de courage pour
avouer cette vérité que pour entreprendre° de la cacher»...   essayer
85   Lorsque ce prince fut parti, que madame de Clèves demeura seule,
qu'elle regarda ce qu'elle venait de faire, elle en fut si épouvantée° qu'à   terrifiée
peine put-elle s'imaginer que ce fût une vérité. Elle trouva qu'elle s'était
ôté° elle-même le cœur et l'estime de son mari, et qu'elle s'était creusé   enlevé
un abîme° dont elle ne sortirait jamais. Elle se demandait pourquoi elle   **s'était...** *had dug herself*
90 avait fait une chose si hasardeuse, et elle trouvait qu'elle s'y était engagée   *a hole*
sans en avoir presque eu le dessein.° La singularité d'un pareil aveu,   **en...** le vouloir
dont elle ne trouvait point d'exemple, lui en faisait voir tout le péril.

    Mais quand elle venait à penser que ce remède, quelque violent qu'il
fût, était le seul qui la pouvait défendre contre monsieur de Nemours,
95 elle trouvait qu'elle ne devait point se repentir, et qu'elle n'avait point
trop hasardé. Elle passa toute la nuit pleine d'incertitude, de trouble et
de crainte; mais enfin le calme revint dans son esprit. Elle trouva même
de la douceur à avoir donné ce témoignage° de fidélité à un mari qui le   cette preuve
méritait si bien, qui avait tant d'estime et tant d'amitié pour elle, et qui
100 venait de lui en donner encore des marques par la manière dont il avait
reçu ce qu'elle lui avait avoué.

                              — *La Princesse de Clèves*, 1678

COMPREHENSION

1. Donnez un synonyme ou une définition des termes suivants:

la cour	déplaire
retenir	la confiance
le repos	supplier
avouer	

2. Donnez 5 adjectifs qui décrivent le caractère de Mme de Clèves.

3. Quelle est la première raison que Mme de Clèves offre pour son refus de revenir à Paris? Et la deuxième?

4. Quelle est la réaction immédiate de M. de Clèves?

5. Quand Mme de Clèves est seule, comment analyse-t-elle son aveu?

6. D'après le passage, Mme de Clèves est-elle restée fidèle à son mari? Va-t-elle rester fidèle? Est-ce que sa conduite est / a été / sera irréprochable?

7. Malgré sa douleur personnelle, M. de Clèves se rend vite compte des souffrances de sa femme. A-t-il moins de respect pour elle qu'auparavant?

8. Identifiez les passages qui montrent la souffrance de chacun des deux époux.

PERCEPTIONS

1. Mme de Clèves est déchirée entre sa passion pour le Duc de Nemours et sa conception de la vertu et du devoir. Laquelle des deux triomphe? Que pensez-vous de Mme de Clèves? Eprouvez-vous pour elle de l'admiration? de la pitié?

2. La langue du roman est raffinée et élégante: ce sont des nobles qui se parlent (et les deux se vouvoient). Soulignez une phrase dans chaque paragraphe qui illustre ce niveau de langue. Que pensez-vous de ce style?

3. Ce roman est considéré comme un roman psychologique ou un roman d'analyse: la psychologie détermine l'action et le moment de crise est un moment de crise d'émotions.
   a. Ces analyses sont très lucides même quand les deux époux sont en proie à* de grandes émotions. Est-ce que cela vous semble possible?

* tourmentés par

b. Comparez ce passage de *La Princesse de Clèves* avec d'autres romans psychologiques que vous avez lus.

c. Quand vous êtes en proie à de grandes émotions, vous laissez-vous guider par votre cœur ou par votre raison? Donnez des exemples.

4. D'après vous, pourquoi la Princesse a-t-elle refusé Nemours?

5. Ce que vous ne pouvez pas voir dans ce passage, c'est que pendant que la Princesse de Clèves et son mari parlent dans leur pavillon à Coulommiers, en pleine campagne, le Duc de Nemours assiste par accident à leur entretien, caché près d'eux. Il les écoute et le lecteur du roman le sait. Donc, quand Mme de Clèves parle, elle s'adresse à plusieurs personnes: son mari, son amant et les lecteurs du roman; on peut imaginer aussi trois sortes de réactions: les lecteurs à une certaine distance émotionnelle de son aveu, et les deux hommes pleins d'émotions et de choc.

a. Imaginez la réaction du Duc de Nemours. Heureux de savoir qu'elle l'aime, qu'est-ce qu'il a dû comprendre néanmoins sur l'avenir de sa relation avec elle?

b. Quelle est votre impression de cette technique de placer le Duc comme témoin secret de leur entretien? Est-ce que cela approfondit votre réaction personnelle à ce moment de crise? Est-ce que cela vous semble trop artificiel?

6. Après cette scène de l'aveu, le Prince de Clèves reste jaloux de l'amour que sa femme a pour un autre. Il meurt de chagrin, torturé de jalousie. La Princesse se retire dans un couvent.

a. D'après vous, est-ce une tragédie de jalousie ou d'amour?

b. Si le Prince n'était pas mort et si la Princesse ne s'était pas retirée dans un couvent, est-ce que le roman aurait été tragique ou seulement triste?

c. Est-ce que les conséquences de ce drame seraient les mêmes dans un contexte plus moderne?

d. Des critiques ont dit que «Dans sa forme ce roman psychologique est moderne mais dans sa base sociale (les mœurs que vous venez d'analyser) il est nécessairement placé dans le 17e siècle.» Etes-vous d'accord? Expliquez votre position.

Synthèse

A DISCUTER

Les écrivains du 17ᵉ siècle ont étudié l'homme, mais l'homme dans la société, pas seul. Chacun des cinq écrivains que vous avez lus présente des caractéristiques de l'être humain.

A. Comparez ces caractéristiques.

B. Est-il vrai que «l'homme est un animal social», selon l'expression de Molière? Discutez.

A ECRIRE

A. En imitant le style d'un des auteurs du 17ᵉ siècle et en vous rappelant les thèmes et le langage des autres œuvres du 17ᵉ siècle que vous avez lues, écrivez (une lettre? une fable? des maximes?) sur vos observations de la vie de la société moderne et les codes moraux que vous y voyez.

B. «Les forts (physiquement, moralement) contrôlent le monde.» Donnez deux interprétations de cette idée que vous avez vues dans les œuvres de ce siècle. Est-ce toujours vrai aujourd'hui?

Jean-Honoré Fragonard, Le Colin-Maillard. The Toledo Museum of Art, Gift of Edward Drummond Libbey.

CHAPITRE 4

Le Dix-huitième Siècle

 E 17e SIECLE absolutiste et classique avait été un âge d'ordre et d'autorité; le 18e siècle, au contraire, est une période de mouvement, d'évolution et de révolution.

Déjà menacée pendant les dernières années du règne de Louis XIV, la monarchie française achève de s'affaiblir sous ses successeurs, Louis XV et Louis XVI, qui règnent respectivement de 1715 à 1774 et de 1774 à 1792. L'aristocratie essaie de maintenir ses privilèges, mais c'est au prix d'impôts[1] de plus en plus lourds que le peuple opprimé supporte de moins en moins bien. Aux difficultés économiques et sociales de l'Etat s'ajoutent les dissidences religieuses et intellectuelles. Depuis la révocation de l'Edit de Nantes (1685), les protestants sont à nouveau persécutés. Les «libres-penseurs» se voient aussi chasser de la cour qui cesse d'être le centre intellectuel de la France. Les gens d'esprit se retrouvent désormais dans des salons, des clubs et des cafés tels le Café de la Régence et le Café Procope que fréquentent les «philosophes».

Selon la définition de l'*Encyclopédie* du 18e siècle, un philosophe est quelqu'un qui «n'admet rien sans preuves» et qui remet tout en question. Plus ambitieux et sceptiques que Descartes et les rationalistes du 17e siècle, les nouveaux philosophes, comme Montesquieu, Voltaire et Diderot, rejettent tout ce qui ne peut être prouvé par la raison. Ce scepticisme inclut la religion et surtout l'autorité de l'Eglise catholique que les écrivains du 18e siècle attaquent librement. Si certains de ces écrivains, tels Voltaire et Rousseau, croient en un Créateur divin, ce n'est guère le Dieu traditionnel. La foi religieuse a été remplacée par la foi en la raison humaine.

L'esprit philosophique est donc un nouvel humanisme qui attribue tout progrès et tout bonheur à l'expérience humaine. Les sciences expérimentales, comme la physique et la biologie, deviennent une véritable passion pour les intellectuels, et les principes scientifiques de l'observation, de l'analyse et de la synthèse pénètrent la littérature. C'est une littérature engagée,[2] comme en atteste l'*Encyclopédie*, la grande œuvre collective des philosophes de l'époque, une collection d'articles et d'essais destinée à diffuser «les lumières» des connaissances humaines «dans tous les domaines et dans tous les siècles». Interrompu plusieurs fois par la censure mais mené à terme par la persévérance de Diderot, ce projet gigantesque a servi à combattre les préjugés et le despotisme. En 1762, dix ans avant la publication des derniers volumes de l'*Encyclopédie*, Diderot écrivait déjà: «Cet ouvrage produira sûrement avec le temps une révolution dans les esprits et j'espère que les tyrans, les oppresseurs, les fanatiques et les intolérants n'y gagneront pas. Nous aurons servi l'humanité.»[3]

Pendant que cette révolution se prépare, la société française se fait de plus en plus cosmopolite. Au 18e siècle les voyages, réels ou imaginaires, sont à la mode. Ils permettent de découvrir des mondes nouveaux comme l'Orient, l'Afrique et l'Amérique qui s'ouvrent au commerce maritime. Ils permettent

---

1. *taxes* 2. militante 3. Lettre à Sophie Volland

aussi de comparer diverses cultures et de remettre en question les notions de civilisation
et de barbarie (voir les *Lettres persanes* de
Montesquieu, p. 91). Ils permettent enfin de
jeter un regard nouveau sur les aspects à la
fois différents et universels de la nature humaine (voir l'*Histoire d'un bon bramin* de Voltaire, p. 96).

En tant que «citoyens du monde», les philosophes du 18ᵉ siècle franchissent souvent
les frontières. C'est ainsi que Voltaire connaît
l'exil en Angleterre et la vie d'invité d'honneur à la cour de Frédéric II de Prusse. Diderot est l'invité de la Grande Catherine de
Russie. Les ouvrages censurés en France se
font publier en Hollande ou en Suisse. Les
idées et les influences passent d'un pays à
l'autre. Alors que la littérature, l'architecture,
la mode et la langue françaises se répandent
à l'étranger, les philosophes français se tour-
nent vers l'Angleterre et sa monarchie parle-
mentaire pour trouver leur idéal politique.
En 1776, grâce à l'intervention de La Fayette,
c'est vers l'Amérique que les regards se tour-
nent, avec un esprit d'ouverture, d'évolution
et de révolution qui aura marqué tout le
siècle.

Mais quand les idées de liberté et les espoirs de changement se heurtent[4] constamment à un système politique qui refuse de

changer, la déception et la désillusion s'installent. Et quand la Raison cesse d'avoir raison,
le cœur reprend le dessus.[5] C'est ainsi qu'on
assiste dans la deuxième moitié du 18ᵉ siècle à
une réhabilitation des sentiments. Précurseur
de la sensibilité romantique, Jean-Jacques
Rousseau prescrit l'alliance de la passion et
de la raison pour nous guider «naturellement» vers la vertu. Voyant la «civilisation»
comme une source de décadence, Rousseau
se réfugie dans la solitude et recherche près
de la nature une vie de simplicité, d'égalité et
de liberté.

Les idées de Rousseau sur l'abolition de la
monarchie et la souveraineté du peuple ne
font qu'amplifier le vent de révolte qui souf-
flait déjà sur le 18ᵉ siècle. Une accumulation
de difficultés sociales, politiques et économiques conduit à l'explosion de 1789. La
prise de la Bastille, symbole du despotisme
(14 juillet 1789) est suivie de l'abolition des
privilèges (4 août) et de la déclaration des
Droits de l'homme et du citoyen (26 août). En
1792 c'est l'abolition de la royauté et l'instau-
ration de la République. Ternie[6] de terreur
et de tensions, cette première République
sera bien fragile mais elle marque aussi
l'avènement de la France moderne, préparée
par les philosophes du 18ᵉ siècle.

---

4. *come up against* 5. redevient le plus important 6. *tarnished*

Montesquieu
(1689–1755)

Charles-Louis de Secondat, baron de la Brède et de Montesquieu, appartient à une famille de magistrats. Lui-même magistrat et président du parlement de Guyenne, dans le sud-ouest de la France, Montesquieu est doué d'une curiosité universelle. Membre de l'Académie des Sciences de Bordeaux, il fait des recherches d'anatomie et de biologie. En 1721, il publie les *Lettres persanes,* une peinture satirique de la société de son temps qui lui vaut un succès immédiat, l'accès aux salons et clubs littéraires de Paris, et plus tard son élection à l'Académie française. De 1721 à 1728, il passe plusieurs mois par an à Paris, puis, curieux des sociétés étrangères, il part pendant trois ans à la découverte de l'Europe. Il visite l'Allemagne, l'Autriche, l'Italie, la Suisse, la Hollande et surtout l'Angleterre.

A son retour, il se consacre à la rédaction du grand ouvrage de sa vie, *De l'esprit des lois,* qu'il publie à Genève en 1748. Le produit d'immenses recherches, ce livre est une étude comparée des lois civiles, politiques et économiques de divers pays diverses époques. C'est une œuvre à la fois scientifique et philosophique qui explique les lois par leur contexte (climat, religion, commerce, etc.), condamne l'injustice et l'intolérance, et propose un gouvernement basé sur un équilibre des pouvoirs (législatif, exécutif et judiciaire). *De l'esprit des lois* a inspiré les auteurs de la Constitution des Etats-Unis, ainsi que les premiers législateurs de la Révolution française.

✦ Lettres persanes

PREPARATION

The *Lettres persanes* is actually a novel in the form of letters in which two Persians traveling in France, Rica and Usbek, write home and to one another, commenting on what they see and contrasting life in France with the customs in their native land. They also receive letters from home, keeping them informed about their affairs and reacting to the information in their letters.

When you read a passage, either fiction or nonfiction, in which the narrator's point of view may color the telling of a story, you as reader will want to place in perspective what is said. And in a subsequent reading you may want to question how the specific point of view has influenced the narrator's way of conveying certain details.

Clearly, the point of view of Rica and Usbek, as foreigners, shapes the manner in which they interpret what might seem very ordinary to a Frenchman of the time. This shift in viewpoint allows Montesquieu to examine the customs of his countrymen with a critical eye. As you read each letter a first time, list a few habits or characteristics of the French that strike the visitors as bizarre. Compare notes with classmates and be ready to draw upon your lists for postreading work.

✦ LETTRES PERSANES

LETTRE 24. RICA A IBBEN

Nous sommes à Paris depuis un mois, et nous avons toujours été dans un mouvement continuel. Il faut bien des affaires avant qu'on soit logé, qu'on ait trouvé les gens à qui on est adressé, et qu'on se soit pourvu des° choses nécessaires, qui manquent toutes à la fois.

5   Paris est aussi grand qu'Ispahan:° les maisons y sont si hautes qu'on jurerait qu'elles ne sont habitées que par des astrologues. Tu juges bien qu'une ville bâtie en l'air, qui a six ou sept maisons les unes sur les autres, est extrêmement peuplée; et que, quand tout le monde est descendu dans la rue, il s'y fait un bel embarras.°

10   Tu ne le croirais pas peut-être: depuis un mois que je suis ici, je n'y ai encore vu marcher personne. Il n'y a point de gens au monde qui tirent mieux parti de leur machine° que les Français: ils courent, ils volent; les voitures lentes d'Asie, le pas réglé de nos chameaux,° les feraient tomber en syncope.° Pour moi, qui ne suis point fait à ce train,°

15 et qui vais souvent à pied sans changer d'allure,° j'enrage quelquefois comme un chrétien: car encore passe° qu'on m'éclabousse° depuis les pieds jusqu'à la tête; mais je ne puis pardonner les coups de coude que je reçois régulièrement et périodiquement. Un homme qui vient après moi et qui me passe me fait faire un demi-tour; et un autre qui me

20 croise de l'autre côté me remet soudain où le premier m'avait pris; et je n'ai pas fait cent pas, que je suis plus brisé° que si j'avais fait dix lieues.°

    Ne crois pas que je puisse, quant à présent, te parler à fond° des mœurs° et des coutumes européennes: je n'en ai moi-même qu'une légère idée, et je n'ai eu à peine que le temps de m'étonner.

25   Le roi de France est le plus puissant° prince de l'Europe. Il n'a point de mines d'or comme le roi d'Espagne son voisin; mais il a plus de richesses que lui, parce qu'il les tire° de la vanité de ses sujets, plus inépuisable° que les mines. On lui a vu entreprendre ou soutenir de grandes guerres, n'ayant d'autres fonds° que des titres d'honneur à ven-

30 dre; et, par un prodige de l'orgueil humain, ses troupes se trouvaient payées, ses places munies,° et ses flottes équipées.

Glossary (right margin):

se... ait obtenu les

ancienne capitale de la Perse

encombrement

tirent... savent mieux exploiter le corps humain / *camels* / **tomber...** *faint* / **fait...** habitué à ce rythme / de façon de marcher / **encore...** j'accepte / *splash*

fatigué / une lieue = 4 km / **à...** de façon complète / syn. de coutumes

grand

obtient

endless

ressources

armées

D'ailleurs, ce roi est un grand magicien: il exerce son empire sur l'esprit même de ses sujets; il les fait penser comme il veut. S'il n'a qu'un million d'écus° dans son trésor, et qu'il en ait besoin de deux, il n'a qu'à °ancienne monnaie
35 leur persuader qu'un écu en vaut deux, et ils le croient. S'il a une guerre difficile à soutenir, et qu'il n'ait point d'argent, il n'a qu'à leur mettre dans la tête qu'un morceau de papier est de l'argent, et ils en sont aussitôt convaincus. Il va même jusqu'à leur faire croire qu'il les guérit de toutes sortes de maux° en les touchant, tant est grande la force et la °maladies
40 puissance qu'il a sur les esprits!

Ce que je te dis de ce prince ne doit pas t'étonner: il y a un autre magicien plus fort que lui, qui n'est pas moins maître de son esprit qu'il l'est lui-même de celui des autres. Ce magicien s'appelle le pape: tantôt il lui fait croire que trois ne sont qu'un;° que le pain qu'on mange n'est °allusion à la Sainte
45 pas du pain, ou que le vin qu'on boit n'est pas du vin;° et mille autres Trinité / allusion à la choses de cette espèce. Sainte Communion

Je continuerai à t'écrire, et je t'apprendrai des choses bien éloignées° °différentes
du caractère et du génie persan. C'est bien la même terre qui nous porte tous deux; mais les hommes du pays où je vis, et ceux du pays où tu es,
50 sont des hommes bien différents.

— *De Paris, le 4 de la lune de Rébiab,*° 1711 °avril du calendrier
Lettres persanes, 1721 perse

COMPREHENSION

A. Vrai ou faux?

1. Rica décrit un immeuble parisien comme des maisons l'une sur l'autre.

2. Les piétons marchent lentement à Paris.

3. Rica pense qu'il comprend bien les mœurs des Français.

4. Rica croit que le roi de France est très riche parce qu'il a des mines d'or.

5. Le roi paie ses sujets en titres de noblesse.

6. Le roi contrôle la valorisation de l'argent français.

7. Rica voit le roi et le pape comme des magiciens.

B. Répondez:

1. Résumez la façon dont les Parisiens marchent, selon Rica.

2. Résumez les pouvoirs magiques du roi, toujours selon Rica.

3. Pourquoi Rica est-il si surpris par les immeubles, à votre avis?

PERCEPTIONS

1. Quand Rica dit que les Parisiens ne marchent jamais, quelle image voudrait-il donner à son ami? Quelle est votre perception de la manière de marcher dans une grande ville? Est-il vrai que ceux qui marchent plus lentement reçoivent des «coups de coude» des autres piétons?

2. Rica ne fait pas grand commentaire sur les deux techniques que le roi utilise pour maintenir sa richesse et sa puissance—le contrôle de l'argent et l'offre des titres. Peut-on quand même savoir ce que Rica en pense? Comment? Et vous, qu'en pensez-vous?

3. Rica semble comparer la dévotion sincère du peuple envers leur roi et envers le pape. D'après lui, chacun des deux est doué de pouvoirs magiques. Expliquez de quoi il s'agit. Qu'est-ce que Montesquieu semble suggérer avec ces deux exemples?

LETTRE 30. RICA A IBBEN. A SMYRNE

Les habitants de Paris sont d'une curiosité qui va jusqu'à l'extravagance. Lorsque j'arrivai, je fus regardé comme si j'avais été envoyé du ciel: vieillards, hommes, femmes, enfants, tous voulaient me voir. Si je sortais tout le monde se mettait aux fenêtres; si j'étais aux Tuileries,° je voyais
5   aussitôt un cercle se former autour de moi; les femmes mêmes faisaient un arc-en-ciel° nuancé de mille couleurs, qui m'entourait. Si j'étais aux spectacles, je trouvais d'abord cent lorgnettes° dressées contre ma figure: enfin, jamais homme n'a tant été vu que moi. Je souriais quelquefois d'entendre des gens qui n'étaient presque jamais sortis de leur
10 chambre, qui disaient entre eux: il faut avouer qu'il a l'air bien persan. Chose admirable! Je trouvais de mes portraits partout; je me voyais multiplié dans toutes les boutiques, sur toutes les cheminées, tant on craignait de ne m'avoir pas assez vu.

Tant d'honneurs ne laissent pas d'être à charge:° je ne me croyais
15 pas un homme si curieux et si rare; et, quoique j'aie très bonne opinion de moi, je ne me serais jamais imaginé que je dusse troubler le repos d'une grande ville où je n'étais point connu. Cela me fit résoudre à quitter l'habit° persan, et à en endosser° un à l'européenne, pour voir s'il resterait encore dans ma physionomie quelque chose d'admirable.
20 Cet essai me fit connaître ce que je valais réellement. Libre de tous les ornements étrangers, je me vis apprécié au plus juste.° J'eus sujet° de me plaindre de mon tailleur,° qui m'avait fait perdre en un instant l'at-

célèbre jardin à Paris

rainbow

lunettes spéciales pour le théâtre

à... ennuyeux

quitter... abandonner le costume / mettre

au... selon ma vraie valeur / cause / *tailor*

tention et l'estime publiques; car j'entrai tout à coup dans un néant°   état d'inexistence
affreux. Je demeurais quelquefois une heure dans une compagnie sans
25 qu'on m'eût regardé et qu'on m'eût mis en° occasion d'ouvrir la bouche: **eût...** ait donné l'
mais si quelqu'un par hasard apprenait à la compagnie que j'étais Per-
san, j'entendais aussitôt autour de moi un bourdonnement:° Ah! ah!   bruit continuel
monsieur est Persan! C'est une chose bien extraordinaire! Comment
peut-on être Persan!

             — *De Paris, le 6 de la lune de Chalval*,° 1712   octobre
                   Lettres persanes, 1721

COMPREHENSION

1. Pourquoi est-ce que tout le monde avait une grande curiosité au sujet de Rica pendant les premières semaines de son séjour à Paris?

2. Quand Rica portait des vêtements européens, comment était-il traité? Qui a-t-il «blâmé» pour ce changement d'attitude? Comment était-il traité quand on apprenait qu'il était Persan?

PERCEPTIONS

1. Qu'est-ce que cette courte lettre suggère sur la nature curieuse des Parisiens? Pourquoi sont-ils si fascinés par Rica en habit persan, selon vous? Quelle est votre réaction quand vous voyez quelqu'un qui porte des vêtements que vous considérez exotiques ou très différents des vôtres?

2. Montesquieu était un observateur perspicace de la nature humaine. Quelle serait votre conclusion après la lecture de la Lettre 30 au sujet de la curiosité des êtres humains? Dit-il quelque chose aussi sur la superficialité des relations humaines? Expliquez.

3. a. Racontez à votre façon l'histoire de la Lettre 30 à un(e) camarade de classe.
   b. Comparez ensuite votre récit avec la lettre de Montesquieu, qui est écrite à la première personne. Quel est l'effet d'une histoire à la première personne par rapport à un récit à la troisième personne comme celui que vous venez de faire?

Voltaire
(1694–1778)

Né à Paris dans un milieu bourgeois, François-Marie Arouet fait de brillantes études chez les jésuites. Pendant son adolescence, il fréquente des libertins et commence à écrire des satires contre le roi, ce qui lui vaut d'être enfermé à la Bastille pendant onze mois (1717–1718). A sa sortie de prison, il publie sa première tragédie, *Œdipe*, qui obtient un énorme succès. Arouet prend alors son nom de plume, Voltaire, et pendant huit ans, mène une vie de poète mondain, très recherché par les salons. Une dispute avec un noble l'envoie de nouveau à la Bastille (1726), puis en exil en Angleterre.

Autorisé à rentrer en France en 1729, il compose de nombreuses tragédies inspirées de Shakespeare et publie clandestinement ses *Lettres philosophiques* (1734) qui sont, selon l'expression d'un historien de l'époque, une véritable «bombe contre l'ancien régime», et qui l'obligent encore à s'exiler, cette fois en Lorraine (1734–1744). Encouragé à la prudence par sa protectrice, Mme du Châtelet, Voltaire s'occupe de physique, de chimie et d'astronomie, compose de nouvelles pièces de théâtre et commence la rédaction de sa grande œuvre historique, *Le Siècle de Louis XIV*. Grâce à un ancien camarade d'école devenu ministre, Voltaire rentre ensuite à Paris où il brille pendant six ans dans les salons et à la cour, mais l'audace de ses écrits lui fait perdre ses faveurs, et l'exil recommence: à la cour de Prusse, d'abord, auprès de son admirateur Frédéric II, puis en Suisse, où il publie son célèbre conte philosophique, *Candide* (1759).

A l'âge de 65 ans, il s'installe à Ferney, sur le sol français mais tout près de la Suisse où il peut se réfugier à la moindre alerte. C'est là que, pendant près de vingt ans, Voltaire mène sa plus grande bataille philosophique: à coup de pamphlets, de lettres (il en écrit plus de 6.000 pendant cette période!), de pièces, de romans et de contes philosophiques, il combat l'injustice, l'intolérance, les superstitions et montre la nécessité d'une société basée sur la raison.

A 84 ans, il fait un retour triomphal à Paris où il passe les deux derniers mois de sa vie. Il laisse derrière lui une œuvre monumentale. Bien que le théâtre ait été sa grande passion (il a écrit 18 tragédies, quelques comédies et plusieurs opéras), ce sont ses contes philosophiques qui le mettent au premier plan de la littérature française. Publiée en 1761, au début de la période de Ferney, l'*Histoire d'un bon bramin* est un de ces contes.

✦ Histoire d'un bon bramin

PREPARATION

Voltaire chose the short story as the form in which to present his political, philosophical, and moral positions. His «contes philosophiques», a special variety of the short story of which Voltaire is considered a master, manage to be very amusing, presenting his most serious thoughts in a humorous, ironic fashion.

When you read a piece of didactic fiction, especially one in which the message is placed "between the lines," it is important to look closely at the characters in the work, whose lives, words, or actions are meant to convey the message. You will need to analyze not only what the characters say, or what the narrator says about them, but your own impressions of them.

As you read the *Histoire d'un bon bramin,* create in French a list that details **le bramin** and **sa voisine.** What does each say and do? How do they live? What is the result of their choices? What do you conclude?

	Bramin	*Voisine*
Paroles		
Actions		
Résultat		

✦ HISTOIRE D'UN BON BRAMIN

Je rencontrai dans mes voyages un vieux bramin,° homme fort sage, plein d'esprit, et très savant; de plus, il était riche, et, partant,° il en était plus sage encore: car, ne manquant de rien, il n'avait besoin de tromper° personne. Sa famille était très bien gouvernée par trois belles femmes
5 qui s'étudiaient à° lui plaire; et, quand il ne s'amusait pas avec ses femmes, il s'occupait à philosopher.

    Près de sa maison, qui était belle, ornée et accompagnée de jardins charmants, demeurait une vieille Indienne,° bigote, imbécile, et assez pauvre.

10   Le bramin me dit un jour: «Je voudrais n'être jamais né.» Je lui demandai pourquoi. Il me répondit: «J'étudie depuis quarante ans, ce sont quarante années de perdues; j'enseigne les autres, et j'ignore tout: cet état porte dans mon âme tant d'humiliation et de dégoût que la vie m'est insupportable.° Je suis né, je vis dans le temps, et je ne sais pas ce
15 que c'est que le temps; je me trouve dans un point entre deux éternités, comme disent nos sages, et je n'ai nulle idée de l'éternité. Je suis composé de matière; je pense, je n'ai jamais pu m'instruire de ce qui produit

sage hindou

par conséquent

duper

s'étudiaient... faisaient tout pour

habitante de l'Inde

intolérable

la pensée; j'ignore si mon entendement° est en moi une simple faculté, comme celle de marcher, de digérer, et si je pense avec ma tête comme
20 je prends avec mes mains. Non seulement le principe de ma pensée m'est inconnu, mais le principe de mes mouvements m'est également caché: je ne sais pourquoi j'existe. Cependant, on me fait chaque jour des questions sur tous ces points: il faut répondre; je n'ai rien de bon à dire; je parle beaucoup, et je demeure confus et honteux de moi-même
25 après avoir parlé.

«C'est bien pis° quand on me demande si Brama a été produit par Vitsnou,° ou s'ils sont tous deux éternels. Dieu m'est témoin° que je n'en sais pas un mot, et il y paraît° bien à mes réponses. «Ah! mon révérend père, me dit-on, apprenez-nous comment le mal inonde° toute la terre.»
30 Je suis aussi en peine° que ceux qui me font cette question: je leur dis quelquefois que tout est le mieux du monde; mais ceux qui ont été ruinés et mutilés à la guerre n'en croient rien, ni moi non plus; je me retire chez moi accablé° de ma curiosité et de mon ignorance. Je lis nos anciens livres, et ils redoublent mes ténèbres.° Je parle à mes compa-
35 gnons: les uns me répondent qu'il faut jouir° de la vie, et se moquer des hommes; les autres croient savoir quelque chose, et se perdent dans des idées extravagantes; tout augmente le sentiment douloureux que j'éprouve.° Je suis prêt quelquefois de tomber dans le désespoir, quand je songe qu'après toutes mes recherches je ne sais ni d'où je viens, ni ce
40 que je suis, ni où j'irai, ni ce que je deviendrai.»

L'état de ce bon homme me fit une vraie peine: personne n'était ni plus raisonnable ni de meilleure foi° que lui. Je conçus que plus il avait de lumières dans son entendement° et de sensibilité dans son cœur, plus il était malheureux.

45 Je vis le même jour la vieille femme qui demeurait dans son voisinage: je lui demandai si elle avait jamais été affligée° de ne savoir pas comment son âme était faite. Elle ne comprit seulement pas ma question: elle n'avait jamais réfléchi un seul moment de sa vie sur un seul des points qui tourmentaient le bramin; elle croyait aux métamorphoses
50 de Vitsnou de tout son cœur, et pourvu qu'elle pût avoir quelquefois de l'eau du Gange° pour se laver, elle se croyait la plus heureuse des femmes.

Frappé du bonheur de cette pauvre créature, je revins à mon philosophe, et je lui dis: «N'êtes-vous pas honteux d'être malheureux, dans
55 le temps qu'à votre porte il y a un vieil automate° qui ne pense à rien, et qui vit content? —Vous avez raison, me répondit-il; je me suis dit cent fois que je serais heureux si j'étais aussi sot° que ma voisine, et cependant je ne voudrais pas d'un tel bonheur.»

Cette réponse de mon bramin me fit une plus grande impression que
60 tout le reste; je m'examinai moi-même, et je vis qu'en effet je n'aurais pas

intelligence

plus mal
Brama, Vitsnou: dieux de la religion hindoue / **m'est...** sait / **il...** on le voit / recouvre / **en...** ignorant

humilié
mes... mon obscurité
profiter

je sens

faith
esprit

été... eu l'affliction

fleuve sacré de l'Inde

robot

stupide

voulu être heureux à condition d'être imbécile.

Je proposai la chose à des philosophes, et ils furent de mon avis.° «Il   **de...** d'accord avec moi
y a pourtant, disais-je, une furieuse contradiction dans cette façon de
penser: car enfin de quoi s'agit-il? D'être heureux. Qu'importe d'avoir
65 de l'esprit° ou d'être sot? Il y a bien plus: ceux qui sont contents de leur   intelligence
être sont bien sûrs d'être contents; ceux qui raisonnent ne sont pas si
sûrs de bien raisonner. Il est donc clair, disais-je, qu'il faudrait choisir de
n'avoir pas le sens commun, pour peu que° ce sens commun contribue à   **pour...** *however little*
notre mal-être.°» Tout le monde fut de mon avis, et cependant je ne   malheur
70 trouvai personne qui voulût accepter le marché° de devenir imbécile   la condition
pour devenir content. De là je conclus que, si nous faisons cas du° bon-   **faisons...** estimons le
heur, nous faisons encore plus de cas de la raison.

Mais, après y avoir réfléchi, il paraît que de préférer la raison à la
félicité, c'est être très insensé.° Comment donc cette contradiction peut-   fou
75 elle s'expliquer? Comme toutes les autres. Il y a là de quoi° parler   **de...** un prétexte à
beaucoup.

— *Seconde suite des Mélanges de littérature,*
d'histoire et de philosophie, 1761

COMPREHENSION

A. Quelle phrase résume le mieux dans chacune des séquences suivantes
l'action de ce conte?

1. Le narrateur rencontre un vieux bramin qui est
   a. pauvre et sage.
   b. riche et heureux.
   c. riche et malheureux.

2. La voisine du bramin est
   a. riche et heureuse.
   b. pauvre et heureuse.
   c. pauvre et malheureuse.

3. a. Le bramin contemple les «grandes questions» de la vie, mais ne
      trouve pas les réponses.
   b. La vieille femme contemple les «grandes questions» de la vie, mais
      ne trouve pas les réponses.
   c. Le bramin contemple les «grandes questions» de la vie, et trouve
      les réponses.

4. a. Le narrateur discute avec des philosophes les mérites d'être sot
      et d'avoir de l'esprit.
   b. Le narrateur discute avec une Indienne les mérites d'être sot et
      d'avoir de l'esprit.
   c. Le narrateur discute avec la voisine du bramin les mérites d'être
      sot et d'avoir de l'esprit.

B. Vrai ou faux? Si c'est faux, corrigez.

1. Le bramin était très honnête avec les autres.

2. La maison de l'Indienne était belle et entourée de jardins.

3. Le bramin commence seulement à étudier les questions profondes de la vie.

4. Le bonheur de la dame vient de sa connaissance de l'univers.

PERCEPTIONS

1. Le bramin constate qu'il est malheureux parce qu'il ne peut pas trouver de réponse aux questions essentielles de l'existence. Quelles questions explore-t-il? Avez-vous essayé de comprendre quelques-unes de ces questions? Quelle est votre conclusion?

2. Voltaire dit que parce que le bramin était riche «il n'avait besoin de tromper personne». Quelle perception de l'humanité montre-t-il ici? Etes-vous d'accord?

3. Le narrateur/voyageur permet à Voltaire de nous présenter des défauts sociaux sans attaquer directement la société française—une action très dangereuse au 18e siècle. Cet exotisme des étrangers sert aussi à fasciner le lecteur du conte. Soulignez les passages qui montrent les aspects étrangers ou exotiques des personnages.

4. Le conte voltairien est plein d'humour. Quels moments du conte possèdent un côté amusant? Expliquez.

5. Une idée favorite de Voltaire était que les religions organisées apportent souvent un fanatisme, une superstition et une intolérance qu'il trouve inacceptables. Dans le conte, vous voyez la vieille femme qui croit sincèrement en sa religion et vit une vie très heureuse. Par contre, vous voyez le bramin qui questionne, qui doute et qui est malheureux. Comment pouvez-vous concilier les idées de Voltaire sur la religion et les deux exemples qu'il vous offre dans le conte?

6. Une autre idée chère à Voltaire est que les guerres entre pays et les guerres civiles n'ont pas de vainqueurs et qu'il faut les empêcher. Où voyez-vous cette idée dans l'histoire? Quelle technique Voltaire utilise-t-il pour la présenter?

7. Pascal, un écrivain du 17e siècle, a décrit l'homme comme «un roseau* pensant», faible mais capable de penser. La grandeur de

*reed

l'homme vient de sa capacité de raisonner. Pouvez-vous déduire la position de Voltaire sur cette question? Et vous, qu'en pensez-vous?

8. S'il fallait choisir entre l'intelligence et le bonheur, que choisiriez-vous? Est-il possible d'être très intelligent, de tout remettre en question, et de rester tout de même heureux? Parlez de votre expérience.

Madame d'Epinay
(1726–1781)

Louise Tardieu d'Esclavelles est née à Valenciennes, dans le nord de la France. A la mort de son père, quand elle avait 10 ans, elle a déménagé à Paris avec sa mère. A l'âge de 19 ans, elle s'est mariée avec son cousin, Denis-Joseph d'Epinay, qui par son infidélité et ses dépenses extravagantes a vite jeté leur union dans l'humiliation et la détresse. Le premier enfant de Mme d'Epinay, Louis-Joseph, est né en 1746. Elle aura trois autres enfants.

De santé assez frêle, Mme d'Epinay n'était guère faible de caractère. Déterminée à ne pas se laisser détruire par sa situation maritale désastreuse, elle a mené une vie assez indépendante. Amie de Voltaire, Diderot et Rousseau, elle a participé très activement à la vie littéraire de son temps, surtout par ses lettres. De 1756 à 1757, elle a hébergé Jean-Jacques Rousseau, avec qui elle a échangé des idées sur l'éducation des enfants.

Ses *Lettres à mon fils*, publiées en 1759 (plus de deux ans avant l'*Emile* de Rousseau), étaient destinées à son premier-né, Louis-Joseph, qui à 9 ans montrait déjà de grandes faiblesses de caractère. Ces lettres sont en fait une série de douze essais visant à l'édification morale de son fils. Comme Rousseau, Mme d'Epinay croyait à une vie simple et vertueuse, dirigée par une conscience forte, capable de résister aux corruptions de la société. Mais contrairement à Rousseau, qui croyait que les enfants étaient naturellement bons et n'avaient donc pas besoin de leçons sur les vices, Mme d'Epinay jugeait nécessaire de raisonner avec son enfant sur les dangers du mensonge, de la paresse, de la flatterie, etc.

Dans le cas de Louis-Joseph, les conseils de Mme d'Epinay auront été en vain; il deviendra un débauché, contractera de nombreuses dettes et finira en prison.

✦ Douzième lettre à mon fils

PREPARATION

When you read a letter (either as part of a novel, as in the work of Montesquieu, or part of a collection of correspondence, as here), knowing the relationship between the writer and the recipient of the letter may help you clarify potentially difficult points. Before you begin reading this letter, think about the various ways in which mothers address young sons. What tones might they take on? List three or four.

Now consider the fact that Louis-Joseph had at his young age already shown a number of character weaknesses (laziness, selfishness, poor values). Revise your initial list, if need be, to include what you would guess is the probable tone of the letter. Look for a confirmation of that tone as you read.

✦ DOUZIÈME LETTRE À MON FILS

DE LA VERTU ET DE LA CONSCIENCE

On a beaucoup écrit, mon fils, sur les moyens° d'attacher les hommes à ⟶ façons
l'amour de la vertu et de leurs devoirs et de les garantir de la corruption
qui se glisse° si aisément dans leur cœur. Cette question a occupé dans ⟶ se... entre
tous les temps les philosophes les plus profonds et les plus grands hom-
5 mes d'Etat. Sans vouloir entrer dans des discussions au-dessus de mes
forces, il me semble que de tous les gardiens qu'on nous a donnés pour
conserver la pureté de notre âme, il n'y en a point de plus fidèle° que ⟶ loyal
le respect que nous devons porter à nous-même, en considération de
l'excellence de la nature humaine.

10   La secte du Portique° avait en cela une grande supériorité sur toutes ⟶ la philosophie du
les autres. En inspirant aux hommes une haute idée d'eux-mêmes, elle   stoïcisme
communiquait à tous ses disciples cette fierté,° cette élévation d'âme qui, ⟶ *pride*
cherchant sa gloire dans la vertu et dans l'innocence de la vie, regarde
le vice, même heureux, avec cette pitié méprisante° qui est de tous les ⟶ voir «mépriser»: *to*
15 sentiments le plus noble, comme elle est pour le méchant de toutes les   *despise*
humiliations la plus terrible. Un homme accoutumé à trouver en lui-
même son juge le plus redoutable° et à préférer la certitude intérieure ⟶ ici: strict
de sa droiture° à tous les hommages° de l'univers ne saurait être un ⟶ *righteousness* / compli-
homme ordinaire. Ce sentiment conduit à toutes les vertus et à toutes   ments
20 les récompenses;° il nous apprend à mépriser les caprices de la fortune,° ⟶ *rewards* / vie
à ne plus craindre ses revers°[...] Le plus grand malheur de l'homme ⟶ mauvais côtés
n'est point de mourir, mais de perdre cette paix de l'âme, cette estime
de lui-même, sans laquelle la vie est un supplice.° ⟶ une torture

Tout ce qui s'est fait de grand et d'extraordinaire parmi les hommes
25 a été produit par ces principes; ils ont formé les héros de tous les siècles;
la véritable gloire n'est accordée° qu'à cette élévation. La fortune ne   donnée
couronne° pas toujours les entreprises des héros; les plus vertueux d'en- récompense
tre eux sont exposés à ses coups,°[...] mais, inébranlable° au milieu de   attaques / ferme
la tempête, l'homme de bien regarde la crainte° et l'humiliation comme   peur
30 le partage° du méchant, et la fortune qui le seconde° lui paraît moins   la part / suit
désirable que le malheur qui poursuit le sage.

Je ne propose point, mon fils, pour modèles ces hommes supérieurs
qui ont fait l'admiration des siècles; je vous rends justice, et je sais que
vous n'êtes point appelé à l'héroïsme; mais tout honnête homme doit
35 avoir le sien,° et si j'avais pu vous imprimer° ce respect de soi-même   le... son héroïsme /
dont les effets sont si étonnants et si variés, j'aurais cru avoir assuré   donner
votre bonheur pour jamais sur les fondements° les plus solides.   bases

Celui qui fait dépendre sa vertu des circonstances ou d'un jugement
des autres, devient l'esclave° des événements;[...] mais l'homme qui met   *slave*
40 un haut prix à l'opinion qu'il doit porter de lui-même est le maître de
son sort;° sa vertu est en son pouvoir. Juge plus sévère de ses actions   destin
que les censeurs les plus rigides, le suffrage° de toute la terre ne pourrait jugement
lui tenir lieu du° sien; il regarde l'approbation des autres comme un   **lui...** remplacer le
vain et frivole hommage, lorsque sa conscience le met à l'abri° de ses   **met...** protège
45 reproches.

Voilà, mon fils, l'héroïsme d'un cœur noble. Cessez de craindre l'œil
de ceux qui ont de l'autorité sur vous; prenez vous-même leur place;
commencez à vous redouter,° et vous ne serez plus en peine° de l'opinion craindre / **ne...** n'aurez
des autres[...] Les yeux les plus vigilants ne peuvent vous suivre partout; plus besoin
50 cent fois par jour vous vous trouvez à votre discrétion;° si vous ne pouvez **à...** tout seul
compter sur vous-même, la garde de votre vertu sera toujours mal as-
surée.

On ne peut observer longtemps les mouvements de son cœur et le
caractère de ses actions, sans être ou très bien ou fort° mal avec soi-   très
55 même. Aussi le méchant se fuit,° il ne peut fixer ses regards sur lui sans *runs away from himself*
horreur; mais l'homme de bien, dans les affaires ou dans le repos, seul
ou dans le monde, s'aperçoit° toujours avec complaisance.   se regarde

Ce serait pour moi un grand sujet de joie, mon fils, si je pouvais vous
voir animé de tels sentiments[...]
60 Faites, je vous en conjure,° tous vos efforts pour devenir un juge   prie
intègre et sévère de votre conduite. Ce sera l'époque de cette liberté que
vous désirez avec tant d'ardeur. Prouvez-moi que je ne saurais mieux
faire que de vous confier à vous-même,° et je serai pressée de partager   **vous...** *trust you to your*
avec vous tous les soins° que ma tendresse m'inspire.   *own care* / **tous...**
                                                                            toute l'attention

— *A Genève, ce premier octobre, 1758*
Lettres à mon fils, 1759

COMPREHENSION

1. Quel est le ton de la lettre?

2. Un thème important de la lettre est annoncé dans le premier paragraphe. Quel est-il?

3. D'après Mme d'Epinay, qu'est-ce qui est plus important, une bonne conscience ou la richesse? L'estime de soi-même ou du monde? Pourquoi?

4. Pourquoi admire-t-elle les philosophes stoïques?

5. De qui son fils doit-il avoir peur selon Mme d'Epinay?

6. Quel est le message du dernier paragraphe de la lettre?

PERCEPTIONS

1. Certains critiques ont comparé cette lettre à un sermon. Approuvez-vous cette manière de s'adresser à un enfant? Comment réagissez-vous aux sermons des adultes?

2. Cette lettre semble suggérer qu'il est important de commencer l'éducation morale d'un enfant à un très jeune âge. Etes-vous d'accord? Comment peut-on s'y prendre? Elaborez.

3. La définition que Mme d'Epinay donne de l'héroïsme est assez unique. Expliquez ce jugement.

4. Mme d'Epinay, selon cette lettre, considère que la mère est responsable de l'instruction morale de son enfant. Qu'en pensez-vous? Est-il plus facile pour un professeur ou un membre du clergé que pour un parent d'enseigner les valeurs à un enfant? Quelle a été votre expérience personnelle?

5. «L'amour de la vertu»—d'après vous, pourquoi y a-t-il des personnes qui le possèdent et d'autres qui semblent incapables de le posséder? Est-ce leur éducation? leur nature? leur milieu? Discutez en petits groupes.

6. Comparez le ton et le but de cette lettre avec celles de Mme de Sévigné (p. 64). Est-ce que vous trouvez des similarités entre les deux aussi bien que des différences?

Jean-Jacques Rousseau
(1712–1778)

Jean-Jacques Rousseau est né à Genève dans une famille protestante d'origine française. Sa mère est morte en le mettant au monde, et son père l'abandonne vers l'âge de 10 ans. Après deux ans de pension, Jean-Jacques commence une vie d'aventures et de misère. Tantôt apprenti-artisan, tantôt domestique, il est souvent humilié par ses maîtres et réfléchit de bonne heure aux inégalités de la société. Recueilli à 16 ans par la pieuse Mme de Warrens, il se laisse convertir (temporairement) au catholicisme et s'enthousiasme pour la musique. Entre 1729 et 1742, il oscille entre la vie errante et des séjours heureux chez Mme de Warrens. Il donne des leçons de musique, compose des cantates et cultive son esprit, s'intéressant aux sciences naturelles et physiques aussi bien qu'aux sciences humaines. En 1742, il part à Paris avec l'espoir de faire fortune; il ne trouve cependant que des postes de secrétaire et vit dans la misère. Ami de Diderot, il collabore à l'*Encyclopédie* et fréquente quelques salons, mais, timide et peu éloquent, ne s'y trouve pas à l'aise. Il s'attache à une servante d'auberge, Thérèse Levasseur, dont il aura cinq enfants qu'il déposera à l'hospice des Enfants Trouvés, sous prétexte qu'il n'avait pas les moyens de les élever.

Aliéné de la vie mondaine, Rousseau publie en 1750 son *Discours sur les Sciences et les Arts*, qui le rend célèbre. Sa thèse est que l'homme, naturellement bon, libre et heureux, devient méchant, esclave et malheureux au contact de la société. Contre la civilisation, qui pour lui est synonyme de décadence, il propose un retour à «l'état de nature», c'est-à-dire la simplicité, la vertu et une égalité économique fondée sur la soumission individuelle à l'intérêt commun. Ces idées vont se retrouver dans toutes ses œuvres: des œuvres sur l'inégalité sociale (*Discours sur l'origine de l'inégalité, Le Contrat social*), sur l'amour et le mariage (*La Nouvelle Héloïse*), sur l'éducation (*Emile ou De l'éducation*), et des œuvres autobiographiques (*Confessions, Rêveries du promeneur solitaire*).

Hébergé pendant quelque temps par Mme d'Epinay (cf. p. 101) et d'autres protecteurs, à la fois populaire et persécuté par le Parlement et ses anciens amis les philosophes avec qui il s'est fâché, Jean-Jacques Rousseau continue à mener une vie errante. Il meurt seul à Paris. Son influence sur ses contemporains, cependant, a été considérable: fondateur d'une doctrine politique et sociale qui a inspiré les chefs de la Révolution française, il a aussi préparé, par son insistance sur la nature et les sentiments, le grand mouvement romantique du 19e siècle.

✦ Emile ou De l'éducation

PREPARATION

In this work Rousseau presents his concept of an ideal education. The example he gives is of a tutor educating a young boy, Emile. The lessons Emile receives are designed to prepare him for all the practical details of life. In the passage you will read, the tutor presents several ways in which geography can be taught to Emile.

Think for a moment about how you were taught geography in school. How did your teacher and your book present it? (Through memorization? by experience?) Was it among your favorite subjects? Are you able to apply the practical details of what was presented to your life today? Why, or why not?

As you read this part of *Emile,* identify in the margins the approaches mentioned or used by the tutor. Then, after a second reading, add a sentence or two to your marginal notations to describe each approach.

✦ EMILE OU DE L'ÉDUCATION [extrait]

Supposons que, tandis que j'étudie avec mon élève le cours du soleil et la manière de s'orienter, tout à coup il m'interrompe pour me demander à quoi sert° tout cela. Quel beau discours je vais lui faire! de combien de choses je saisis l'occasion de l'instruire en répondant à sa question,
5 surtout si nous avons des témoins de notre entretien! Je lui parlerai de l'utilité des voyages, des avantages du commerce, des productions particulières à chaque climat, des mœurs des différents peuples, de l'usage du calendrier, de la supputation° du retour des saisons pour l'agriculture, de l'art de la navigation, de la manière de se conduire sur
10 mer et de suivre exactement la route, sans savoir où l'on est. La politique, l'histoire naturelle, l'astronomie, la morale même et le droit des gens entreront dans mon explication, de manière à donner à mon élève une grande idée de toutes ces sciences et un grand désir de les apprendre. Quand j'aurai tout dit, j'aurai fait l'étalage° d'un vrai pédant, auquel
15 il n'aura pas compris une seule idée. Il aurait grande envie de me demander comme auparavant à quoi sert de s'orienter; mais il n'ose, de peur que je ne me fâche. Il trouve mieux son compte à feindre° d'entendre ce qu'on l'a forcé d'écouter. Ainsi se pratiquent les belles éducations.
      Mais notre Emile, plus rustiquement élevé, et à qui nous donnons
20 avec tant de peine une conception dure, n'écoutera rien de tout cela. Du premier mot qu'il n'entendra pas, il va s'enfuir, il va folâtrer° par la

à... quelle est l'utilité de

de... du calcul

l'exposition

faire semblant

jouer

chambre, et me laisser pérorer° tout seul. Cherchons une solution plus   parler
grossière;° mon appareil scientifique ne vaut rien pour lui.   ici: simple

Nous observions la position de la forêt au nord de Montmorency,°   ville à côté de Paris
25 quand il m'a interrompu par son importune question: *A quoi sert cela?*
Vous avez raison, lui dis-je, il y faut penser à loisir;° et si nous trouvons à... sans se dépêcher
que ce travail n'est bon à rien, nous ne le reprendrons plus, car nous
ne manquons pas d'amusements utiles. On s'occupe d'autre chose, et il
n'est plus question de géographie du reste de la journée.

30 Le lendemain matin, je lui propose un tour de promenade avant le
déjeuner; il ne demande pas mieux; pour courir, les enfants sont toujours prêts, et celui-ci a de bonnes jambes. Nous montons dans la forêt,
nous parcourons les Champeaux, nous nous égarons,° nous ne savons   perdons
plus où nous sommes; et, quand il s'agit de revenir, nous ne pouvons
35 plus retrouver notre chemin. Le temps se passe, la chaleur vient, nous
avons faim; nous nous pressons, nous errons vainement de côté et d'autre, nous ne trouvons partout que des bois, des carrières,° des plaines,   *quarries*
nul renseignement pour nous reconnaître. Bien échauffés, bien recrus,°   fatigués
bien affamés, nous ne faisons avec nos courses que nous égarer davan-
40 tage. Nous nous asseyons enfin pour nous reposer, pour délibérer.
Emile, que je suppose élevé comme un autre enfant, ne délibère point,
il pleure; il ne sait pas que nous sommes à la porte de Montmorency,
et qu'un simple taillis° nous le cache; mais ce taillis est une forêt pour   *hedge*
lui, un homme de sa stature est enterré dans des buissons.°   *bushes*
45 Après quelques moments de silence, je lui dis d'un air inquiet: Mon
cher Emile, comment ferons-nous pour sortir d'ici?

EMILE (*en nage,° et pleurant à chaudes larmes*): Je n'en sais rien. Je suis las;°   **en...** *in a sweat* /
j'ai faim; j'ai soif; je n'en puis plus.   fatigué

JEAN-JACQUES: Me croyez-vous en meilleur état que vous? et pensez-vous
50 que je me fisse faute° de pleurer, si je pouvais déjeuner de mes   **me...** manquerais
larmes? Il ne s'agit pas de pleurer, il s'agit de se reconnaître. Voyons
votre montre; quelle heure est-il?

EMILE: Il est midi, et je suis à jeun.°   **suis...** n'ai rien mangé

JEAN-JACQUES: Cela est vrai, il est midi, et je suis à jeun.

55 EMILE: Oh! que vous devez avoir faim!

JEAN-JACQUES: Le malheur est que mon dîner ne viendra pas me
chercher ici. Il est midi: c'est justement l'heure où nous observions
hier de Montmorency la position de la forêt. Si nous pouvions de
même observer de la forêt la position de Montmorency!...

60 EMILE: Oui; mais hier nous voyions la forêt, et d'ici nous ne voyons pas
la ville.

JEAN-JACQUES: Voilà le mal... Si nous pouvions nous passer de° la voir   **passer...** débrouiller sans
pour trouver sa position!...

EMILE: O mon bon ami!

65 JEAN-JACQUES: Ne disions-nous pas que la forêt était...

EMILE: Au nord de Montmorency.

JEAN-JACQUES: Par conséquent Montmorency doit être...

EMILE: Au sud de la forêt.

JEAN-JACQUES: Nous avons un moyen de trouver le Nord à midi?

70 EMILE: Oui, par la direction de l'ombre.

JEAN-JACQUES: Mais le sud?

EMILE: Comment faire?

JEAN-JACQUES: Le sud est l'opposé du nord.

EMILE: Cela est vrai; il n'y a qu'à chercher l'opposé de l'ombre. Oh! voilà
75   le sud! voila le sud! sûrement Montmorency est de ce côté.

JEAN-JACQUES: Vous pouvez avoir raison: prenons ce sentier° à travers   petit chemin
le bois.

EMILE (*frappant des mains et poussant un cri de joie*): Ah! je vois Montmorency! le voilà devant nous, tout à découvert. Allons déjeuner, allons
80   dîner, courons vite: l'astronomie est bonne à quelque chose.

Prenez garde que, s'il ne dit pas cette dernière phrase, il la pensera;
peu importe, pourvu que ce ne soit pas moi qui la dise. Or soyez sûr
qu'il n'oubliera de sa vie la leçon de cette journée au lieu que, si je
n'avais fait que lui supposer tout cela dans sa chambre, mon discours
85 eût° été oublié dès le lendemain. Il faut parler tant qu'on peut par les   aurait
actions, et ne dire que ce qu'on ne saurait faire.

— *Emile ou De l'éducation, Livre 3, XLVIII*, 1762

COMPREHENSION

A. Vrai ou faux?

1. Quand l'élève moyen entend une leçon compliquée qu'il ne comprend pas, il quitte son tuteur.   *Non*

2. Quand Emile entend une leçon compliquée qu'il ne comprend pas,
il fait semblant de la comprendre.   *Non*

3. Pendant une promenade dans la forêt de Montmorency, Emile pense
qu'il est perdu et commence à pleurer.

4. Emile a bien compris sa leçon.

B. Répondez:

1. Quelle est la question qu'Emile pose toujours pendant ses leçons?

2. Décrivez comment le tuteur guide Emile à utiliser sa leçon sur le soleil et la manière de s'orienter.

3. Comment le tuteur choisit-il la matière qu'Emile étudie?

Suggérer des manières de rendre le français pertinent à votre vie.

PERCEPTIONS

1. Rousseau croit que l'éducation idéale de l'enfant se fait loin de la société. L'élève ne doit pas être dans une école mais seul avec un tuteur. Que pensez-vous de cette méthode d'enseignement? Quelles sont ses limitations? ses bénéfices? Soyez spécifique.

2. Pendant votre première lecture du passage vous avez vu les deux méthodes que le tuteur utilise pour enseigner la géographie.
   a. Contrastez le résultat des deux.
   b. Laquelle est la plus proche des classes de géographie de votre expérience?
   c. Laquelle préférez-vous? Pourquoi?

3. Est-ce qu'on peut tout enseigner par «l'action» comme dit le tuteur d'Emile? Quelles sont les limitations de cette méthode? Quels cours seraient difficiles ou impossibles à enseigner de cette manière? Donnez des illustrations personnelles.

4. Est-ce une bonne idée de limiter les sujets qu'on enseigne dans les écoles à ceux qui sont «pratiques» pour la vie? Quels cours est-ce que cette philosophie de l'éducation exclurait du curriculum? Qu'en pensez-vous?

5. Rousseau comprend bien que l'enfant fonctionne d'une manière très différente de l'adulte. Ses besoins et ses limites sont uniques. Quelles caractéristiques typiques de l'enfant trouvez-vous dans le passage? Pensez-vous que l'idée de Rousseau sur la psychologie de l'enfant soit bien fondée? Expliquez.

6. Rousseau nous enseigne et son sujet est l'enseignement. Il offre sa leçon sous forme d'enseignement. C'est-à-dire que nous apprenons en observant Emile qui apprend. Il existe donc dans le passage une harmonie entre le sujet et la forme. La leçon est présentée par la juxtaposition de deux techniques différentes (comme vous avez déjà noté) qui fait que les qualités et les limitations de chacune deviennent très claires. Dans un petit groupe, imaginez une leçon que vous voulez présenter (choisissez un sujet spécifique) et créez deux mini-leçons: l'une traditionnelle et l'autre rousseauiste. Présentez vos leçons à la classe. Discutez et comparez.

Beaumarchais
(1732–1799)

Fils d'un horloger de Paris, Pierre-Augustin Caron quitte l'école à 13 ans pour devenir horloger lui-même. A 21 ans, il se distingue par l'invention d'un nouveau mécanisme de montre et devient l'horloger du roi. Son ascension sociale prend ensuite le chemin du mariage: il se marie deux fois et deux fois se retrouve veuf au bout de quelques mois. Il achète une charge de secrétaire du roi qui lui donne un titre de noblesse; il s'appelle désormais M. de Beaumarchais. Il se lance ensuite dans des projets financiers un peu douteux, qui lui valent des procès et même un séjour en prison. Il devient ensuite agent secret, chargé de missions en Angleterre et en Allemagne. En 1775, il sert d'intermédiaire pour faire parvenir secrètement des armes aux insurgés américains.

Cette même année, il obtient son premier succès dramatique avec une pièce en quatre actes, *Le Barbier de Séville*. Son grand triomphe se produit en 1784, à la première représentation du *Mariage de Figaro*, une comédie d'intrigue qui fait scandale. Le sujet même de la pièce est représentatif de l'agitation sociale de l'époque: c'est l'histoire d'un valet qui triomphe de son maître. C'est aussi une satire à peine déguisée de l'ancien régime avec des attaques contre la justice (ou plutôt l'injustice), la censure, le système de faveurs, l'abus des privilèges. Figaro incarne pour ses contemporains l'homme du peuple qui, doué d'intelligence et d'esprit, réclame et mérite un rôle plus important dans la vie de son pays. De caractère, Figaro ressemble en fait à son créateur: impertinent, insolent, aventurier, mais aussi un homme au grand cœur, épris de justice et de liberté, et qui devant l'adversité redouble d'esprit et de gaieté.

✦ Le Mariage de Figaro

PREPARATION

You are about to read a monologue from the play *Le Mariage de Figaro*. This takes place the day before Figaro is to wed Suzanne. Figaro is a clever man, of poor birth, who has had to survive by his wit and his skill. His employer, Comte Almaviva, though an aristocrat, is seen as much more mediocre a person than Figaro. Almaviva is attracted to Suzanne and is trying to make her his mistress, which is naturally of great worry to Figaro. Figaro has placed himself in the garden of the palace to interfere with the Count's plans. While there, he thinks about the various moments of his life, and what he has had to do to earn his livelihood.

When you are about to read a passage such as this that is structured around a chronological list of items, it will often help you to *scan* for these items. During your first reading of the monologue, underline and then number in the margin six jobs that Figaro has held.

✦ Le Mariage de Figaro [scène]

(MONOLOGUE DE FIGARO)

O femme! femme! femme! créature faible et décevante!°... nul animal créé ne peut manquer à son instinct; le tien est-il donc de tromper?°... Non, Monsieur le Comte, vous ne l'aurez pas... vous ne l'aurez pas... Parce que vous êtes un grand Seigneur, vous vous croyez un grand génie!... Noblesse, fortune, un rang, des places:° tout cela rend si fier!° Qu'avez-vous fait pour tant de biens!° Vous vous êtes donné la peine de naître, et rien de plus; du reste, homme assez ordinaire! tandis que moi, morbleu!° perdu dans la foule° obscure, il m'a fallu déployer° plus de science et de calculs pour subsister seulement, qu'on n'en a mis depuis cent ans à gouverner toutes les Espagnes: et vous voulez jouter°... Est-il rien de plus bizarre que ma destinée! Fils de je ne sais pas qui, volé° par des bandits, élevé dans leurs mœurs, je m'en dégoûte et veux courir une carrière honnête; et partout je suis repoussé!° J'apprends la chimie, la pharmacie, la chirurgie, et tout le crédit d'un grand Seigneur peut à peine me mettre à la main une lancette° vétérinaire!—Las d'attrister des bêtes° malades et pour faire un métier contraire, je me jette à corps perdu° dans le théâtre!... Je broche° une comédie dans les mœurs du sérail;° auteur espagnol, je crois pouvoir y fronder° Mahomet sans scrupule: à l'instant, un envoyé... de je ne sais où, se plaint de ce que j'offense dans mes vers la Sublime-Porte,° la Perse, une partie de la presqu'île de

décevoir = *to disappoint* / *to deceive*

positions sociales / *proud* / privilèges

(interjection) / masse de gens / montrer

lutter

stolen

rejeté

un instrument

Las... fatigué de faire mal à des animaux / **à...** impétueusement / écris / palais turc / critiquer

le gouvernement turc

l'Inde, toute l'Egypte, les royaumes de Barca, de Tripoli, de Tunis,
d'Alger et du Maroc: et voilà ma comédie flambée, pour plaire aux
princes mahométans, dont pas un, je crois, ne sait lire, et qui nous
meurtrissent l'omoplate,° en nous disant: *Chiens de chrétiens!*—Ne pou-
25 vant avilir° l'esprit, on se venge en le maltraitant.°[...] Il s'élève une
question sur la nature des richesses, et, comme il n'est pas nécessaire de
tenir les choses pour en raisonner, n'ayant pas un sol,° j'écris sur la
valeur de l'argent et sur son produit net; sitôt je vois, du fond d'un
fiacre,° baisser pour moi le pont d'un château fort,° à l'entrée duquel je
30 laissai l'espérance et la liberté. Que je voudrais bien tenir un de ces
puissants de quatre jours,°... je lui dirais... que les sottises imprimées°
n'ont d'importance qu'aux lieux où l'on en gêne le cours;° que sans la
liberté de blâmer, il n'est point d'éloge° flatteur, et qu'il n'y a que les
petits hommes qui redoutent les° petits écrits. Las de nourrir un obscur
35 pensionnaire,° on me met un jour dans la rue; et comme il faut dîner
quoiqu'on ne soit plus en prison, je taille encore ma plume,° et demande
à chacun de quoi il est question:° on me dit que pendant ma retraite
économique il s'est établi dans Madrid un système de liberté sur la vente
des productions, qui s'étend même à celles de la presse; et que, pourvu
40 que je ne parle en mes écrits ni de l'autorité, ni du culte, ni de la politique, ni de la morale, ni des gens en place,° ni des corps en crédit,° ni
de l'Opéra, ni des autres spectacles, ni de personne qui tienne à quelque
chose, je puis tout imprimer librement, sous l'inspection de deux ou
trois censeurs. Pour profiter de cette douce liberté, j'annonce un écrit
45 périodique et, croyant n'aller sur les brisées d'aucun autre,° je le nomme
Journal inutile. Pou-ou! je vois s'élever contre moi mille pauvres diables
à la feuille;° on me supprime,° et me voilà dérechef° sans emploi!—Le
désespoir m'allait saisir[...]

  Il ne me restait plus qu'à voler; je me fais banquier de pharaon:°
50 alors, bonnes gens! je soupe en ville, et les personnes dites *comme il faut*
m'ouvrent poliment leur maison en retenant° pour elles les trois quarts
du profit. J'aurais bien pu me remonter;° je commençais même à comprendre que, pour gagner du bien, le savoir-faire° vaut mieux que le
savoir. Mais comme chacun pillait° autour de moi en exigeant° que je
55 fusse honnête il fallut bien périr encore[...] Mais un Dieu bienfaisant
m'appelle à mon premier état.° Je reprends ma trousse et mon cuir
anglais;° puis, laissant[...] la honte au milieu du chemin, comme trop
lourde à un piéton, je vais rasant de ville en ville, et je vis enfin sans
souci.° Un grand seigneur passe à Séville; il me reconnaît, je le marie,°
60 et pour prix d'avoir eu par mes soins° son épouse, il veut intercepter la
mienne![...]

ici: le dos

dégrader / disant du mal

sou (argent)

voiture tirée par des chevaux / référence à la Bastille (prison) / **puissants...** tyrans temporaires / *printed* / **aux lieux...** là où el-les ne peuvent pas circuler librement (réf. à la censure) / compliment / **redou-tent...** ont peur des / ici: prisonnier / **taille...** me prépare encore à écrire / **de quoi...** des nouvelles de l'actualité / **en...** importants / **corps...** groupes influents

n'aller... n'être en compétition avec personne / **à la...** pour chaque page / élimine / encore

un jeu de cartes

gardant

me... sortir de la pau-vreté / *know-how*

volait / demandant

ici: métier

ma... instruments d'un barbier

problèmes / **le...** ar-range son mariage / **pour...** parce que je l'ai aidé à trouver

O bizarre suite d'événements! Comment cela m'est-il arrivé?[...]
Forcé de parcourir la route où je suis entré sans le savoir, comme j'en
sortirai sans le vouloir, je l'ai jonchée° d'autant de fleurs que ma gaieté   *couverte*
65 me l'a permis: encore je dis ma gaieté, sans savoir si elle est à moi plus
que le reste, ni même quel est ce *moi* dont je m'occupe: un assemblage
informe° de parties inconnues, puis un chétif° être imbécile, un petit   **un...** *une union sans*
animal folâtre,° un jeune homme ardent au° plaisir, ayant tous les goûts   *forme / faible /*
pour jouir, faisant tous les métiers pour vivre, maître ici, valet là, selon   *joyeux /* **ardent...** *qui*
70 qu'il plaît à la fortune!° ambitieux par vanité, laborieux par nécessité,   *aime le /* **qu'il...** *les*
mais paresseux... avec délices!° orateur selon le danger, poète par délas-   *hasards de la des-*
sement,° musicien par occasion, amoureux par folles bouffées,° j'ai tout   *tinée / plaisir*
vu, tout fait, tout usé. Puis l'illusion s'est détruite, et trop désabusé°...
Désabusé! Suzon,° Suzon Suzon! que tu me donnes de tourments!   *amusement / aven-*
                                                  — *Le Mariage de Figaro,* 1784 *tures de passage /*
                                                                                désillusionné / dimi-
                                                                                nutif de Suzanne

COMPREHENSION

Complétez d'après le sens du passage.

1. Figaro se demande si l'instinct de la femme est de _____.

2. Figaro considère que le Comte est _____.

3. Les origines de Figaro étaient _____.

4. Figaro a cessé d'être vétérinaire parce que _____.

5. Sa comédie a insulté _____.

6. Après, il a écrit au sujet de _____.

7. Le troisième type d'écriture qu'il a essayé était _____.

8. Un autre métier qu'il a essayé était _____.

9. Enfin il est devenu _____.

10. Il a aidé Almaviva à _____.

PERCEPTIONS

1. Figaro contraste ses aptitudes avec celles du Comte.
   a. Quelle est son opinion d'Almaviva?
   b. Pourquoi est-ce que la vie est si facile pour Almaviva et si difficile
      pour Figaro?

2. Pourquoi pensez-vous que Beaumarchais situe sa pièce en Espagne
   et non en France? Selon vous, l'attaque de Beaumarchais contre la
   noblesse française est-elle moins forte parce que la pièce se passe
   en Espagne? Expliquez.

3. Vous avez déjà lu quelques maximes de La Rochefoucauld. Remarquez que Figaro met des maximes dans son discours:
   —«nul animal créé ne peut manquer à son instinct»
   —«ne pouvant avilir l'esprit, on se venge en le maltraitant»
   —«il n'est pas nécessaire de tenir les choses pour en raisonner»
   —«les sottises imprimées n'ont d'importance qu'aux lieux où l'on en gêne le cours»
   —«il n'y a que les petits hommes qui redoutent les petits écrits»

   Pour chacune:

   a. Identifiez le sens.
   b. Puis expliquez l'importance de cette généralisation pour l'histoire que Figaro raconte. Quel ton les maximes donnent-elles au monologue?
   c. Etes-vous d'accord avec ces maximes?

4. Figaro et la censure: sur quels sujets ne peut-on pas écrire à Madrid? Pensez-vous que ce soit une exagération? Qu'est-ce que Beaumarchais attaque indirectement?

5. Dans une autre pièce, «*Le Barbier de Séville,*», Beaumarchais a montré comment Figaro a aidé Almaviva à se marier. Vous voyez ici un Almaviva prêt à prendre Suzanne, la fiancée de Figaro. Qu'est-ce que cela dit du caractère soi-disant noble d'Almaviva? Comparez avec le caractère soi-disant commun de Figaro.

6. Cette pièce, qui a inspiré l'opéra de Mozart, *Le nozze di Figaro,* a inspiré également, ou au moins annoncé la Révolution française qui est arrivée cinq ans plus tard. Considérez le passage que vous avez lu et identifiez les idées que vous jugez «révolutionnaires». Pourquoi sont-elles «révolutionnaires»?

7. A la fin du monologue, Figaro se décrit par une série de caractéristiques. Créez un paragraphe similaire sur vous-même. Soyez prêt(e) à le lire à la classe.

Synthèse

A DISCUTER

A. «Le bonheur» est un sujet qui a été discuté par plusieurs auteurs du 18e siècle. Est-ce qu'il faut être vertueux pour être heureux? Est-ce qu'on est nécessairement heureux si on est vertueux? En petits groupes, discutez d'abord votre définition du bonheur. Puis examinez les passages que vous avez lus dans ce chapitre et répondez aux questions ci-dessus. Comparez les réponses avec votre propre définition du bonheur. Donnez des illustrations personnelles.

B. Comparez l'effet d'une narration à la première personne (Montesquieu, Epinay, Beaumarchais) avec celui d'un récit à la troisième personne (Voltaire, Rousseau). Expliquez votre réaction en tant que lecteur / lectrice. Choisissez une narration à la première personne et transposez-la ensemble en récit à la troisième personne, ou faites le contraire. Comparez.

A ECRIRE

A. Imaginez que vous visitez votre ville (soit votre ville d'origine ou celle où vous résidez maintenant) comme si vous étiez d'un autre pays. Décrivez dans une lettre à un(e) ami(e) un problème social que vous avez remarqué.

B. Est-ce que vous auriez aimé vivre au 18e siècle? Ecrivez quelques paragraphes sur ce sujet en vous inspirant de ce que les auteurs de ce siècle vous ont appris sur leur époque.

Auguste Renoir, Le Déjeuner des Canotiers. Washington, D.C., The Phillips Collection.

CHAPITRE 5

Le Dix-neuvième Siècle

IEN QUE la première République française, issue de la Révolution de 1789, n'ait pas duré longtemps, les «principes de 1789» n'ont guère disparu dans le tumulte politique du 19ᵉ siècle. Certes, les gouvernements ont été variés: il y a eu d'abord le Consulat et l'Empire de Napoléon Bonaparte (1799–1814), puis un retour à la monarchie (1815–1848), une brève deuxième République (1848–1852), un second Empire avec Napoléon III (1852–1870) et enfin une troisième République (1870–1940). Cette succession de régimes s'est souvent faite à coups de révolutions ou de coups d'état, mais chacun des gouvernements était constitutionnel et la démocratie a fini par gagner.

La société du 19ᵉ siècle a connu la chute de l'aristocratie et l'ascension de la bourgeoisie, l'argent remplaçant les titres de noblesse sur l'échelle sociale. Au bas de cette échelle, une nouvelle classe est apparue: le prolétariat ouvrier. Fils de la révolution industrielle, ce prolétariat a grandi dans la misère et n'a pas tardé à chercher le salut[1] dans la doctrine socialiste de Karl Marx.

Le 19ᵉ siècle est une époque de grand développement économique, d'expansion coloniale en Asie et en Afrique, et de découvertes scientifiques, notamment celles de Louis Pasteur et de Pierre et Marie Curie. C'est aussi une époque de réformes dans le domaine de l'éducation. Napoléon a institué le système scolaire français tel qu'il existe encore aujourd'hui, et en 1882 l'enseignement primaire, gratuit dans les écoles publiques, est devenu obligatoire pour les enfants de 6 à 13 ans. Ces réformes ont créé un nouveau public de lecteurs venant de toutes les classes de la société.

En littérature, le 19ᵉ siècle a connu trois grands mouvements: le romantisme, le réalisme et le symbolisme.

Le Romantisme Au début du 19ᵉ siècle, le romantisme exprime la recherche du «moi» dans un monde marqué par le changement et l'incertitude. En conflit avec la société, les romantiques souffrent du «mal du siècle», un vague sentiment de mélancolie et de désillusion. Ils se réfugient dans la solitude et l'introspection, la communion avec la nature, les rêves exotiques, la passion, l'idéalisme et la révolte contre la raison et les règles.

C'est ainsi que les écrivains romantiques abolissent les règles du classicisme, considérées comme un obstacle à l'expression artistique. La forme poétique n'est plus limitée au vers classique alexandrin, les sujets littéraires ne sont plus dictés que par l'imagination et l'inspiration, et le langage n'a plus peur de mêler[2] le noble et le populaire.

Dans le domaine du théâtre, il n'est plus question de l'unité de lieu, de temps et d'action; les tons et les genres se mélangent et l'alliance de la tragédie et de la comédie donne naissance au drame. Le premier grand drame romantique français, *Hernani* de Victor Hugo, cause en 1830 une véritable révolution. Les «anciens» (ou les classiques) étaient venus au théâtre armés de tomates, les «modernes» (les romantiques) étaient armés de

---

1. (voir «sauver») 2. mettre ensemble

fleurs; les deux camps se sont livrés dans la salle de spectacle à une célèbre bataille qui a marqué le triomphe du romantisme.

La littérature romantique a trois thèmes principaux: (1) *le temps,* qui passe trop vite et qui donne à la vie son caractère fragile (voir Lamartine, p. 122); un temps qui se revit par le souvenir (voir Victor Hugo, p. 119), par l'exploration de l'Histoire et par un intérêt pour l'enfance (voir George Sand, p. 154); (2) *la nature,* qui est un refuge de beauté et de stabilité contre l'invasion de l'industrie, de la technologie et du matérialisme; (3) enfin *l'amour* qui seul permet au poète de comprendre les secrets de la vie et les complexités de l'âme humaine.

Le Réalisme L'idéalisme romantique, cependant, est remis en cause par les troubles politiques et sociaux des années 30 et 40 et par l'influence croissante de la science. Le réalisme veut représenter la réalité sans l'embellir, s'appuyant non pas sur des rêves mais sur des faits, surtout l'observation de la réalité sociale de l'époque. Stendhal, qui montre dans son roman *Le Rouge et le Noir* (1830) la confrontation d'un homme du peuple avec une société complexe et cruelle, est un des pionniers du réalisme français. Balzac, auteur de *La Comédie humaine,* fait un vaste tableau des différentes classes de la société parisienne et provinciale, montrant le rôle de l'argent et du milieu social dans la vie de l'individu.

Flaubert (voir p. 137) et Maupassant (p. 144) sont sans doute les plus grands noms du réalisme français. Auteur de *Madame Bovary,* Flaubert est le maître du roman; Maupassant, lui, est surtout connu pour ses nouvelles et ses contes. Les deux essaient d'appliquer une objectivité scientifique à l'observation et à la peinture du comportement humain dans sa réalité ordinaire. Mais comment décrire la médiocrité et l'ennui de la vie quotidienne sans ennuyer le lecteur? Maupassant nous donne la réponse dans sa préface de *Pierre et Jean* (1888): «Le réaliste, s'il est un artiste, cherchera, non pas à nous montrer la photographie banale de la vie, mais à nous en donner la vision plus complète, plus saisissante, plus probante que la réalité même.» Comment? En choisissant dans la réalité de la vie seulement «les détails caractéristiques utiles à son sujet.»

Cette définition distingue les réalistes des naturalistes qui, dans la deuxième moitié du 19e siècle, poussent les techniques de l'observation scientifique jusqu'à l'extrême. Avec «un regard médical», les écrivains naturalistes, comme Emile Zola, cherchent à donner une vision physiologique des vices de la société, sans «choisir», sans omettre aucun détail, aussi putride soit-il.

Le Symbolisme Au milieu de la période réaliste, d'autres artistes préfèrent rejeter le réel. Descendants des romantiques, ils veulent accéder, au delà de la matière, au monde des idées et basent leur art sur des «impressions» subjectives. En peinture, ces artistes prennent le nom d'impressionnistes; en poésie, ce sont les symbolistes. Au «mot juste» des réalistes, ils préfèrent le symbole qui a le pouvoir d'évoquer des images et des impressions. Sous la plume[3] symboliste, la phrase devient musique et les mots s'associent en fonction de leur sonorité aussi bien que leur sens. Disciples de «l'art pur», Baudelaire (voir p. 134), Verlaine (p. 127) et Rimbaud (p. 131) se font les interprètes de «correspondances» mystiques entre le monde des sensations et l'univers suprasensible.

_____

3. le stylo, l'écriture

Victor Hugo
(1802−1885)

Fils d'un officier de l'armée napoléonienne, élevé surtout par sa mère, Victor Hugo connaît une enfance assez vagabonde. Très jeune, il s'intéresse à la poésie et, après avoir gagné plusieurs concours littéraires, à 17 ans il décide d'arrêter ses études pour fonder, avec ses deux frères, un journal littéraire. Déjà ses contemporains l'acclament comme un prodige.

A 20 ans, il épouse Adèle Foucher, qui sera la mère de ses quatre enfants. Cette même année, il publie son premier recueil de poèmes, les *Odes*, et s'essaie au roman. Il se lance ensuite dans le théâtre, avec l'intention de le libérer des règles classiques. En moins de 10 ans, il donne huit drames, dont *Hernani* en 1830, qui assure le succès de l'école romantique dont Victor Hugo est devenu le chef. De 1830 à 1840, il publie quatre recueils de poésie lyrique et un grand roman historique, *Notre-Dame de Paris.*

En 1843, cependant, la fortune cesse de lui sourire. C'est l'échec de son dernier drame, *Les Burgraves;* c'est surtout, sur le plan personnel, la perte de sa fille adorée, Léopoldine, morte à 19 ans dans un accident de bateau. Sous le coup de la douleur, pendant presque 10 ans Victor Hugo ne publie rien. Mais c'est pendant cette période qu'il prépare les *Contemplations,* un recueil de poèmes consacrés à la mémoire de Léopoldine. C'est aussi pendant ces années qu'il s'engage très activement dans la politique. Elu député à l'Assemblée Constituante pendant la deuxième République, il se fait le représentant de la gauche. Opposé à Napoléon III, il doit s'exiler quand celui-ci prend le pouvoir. Il se réfugie d'abord en Belgique, puis pendant près de 20 ans dans les îles anglaises de Jersey et Guernesey. C'est de là qu'il publie *La Légende des siècles*, une épopée[1] en vers sur l'histoire de l'humanité, et *Les Misérables,* un immense roman qui dénonce les misères sociales de son temps. De son exil, il reste la voix officielle des républicains, et à la chute du second Empire, en 1870, Victor Hugo rentre à Paris en héros. Lorsqu'il meurt, le 22 mai 1885, le peuple parisien lui fait des funérailles nationales à la mesure de son génie.

Par sa longévité et sa popularité, par l'abondance et la diversité de son œuvre, Victor Hugo est considéré comme le géant de la littérature du 19e siècle.

---

1. une œuvre épique

> Le poème ci-dessous, tendre et intime, est extrait des *Contemplations*. Quatre ans après la disparition de Léopoldine, le poète retourne sur sa tombe. Par la force du souvenir et des émotions, l'absence devient présence...

✦ Demain, dès l'aube...

PREPARATION

The form of poetry can sometimes block comprehension during a first reading. Once aware of certain characteristics of poetic form and style, you will approach the poem with greater ease. Consider these points (see also Appendice littéraire, p. 231):

1. For purposes of rhyme, the subject of the verb may follow instead of precede it. Find an example of this in the first line. Rewrite the line with the words in their normal prose order. Place this new line in the first **strophe,** read it aloud, and comment on the differences you perceive.

2. Because of considerations of rhythm, **l'enjambement,** the continuation of an idea from one line to the next, is common in poetry. An example is «je partirai» which completes in the second line the idea of the first line. By looking at punctuation, can you find one other example of **enjambement** in this poem?

✦ DEMAIN, DÈS L'AUBE...

Demain, dès l'aube,° à l'heure où blanchit la campagne,
Je partirai. Vois-tu, je sais que tu m'attends.
J'irai par la forêt, j'irai par la montagne.
Je ne puis demeurer° loin de toi plus longtemps.

5   Je marcherai les yeux fixés sur mes pensées,
Sans rien voir au dehors,° sans entendre aucun bruit,
Seul, inconnu, le dos courbé,° les mains croisées,
Triste, et le jour pour moi sera comme la nuit.

Je ne regarderai ni l'or du soir qui tombe,
10   Ni les voiles° au loin descendant vers Harfleur,°
Et quand j'arriverai, je mettrai sur ta tombe
Un bouquet de houx° vert et de bruyère° en fleur.

— *Contemplations*, 1856

Glossary (right margin):
- ° **la première lumière du jour**
- ° **puis...** peus rester
- ° **au...** à l'extérieur
- ° *bent*
- ° **bateaux à voiles** / **port en Normandie**
- ° *holly* / *heather*

COMPREHENSION

1. Quelles sont les indications de la longueur du voyage
   a. dans l'espace? (Que traversera le poète?)
   b. dans le temps? (Quand partira-t-il? Quand arrivera-t-il?)

2. «Je partirai.» Comment le placement de ce verbe au début du deuxième vers accentue-t-il le sentiment de séparation? De quoi le poète doit-il se séparer pour retrouver sa fille?

3. Le monde extérieur. Notez les expressions qui qualifient la perception du monde extérieur.
   a. Qu'est-ce que le poète va voir au dehors?
   b. Quels bruits va-t-il entendre?   c. Comment sera le jour?
   d. Qu'est-ce qu'il regardera (ou ne regardera pas)?

   Pourquoi toutes ces négations?

4. La réalité intérieure. Sur quoi le poète aura-t-il «les yeux fixés»? Pourquoi?

PERCEPTIONS

1. «Seul, inconnu, le dos courbé, les mains croisées, triste». Qu'est-ce que le rythme de cette liste ajoute à la description du poète?

2. La bruyère et le houx ne sont pas les fleurs traditionnelles qu'on met sur les tombes. Pourquoi le poète choisit-il ces plantes qui abondent dans les campagnes normandes?

3. L'enjambement entre les deux derniers vers donne à la dernière phrase une longueur exceptionnelle. Y voyez-vous de l'impatience? de la fatigue? une impression de victoire? Comment interprétez-vous cet effet de style à la fin du poème?

4. Comment Victor Hugo établit-il le ton personnel et familier de ce poème? Pourquoi, à votre avis, a-t-il choisi ce ton?

5. Pour se rapprocher de sa fille, Victor Hugo se sépare du monde extérieur. Le souvenir, en tant que réalité intérieure, est-il toujours incompatible avec le monde extérieur? Donnez des illustrations personnelles. Dans quelles circonstances vous arrive-t-il de ne pas faire attention au monde extérieur? Donnez plusieurs exemples.

6. Le poète pense exclusivement à sa fille mais ne nous dit rien d'elle. Pourquoi, à votre avis?

7. Cette visite à la tombe de sa fille semble être un rite nécessaire au bien-être du poète. Pensez-vous que les rites funéraires après la mort d'un être cher aident vraiment ceux qui souffrent, ou augmentent leur douleur? Justifiez votre opinion.

Alphonse de Lamartine
(1790−1869)

Alphonse de Lamartine est un aristocrate qui reçoit une éducation catholique et qui partage la première partie de sa vie entre la propriété
familiale de Milly, en Bourgogne, et Paris où il fait au jeu de lourdes
dettes. Pour combler son ennui,[1] il se met à écrire. Admirateur
des philosophes du 18ᵉ siècle, il imite d'abord leur style, puis
la douleur d'un amour brisé[2] lui fait prendre des accents
romantiques. En 1816, souffrant de troubles nerveux, Lamartine était allé à Aix-les-Bains, dans les Alpes, pour se
soigner. Julie Charles, une belle créole, était là pour des
raisons de santé également. Sur les bords du lac du Bour-
get, leur rencontre a été un coup de foudre.[3] Mais l'aventure a été brève. L'été suivant, la maladie de Julie s'aggrave
et Lamartine se retrouve seul au rendez-vous, près du lac.
Dans son poème «Le Lac», il exprime l'angoisse de son
amour menacé et déplore la fuite du temps. En décembre
1817, Julie meurt. Inspirés de cette expérience douloureuse, les
vingt-quatre poèmes que Lamartine publie en 1820 sous le titre de
Méditations, représentent le premier recueil lyrique du romantisme et
remportent un succès immédiat. Du jour au lendemain, Lamartine est
célèbre. On lui offre un poste d'attaché d'ambassade en Italie. Il épouse
une jeune Anglaise, Mary-Ann Birch, et publie plusieurs recueils de
poèmes, dont les *Harmonies poétiques et religieuses* (1830). En 1832 il fait
avec sa femme et sa fille un voyage en Terre sainte (Grèce, Liban, Jérusalem), pour renforcer sa foi. Mais la mort tragique de sa fille à Bey-
routh lui fait perdre cette foi et lui inspire un long poème de désespoir
et de révolte, *Gethsémani* (1834).

De retour en France, il est élu député (1833−1851) et devient un des
plus grands orateurs politiques de son temps. En 1848, il présente même
sa candidature à la présidence de la République, mais se fait battre par
Louis-Napoléon Bonaparte, le futur Napoléon III.

Lamartine appellera les vingt dernières années de sa vie ses «travaux
forcés littéraires».[4] Il n'écrit plus pour le plaisir mais pour payer les
énormes dettes qu'il a accumulées. Il écrit des romans sociaux, des com-
pilations historiques et des biographies qui ne comptent pas parmi ses
meilleures œuvres. Il meurt en 1869 d'une attaque d'apoplexie.

1. **combler...** passer le temps 2. interrompu 3. **un coup...** l'amour immédiat 4. *lit-erary hard labor*

✦ Le Lac

PREPARATION

Sometimes with a longer poem, a close analysis of the first **strophe** and an identification of its tone will suggest to you the nature of the poem, its themes, and the examples it will use to develop these.

After a first reading of the first **strophe,** select which tone you judge the most accurate: joy? regret? boredom? Which verbs, adjectives, or adverbs in these lines create the tone you have sensed?

Having made this first guess, be certain to return to it after you have read the poem in its entirety, and verify its accuracy. As you read other poems, consider such a quick reading of the first **strophe** as an effective manner of identifying likely directions the poem will take.

✦ Le Lac

Ainsi, toujours poussés vers de nouveaux rivages,°   **nouveaux...** nouvelles terres
Dans la nuit éternelle emportés sans retour,
Ne pourrons-nous jamais sur l'océan des âges
    Jeter l'ancre° un seul jour?   mot app. (*anchor*)

5 O lac! l'année à peine a fini sa carrière,
Et près des flots° chéris qu'elle devait revoir,   eaux
Regarde! je viens seul m'asseoir sur cette pierre
    Où tu la vis s'asseoir!

Tu mugissais° ainsi sous ces roches° profondes;   *roared* / rocs
10 Ainsi tu te brisais° sur leurs flancs déchirés;   cassais
Ainsi le vent jetait l'écume° de tes ondes°   *foam* / eaux
    Sur ses pieds adorés.

Un soir, t'en souvient-il? nous voguions° en silence;   allions sur l'eau
On n'entendait au loin, sur l'onde et sous les cieux,
15 Que le bruit des rameurs° qui frappaient en cadence   *rowers*
    Tes flots harmonieux.

Tout à coup des accents inconnus à la terre
Du rivage charmé frappèrent les échos;
Le flot fut attentif, et la voix qui m'est chère
20   Laissa tomber ces mots;

«O Temps, suspends ton vol! et vous, heures propices,
    Suspendez votre cours!
Laissez-nous savourer les rapides délices
    Des plus beaux de nos jours!

25   Assez de malheureux ici-bas vous implorent:
        Coulez, coulez pour eux;
    Prenez avec leurs jours les soins° qui les dévorent;   *ici:* problèmes
        Oubliez les heureux.

    Mais je demande en vain quelques moments encore,
30   Le temps m'échappe et fuit°;   s'en va
    Je dis à cette nuit: «Sois plus lente»; et l'aurore°   le matin
        Va dissiper la nuit.

    Aimons donc, aimons donc! de l'heure fugitive,°   qui fuit
        Hâtons-nous, jouissons!°   prenons plaisir
35   L'homme n'a point de port, le temps n'a point de rive;°   *shore*
        Il coule, et nous passons!»

    Temps jaloux, se peut-il que ces moments d'ivresse,°   quand on a trop bu
    Où l'amour à longs flots nous verse le bonheur,
    S'envolent loin de nous de la même vitesse
40   Que les jours de malheur?

    Hé quoi! n'en pourrons-nous fixer au moins la trace?
    Quoi! passés pour jamais? quoi! tout entiers perdus?
    Ce temps qui les donna, ce temps qui les efface,
        Ne nous les rendra plus?

45   Éternité, néant,° passé, sombres abîmes°   ce qui n'existe pas /
    Que faites-vous des jours que vous engloutissez?°   trous profonds /
    Parlez: nous rendrez-vous ces extases sublimes   faites disparaître
        Que vous nous ravissez?°   prenez

    O lac! rochers muets! grottes! forêt obscure!
50   Vous que le temps épargne° ou qu'il peut rajeunir,   *spares*
    Gardez de cette nuit, gardez, belle nature,
        Au moins le souvenir!

Qu'il soit dans ton repos, qu'il soit dans tes orages,
Beau lac, et dans l'aspect de tes riants coteaux,°   collines
55   Et dans ces noirs sapins, et dans ces rocs sauvages
        Qui pendent sur° tes eaux!   **pendent...** sont près
                                                                         de

Qu'il soit dans le zéphyr° qui frémit et qui passe,   petit vent
Dans les bruits de tes bords par tes bords répétés,
Dans l'astre au front d'argent° qui blanchit ta surface   **l'astre...** la lune
60   De ses molles clartés!°   **molles...** faibles lu-
                                                                         mières

Que le vent qui gémit,° le roseau° qui soupire,°   *moans / reed / sighs*
Que les parfums légers de ton air embaumé,
Que tout ce qu'on entend, l'on voit ou l'on respire,
        Tout dise: «Ils ont aimé!»
                                    — *Méditations poétiques*, 1820

COMPREHENSION

A. Complétez:

1. Le poète s'adresse à (au) _____ .

2. Il est triste parce qu'il _____ .

3. Auparavant il était près du lac avec _____ .

4. Le poète veut que le lac (la nature) garde éternellement _____
   des deux amants.

5. Dans les strophes six à neuf, l'amante s'adresse au «Temps». Pour
   qui passe-t-il trop vite? Pour qui passe-t-il trop lentement? Que
   demande-t-elle?

B. Métaphores et personnifications: Sachant qu'*une métaphore* est une
comparaison sous-entendue, et qu'*une personnification* est l'attribution de
caractéristiques humaines à des animaux ou à des choses, indiquez la
nature des figures de style suivantes et donnez une explication selon le
modèle.

MODELE: a. «l'océan des âges» est une métaphore parce que le temps
              («les âges») est comparé à un océan.

          b. «l'année a fini sa carrière» est une personnification de
             l'année qui «finit sa carrière» (ou arrête de travailler).

   1. «Tu mugissais ainsi» (3e strophe)

   2. «Le flot fut attentif» (5e strophe)

3. «O Temps, suspends ton vol!» (6ᵉ strophe)

4. «les soins qui les dévorent» (7ᵉ strophe)

5. «Je dis à cette nuit: 'Sois plus lente'» (8ᵉ strophe)

6. «L'homme n'a point de port» (9ᵉ strophe)

7. «le temps n'a point de rive» (idem)

8. «Temps jaloux» (10ᵉ strophe)

9. «Vous (lac, rochers, grottes, forêt) que le temps épargne ou qu'il peut rajeunir» (13ᵉ strophe)

10. «le vent qui gémit, le roseau qui soupire» (16ᵉ strophe)

11. Est-ce que vous pouvez identifier d'autres métaphores et personnifications dans ce poème?

PERCEPTIONS

1. «L'homme n'a point de port, le temps n'a point de rive;
   Il coule, et nous passons.»

   Définissez et expliquez le sentiment qui apparaît dans ces vers. Avez-vous jamais ressenti un tel sentiment? Dans quelles circonstances?

2. Lamartine cherche une solution à ses souffrances dans le souvenir. Qu'espère-t-il? Est-ce une bonne solution?

3. La dernière strophe accentue la beauté de la nature, et les sons de cette strophe créent comme une musique. Ecoutez la strophe pour l'apprécier. A quels sens Lamartine fait-il appel pour créer cette ambiance de beauté?

4. L'amour prend différentes formes. Quelle sorte d'amour voyons-nous ici? (l'amour passionnel? idéal? intellectuel?) Sur quels vers basez-vous votre conclusion?

5. L'eau joue un rôle central dans le poème. Relisez le poème en soulignant chaque référence à l'eau. Quelle image de l'eau voyez-vous? Quelles sont les caractéristiques de l'eau?

Paul Verlaine
(1844–1896)

Enfant gâté, élève intelligent, Paul Verlaine aime lire et rêver. Après son baccalauréat, il prend un poste d'employé de bureau à l'Hôtel de Ville de Paris. C'est un travail ennuyeux, mais qui lui laisse beaucoup de temps libre pour fréquenter les milieux littéraires et les cafés. Dès l'âge de 21 ans, il écrit des articles pour une revue de critique littéraire. A 22 ans, il publie son premier recueil, *Poèmes saturniens.* En 1867, secoué par la mort de son père, puis celle d'une femme qu'il aimait beaucoup, Verlaine commence à boire. Sous l'effet de l'absinthe, il devient violent. Deux ans plus tard, il tombe amoureux d'une jeune fille de 16 ans, Mathilde, qui représente pour Verlaine l'espoir de l'innocence retrouvée. Mais peu après son mariage, en 1870, il recommence à boire. En 1871 il fait la connaissance de Rimbaud, jeune poète délinquent qui entraîne Verlaine dans une aventure de deux ans à travers la Belgique et l'Angleterre. Il écrit ses impressions de cette période dans *Romances sans paroles.* En juillet 1873, l'aventure tourne au drame: Verlaine, qui a bu, tire deux coups de révolver sur Rimbaud pour l'empêcher de partir. Rimbaud n'est que blessé, mais Verlaine est condamné à deux ans de prison pour tentative d'homicide.

En prison, Verlaine regrette sa vie passée et se tourne vers Dieu. Sa conversion lui inspire les poèmes de *Sagesse,* qui seront publiés en 1881. Pendant quatre ans après sa sortie de prison, il essaie de mener une vie exemplaire, mais la lutte contre les tentations est trop forte et Verlaine retombe dans l'alcoolisme et les crises de violence. Il passe ses dernières années dans la misère et meurt d'une congestion pulmonaire à l'âge de 51 ans. Ironiquement, c'est à la fin de sa vie, alors qu'il n'écrit pratiquement plus, qu'il devient connu comme le «Prince des poètes.»

✦ Les faux beaux jours...

PREPARATION

The marginal notes that accompany this poem are «Paris, octobre 1875, sur le bord d'une rechute» (*relapse*). Verlaine had previously renounced his years of debauchery, drinking, and violence and turned to religion and an ideal of a more pure way of life. The title describes his struggle between the temptations of his past life and the new path he is trying to follow.

In poetry both the words of the poem and the forms in which they are written can convey and strengthen its messages. The rhyme sequence in this poem, for example, can be seen to hold a certain impact on meaning. During a first reading, identify the sounds of the syllables that end each line. Let A equal the first end-sound, B the second, C the third, and so on. Be ready to identify whether you have found the sequence to be ABBA (**rimes embrassées**), ABAB (**rimes croisées**), AABB (**rimes plates**). Mark these sequences down for easy reference after your initial reading. Note that lines 9 and 10 form a couplet.

Another poetic device, or **figure de style,** that you have already considered is **personnification.** Read through the poem and identify five examples of **personnification,** paying special attention to the adjectives that modify nouns and the verbs that describe the actions taken by those same nouns. As you reread the poem, you will consider the force of these **personnifications.**

✦ LES FAUX BEAUX JOURS...

> Les faux beaux jours ont lui° tout le jour, ma pauvre âme, — brillé
> Et les voici briller aux cuivres° du couchant.° — *copper rays* / soleil couchant / **sur...** immédiatement / Satan
> Ferme les yeux, pauvre âme, et rentre sur-le-champ;°
> Une tentation des pires. Fuis l'Infâme.°
>
> 5　Ils ont lui tout le jour en longs grêlons° de flamme, — *hailstones*
> Battant toute vendange° aux collines,° couchant — **toute...** tous les raisins / **aux...** contre les montagnes / **toute...** toutes les céréales
> Toute moisson° de la vallée, et ravageant
> Le ciel tout bleu, le ciel chanteur qui te réclame.

O pâlis,° et va-t-en, lente et joignant les mains.   deviens pâle
10 Si ces hiers allaient manger nos beaux demains?
    Si la vieille folie était encore en route?

    Ces souvenirs, va-t-il falloir les retuer?°   tuer encore
    Un assaut furieux, le suprême sans doute!
    O, va prier° contre l'orage,° va prier.   pray / la tempête

                                    — *Sagesse, I, 7,* 1881

COMPREHENSION

A. Complétez selon le sens du poème.

1. Le poète s'adresse à _____.

2. Verlaine est tenté par _____.

3. Quand le soleil se couche, le moment de la journée dont il s'agit
   est _____. Si «les cuivres du couchant» sont aussi une référence
   à une période de la vie du poète, c'est _____.

4. Les victimes, dans l'assaut de la deuxième strophe, sont
   _____, _____ et _____.

5. Dans les trois questions que Verlaine se pose, quels sont les dangers
   qui le menacent? _____, _____, et _____.

6. Pour lutter contre l'orage, le poète suggère de _____.

B. Métaphores, symboles et antithèses: Sachant qu'*une métaphore* est une
comparaison sous-entendue, qu'*un symbole* est la représentation généralement concrète de quelque chose d'abstrait, et qu'*une antithèse* est une
opposition frappante (comme entre le noir et le blanc), indiquez la nature des figures de style suivantes.

1. Les «jours», qui représentent les tentations, sont un(e) _____.

2. Parce que «les faux beaux jours» brillent (comme le soleil), cette
   expression est aussi un(e) _____.

3. A cause de l'association de «faux» et «beaux», l'expression «les faux
   beaux jours» est enfin un(e) _____.

4. Parce qu'ils font allusion au chaud et au froid en même temps, les
   «longs grêlons de flamme» sont un(e) _____.

5. La vendange et la moisson, qui sont les fruits de la terre, représentent
   aussi les fruits du bien dans la vie du poète. Ce sont donc des
   _____.

6. Le ciel est un(e) _____ qui peut représenter la religion ou l'avenir du poète.

7. L'orage est un(e) _____ qui représente l'attaque violente des tentations.

C. Les personnifications: Vous avez déjà identifié plusieurs personnifications dans le poème. L'âme du poète est personnifiée parce qu'il lui parle comme à une personne, elle «ferme les yeux», elle pâlit et elle marche («rentre», «va-t-en»). Pouvez-vous trouver d'autres termes qui personnifient l'âme? (Cf. vers 9 et 14.) Ensuite, indiquez les termes qui personnifient les éléments suivants.

Eléments personnifiés   *Termes qui personnifient*

le ciel

les hiers

la vieille folie

les souvenirs

PERCEPTIONS

1. Pourquoi Verlaine utilise-t-il des antithèses pour décrire les tentations de son ancienne vie? Que veut-il suggérer sur l'apparence du mal? Etes-vous d'accord?

2. Quel est l'effet des personnifications sur la lutte qui est décrite dans ce poème?

3. Dans les deux premières strophes, où vous avez noté les rimes embrassées, le poète semble entouré de tentations. Puis la troisième strophe commence par un couplet qui change la direction du poème. Si le poète prend une décision ici, quelle est cette décision? Comment va-t-il *croiser* le mal?

4. Quand le changement est-il facile et quand est-il difficile? Pourquoi? Donnez des exemples personnels ou tirés du cinéma ou de la littérature.

Arthur Rimbaud
(1854–1891)

Elevé sévèrement par sa mère, Arthur Rimbaud se révolte ouvertement à 16 ans. Il se révolte contre sa mère, le conformisme bourgeois, l'école, l'Eglise, la guerre (c'est l'époque de la guerre de 1870 contre la Prusse de Bismarck), la condition humaine, l'absurdité de la vie. Il veut changer le monde—par la poésie. Comme un «voyant»,[1] il «cherche du nouveau» dans le «dérèglement[2] des sens»; audacieusement, il superpose images et sensations, il recherche les hallucinations. «Fils du soleil» mais aussi «Satan adolescent», à 17 ans il arrive à Paris avec ses poèmes dans les poches. Les milieux littéraires de la capitale le trouvent trop arrogant, trop agressif, mais Verlaine est charmé et les deux poètes partent à l'aventure (voir introduction sur Verlaine, p. 127). Après leur violente séparation, Rimbaud publie *Illuminations* et *Une Saison en enfer,* où il dit adieu à la révolte, aux hallucinations et à la poésie. A 20 ans, Arthur Rimbaud cesse d'écrire.

De 1875 à 1891, il voyage à travers le monde, cherchant fortune dans diverses entreprises qui finissent dans l'échec. Atteint d'une tumeur au genou puis amputé de sa jambe droite, il meurt de la gangrène quelques mois après son retour en France. Rimbaud le génie précoce, Rimbaud l'énigme n'a vécu que 37 ans, mais ses poèmes continuent à hanter le monde moderne.

«Le Dormeur du val», écrit en 1870, exprime les impressions de Rimbaud (qui n'a que 16 ans à l'époque) sur la guerre de 70. Déjà il superpose les couleurs, les sensations et les images.

1. *seer* 2. désordre

✦ Le Dormeur du val

PREPARATION

Sometimes an author will describe a scene or a person in such a manner as to lead you to a conclusion about that person or scene. Then toward the end of the poem or passage a new fact will force you to reassess your initial conclusions and impressions. «Le Dormeur du val» is such a work.

This poem describes a scene of almost perfect beauty and peace: a slumbering figure in a quiet valley. As you read, note how the scene of beauty and peace is established and what characteristics the sleeping young man has. After you have read through the poem and understood fully the image it conveys, read it a second time and see what the same descriptions now mean to you.

✦ LE DORMEUR DU VAL

C'est un trou° de verdure° où chante une rivière — *hole* / herbe verte
Accrochant° follement aux herbes des haillons — *hanging*
D'argent;[1] où le soleil, de la montagne fière,
Luit:° c'est un petit val qui mousse de rayons.° — brille / **mousse...** *bubbles with sun rays*

5 Un soldat jeune, bouche ouverte, tête nue,° — **tête...** sans chapeau
Et la nuque° baignant dans le frais cresson° bleu, — partie postérieure de la tête / *watercress* / le ciel
Dort; il est étendu dans l'herbe, sous la nue,°
Pâle dans son lit vert où la lumière pleut.

Les pieds dans les glaïeuls,° il dort. Souriant comme — *gladiolas*
10 Sourirait un enfant malade, il fait un somme:° — **fait...** dort
Nature, berce°-le chaudement: il a froid. — *rock*

Les parfums ne font pas frissonner sa narine;° — **font...** troublent pas son nez
Il dort dans le soleil, la main sur sa poitrine
Tranquille. Il a deux trous rouges au côté droit.

— Poésies, 1870

COMPREHENSION

A. La Nature

Le poète utilise plusieurs techniques pour décrire la nature.

1. Les verbes. Complétez la liste des verbes: la nature «chante», «accroche», «luit», «mousse», «pleut» et _____.

2. Les adverbes. Identifiez les deux adverbes qui s'appliquent à la nature.

---

1. Image d'une rivière rapide qui éclabousse (*splashes*) les herbes et, par des effets de lumière sur l'eau, semble y jeter des «haillons d'argent» (*silver rags*)

3. La lumière et les couleurs. Complétez la liste des termes qui se rapportent à la lumière et aux couleurs de la nature: «verdure», «d'argent», «soleil», «luit», «rayons», «bleu», _____ (vers 8), _____ (vers 8).

4. Plusieurs personnifications complètent le tableau. La rivière est ainsi personnifiée parce qu'elle _____ et «accroch[e] follement... ». La montagne est personnifiée par le terme _____.

5. Enfin, dans le premier tercet, la nature est personnifiée par le terme _____.

B. Le Soldat

Pour la description du soldat, le ton change.

1. Remarquez les verbes qui décrivent le soldat. Complétez la liste de ces verbes: «il dort», «il est étendu», _____ (vers 9), _____ (vers 10), _____ (vers 13).

2. Notez maintenant les adjectifs qui le décrivent: «jeune», «pâle», comme «malade», _____.

3. Une antithèse, dans le onzième vers, accentue le contraste entre la nature et le soldat. Identifiez cette antithèse.

4. Enfin le mot «trou», que la nature et l'homme ont en commun, est modifié par deux couleurs différentes. Quelles sont ces couleurs? Quel est l'effet de ce contraste?

PERCEPTIONS

1. En vous servant des observations que vous venez de faire, caractérisez la nature et le soldat. Puis analysez la relation entre les deux.

2. Pensez-vous que ce poème soit antimilitariste? Si non, pourquoi pas? Si oui, comment Arthur Rimbaud nous mène-t-il à cette conclusion? Quel autre ton, quel genre de vocabulaire auriez-vous imaginé plus facilement? Le poème de Rimbaud est-il plus convaincant?

3. Identifiez la séquence des rimes (ABAB, etc.) dans les deux quatrains et les deux tercets de ce sonnet. Voyez-vous un parallélisme entre les rimes des tercets et la relation de la nature et de l'homme?

4. Dans ce poème où la nature pleine de vie «berce» l'homme mort, voyez-vous une intégration non-tragique de l'homme dans la nature ou bien, au contraire, une antithèse tragique entre la vie et la mort? Expliquez votre perception.

Charles Baudelaire
(1821–1867)

Né à Paris dans une famille riche, Baudelaire passe une enfance heureuse et développe très tôt une passion pour les objets d'art, la peinture et les livres. Après la mort de son père, Baudelaire se révolte contre le remariage de sa mère. Il devient cynique et solitaire. Après son baccalauréat, il se laisse aller à la débauche. Pour l'arracher à sa mauvaise vie, sa famille lui offre un long voyage en bateau. Pris de crises de nostalgie, il n'ira pas jusqu'aux Indes, qui étaient son ultime destination, mais ce voyage de dix mois lui fait découvrir l'enchantement de la mer, du soleil et de l'exotisme que l'on retrouvera dans son œuvre.

A son retour, il se consacre d'abord à la critique d'art; il écrit de longs articles sur les principes de l'esthétique et sur les artistes de son temps. Il fait découvrir au public français l'écrivain américain Edgar Allan Poe, qu'il admire beaucoup et dont il traduit les œuvres. En 1857, il publie enfin la première édition des *Fleurs du mal*, un recueil de poèmes qu'il préparait depuis longtemps. Certains de ces poèmes font scandale et il doit les retirer. La deuxième édition paraît en 1861.

Les dernières années de Baudelaire sont marquées par la souffrance. Pour payer ses dettes, il continue à écrire des articles de critique d'art. Il écrit aussi quelques *Poèmes en prose*, mais miné par les drogues et la maladie, il sombre dans la misère. Il meurt à l'âge de 46 ans après une longue agonie.

Les Fleurs du mal, un ensemble de 127 poèmes, sont le chef-d'œuvre de Baudelaire. C'est un «voyage organisé» à travers le triste jardin de la vie où les fleurs du mal (la souffrance, la misère, la corruption, l'ennui) poussent en abondance. Baudelaire les décrit en détail. Les fleurs du bien (la beauté, la pureté, l'idéal) sont plus rares et plus fragiles. Elles poussent seulement dans l'esprit. L'homme essaie de les trouver par une élévation mystique, un voyage au pays des «correspondances».

✦ Correspondances

PREPARATION

One postulate of symbolist and mystic philosophies is that all objects
and all phenomena of nature are repositories of hidden, eternal truths.
The role of the poet is then in part to interpret these **correspondances**
that surround him. During a first reading, identify some of the **correspondances** in the first strophe.

Strophe 1 La nature est comme _____

Les arbres sont comme _____

As part of these **correspondances, les synesthésies** show how the
senses work together to create a multi-sensory perception. An example
of a **synesthésie** is a sound perceived as a color. The last two strophes
present examples of **synesthésies.** Identify these.

Les parfums sont comme _____

et comme _____

 ## CORRESPONDANCES

La Nature est un temple où de vivants piliers°   *pillars*
Laissent parfois sortir de confuses paroles:
L'homme y passe à travers des forêts de symboles
Qui l'observent avec des regards familiers.

5   Comme de longs échos qui de loin se confondent°   mélangent
Dans une ténébreuse° et profonde unité   sombre
Vaste comme la nuit et comme la clarté,
Les parfums, les couleurs et les sons se répondent.

Il est° des parfums frais comme des chairs° d'enfants,   Il y a / *flesh*
10 Doux comme les hautbois,° verts comme les prairies,   instrument de mu-
—Et d'autres, corrompus,° riches et triomphants,   sique / dépravés

Ayant l'expansion des choses infinies,
Comme l'ambre, le musc, le benjoin et l'encens,°   **l'ambre...** substances
Qui chantent les transports de l'esprit et des sens.   aromatiques
— *Les Fleurs du mal,* 1857

COMPREHENSION

A. Les Synesthésies: Vous avez vu dans votre préparation pour la lecture comment les synesthésies sont des correspondances de sens. (Les sens: la vue—les yeux, l'ouïe—les oreilles, le goût—la bouche, le toucher—les mains, l'odorat—le nez). Réfléchissez sur ces images du poème, et identifiez les synesthésies ou correspondances de sens.

MODELE: Des *parfums... frais* comme   odorat / toucher / toucher
          des *chairs d'enfants*

Des parfums...

1. doux comme des hautbois   odorat / toucher / _____

2. verts comme les prairies   odorat / vue / _____

3. qui chantent   odorat / _____

B. Les Personnifications

1. Les arbres sont comparés à «de vivants piliers». Quelles sont les deux autres personnifications des arbres dans la première strophe?

2. Identifiez le verbe dans le vers 8 qui personnifie les parfums, les couleurs et les sons.

3. Dans le vers 11 identifiez les adjectifs qui personnifient «les parfums» et dans le vers 14 identifiez le verbe qui les personnifie.

PERCEPTIONS

1. En comparant la nature à un temple, quels sont les deux domaines que Baudelaire semble lier? Quelles sont les implications pour le monde et pour l'homme?

2. La nature transmet à l'homme de «confuses paroles». Pour interpréter les symboles de la nature, à quels sens est-ce que l'homme doit faire appel? Sur quels termes de la deuxième strophe basez-vous votre réponse?

3. Prenez un objet dans votre cartable ou votre sac et préparez-vous à le décrire, en utilisant autant de sens que possible. Présentez votre description à la classe.

4. Dans ce poème de correspondances et de synesthésies, l'harmonie inhérente à la nature reste parfois un mystère pour l'homme. Est-il possible de communier avec la nature? Quand recherchez-vous la communion avec la nature, et qu'est-ce que cette communion vous apporte?

Gustave Flaubert

(1821−1880)

Fils d'un chirurgien célèbre, le jeune Gustave Flaubert a souvent l'occasion de suivre son père à l'hôpital de Rouen, en Normandie. Il y développe un sens de l'observation scientifique, un certain pessimisme aussi.

Exalté par ses lectures romantiques, pendant son adolescence il écrit des contes fantastiques. A 17 ans, il tombe secrètement amoureux d'une femme mariée pour qui il gardera toute sa vie un amour platonique qui fera le sujet de *L'Education sentimentale* (1867). A 23 ans, alors qu'il fait sans trop d'intérêt des études de droit à Paris, il est traumatisé par sa première crise épileptique. Il rentre alors en Normandie où il se consacre à l'écriture. Méticuleusement, de 1851 à 1856 il prépare son grand roman, *Madame Bovary*, qui remporte en 1857 un énorme succès. Après d'autres romans moins spectaculaires (*La Tentation de saint Antoine; Salammbô*), il retrouve la gloire avec son recueil de *Trois Contes* (1877).

Mais les crises d'épilepsie se font de plus en plus nombreuses et Flaubert s'abandonne à son caractère dépressif. Son amitié et sa correspondance avec George Sand (voir p. 154) apportent un peu de joie à ses dernières années. Il meurt subitement à l'âge de 59 ans.

Inspiré d'une histoire vraie, *Madame Bovary* est le récit d'une jeune femme sentimentale qui vit dans ses rêves. Désillusionnée par un mari médiocre et la vie ennuyeuse d'une petite ville normande, la vulnérable Emma Bovary se laisse séduire par Rodolphe Boulanger, un don Juan sans scrupules qui l'abandonne quelques mois plus tard. Emma poursuivra ses rêves de passion exaltée dans une deuxième liaison, mais elle ne trouvera que des soucis d'argent, le désespoir, et finira par se suicider.

Avec une exactitude presque scientifique, Flaubert décrit la monotonie et la médiocrité de la vie provinciale. Déterminés par leurs circonstances, les personnages sont à la fois ridicules et pathétiques. L'ironie est présente partout. Perfectionniste, l'auteur a soigneusement choisi chaque mot, passant parfois plus d'une heure à écrire une seule phrase. L'héroïne est romantique. Le roman est un chef-d'œuvre du réalisme.

✦ Madame Bovary

PREPARATION

Clearly, it is very important for comprehension to identify the speaker in a work of fiction. In a play the characters' names are usually listed next to each of their utterances. In novels and short stories, this of course is not the case. One strategy that you may therefore find helpful when reading a conversational passage in a novel is to pay particular attention to the identity of each speaker.

In the following passage, Rodolphe establishes the basis for his seduction, engaging Emma Bovary in flirtatious talk against the backdrop of local officials who address the country crowd gathered at their local fair. As you read a first time, identify the words and thoughts of Rodolphe, Emma, and the city officials, by writing their initials in the margin beside them.

✦ Madame Bovary [extrait]

Rodolphe s'était rapproché d'Emma, et il disait d'une voix basse, en parlant vite:

«Est-ce que cette conjuration du monde ne vous révolte pas? Est-il un seul sentiment qu'il ne condamne? Les instincts les plus nobles, les
5 sympathies les plus pures sont persécutés, calomniés, et, s'il se rencontre enfin deux pauvres âmes, tout est organisé pour qu'elles ne puissent se joindre.° Elles essaieront cependant, elles battront des ailes,° elles s'appelleront. Oh! n'importe, tôt ou tard, dans six mois, dix ans, elles se réuniront, s'aimeront, parce que la fatalité l'exige et qu'elles sont nées
10 l'une pour l'autre».

Il se tenait les bras croisés sur ses genoux, et, ainsi levant la figure vers Emma, il la regardait de près, fixement. Elle distinguait dans ses yeux des petits rayons d'or, s'irradiant° tout autour de ses pupilles noires, et même elle sentait le parfum de la pommade qui lustrait° sa
15 chevelure. Alors une mollesse° la saisit, elle se rappela ce vicomte qui l'avait fait valser à la Vaubyessard,° et dont la barbe exhalait, comme ces cheveux-là, cette odeur de vanille et de citron; et, machinalement, elle entreferma les paupières pour la mieux respirer[...] La douceur de cette sensation pénétrait ainsi ses désirs d'autrefois, et comme des grains de
20 sable sous un coup de vent, ils tourbillonnaient° dans la bouffée° subtile du parfum qui se répandait sur° son âme. Elle ouvrit les narines° à plusieurs reprises,° fortement, pour aspirer la fraîcheur des lierres° au-

s'unir / **battront...** *will beat their wings*

brillant
faisait briller
faiblesse
château où Emma était allée danser

tournaient / l'odeur
se... entrait dans / **les...** le nez / **à...** plusieurs fois / *ivy*

tour des chapiteaux.° Elle retira ses gants, elle s'essuya les mains; puis, avec son mouchoir, elle s'éventait° la figure, tandis qu'à travers le batte-
25 ment de ses tempes° elle entendait la rumeur de la foule et la voix du conseiller qui psalmodiait° ses phrases.

    Il disait:

    «Continuez! persévérez! n'écoutez ni les suggestions de la routine, ni les conseils trop hâtifs° d'un empirisme téméraire!° Appliquez-vous
30 surtout à l'amélioration° du sol,° aux bons engrais,° au développement des races chevalines, bovines, ovines et porcines!° Que ces comices° soient pour vous comme des arènes pacifiques où le vainqueur, en sortant, tendra la main au vaincu et fraternisera avec lui, dans l'espoir d'un succès meilleur! Et vous, vénérables serviteurs! humbles domestiques,
35 dont aucun gouvernement jusqu'à ce jour n'avait pris en considération les pénibles° labeurs, venez recevoir la récompense de vos vertus silencieuses, et soyez convaincus que l'Etat, désormais, a les yeux fixés sur vous, qu'il vous encourage, qu'il vous protège, qu'il fera droit à° vos justes réclamations et allègera°[...] le fardeau° de vos pénibles sacrifices!»
40 M. Lieuvain° se rassit alors; M. Derozerays° se leva, commençant un autre discours. Le sien, peut-être, ne fut point aussi fleuri que celui du conseiller; mais il se recommandait par un caractère de style plus positif, c'est-à-dire par des connaissances plus spéciales et des considérations plus relevées.° Ainsi, l'éloge du° gouvernement y tenait moins de place;
45 la religion et l'agriculture en occupaient davantage. On y voyait le rapport de l'une et de l'autre, et comment elles avaient concouru° toujours à la civilisation. Rodolphe, avec Mme Bovary, causait rêves, pressentiments,° magnétisme. Remontant au berceau° des sociétés, l'orateur nous dépeignait ces temps farouches° où les hommes vivaient de glands° au
50 fond des bois. Puis ils avaient quitté la dépouille° des bêtes, endossé le drap,° creusé des sillons,° planté la vigne. Etait-ce un bien, et n'y avait-il pas dans cette découverte plus d'inconvénients que d'avantages? M. Derozerays se posait ce problème. Du magnétisme, peu à peu, Rodolphe en était venu aux affinités, et[...] le jeune homme expliquait à la jeune
55 femme que ces attractions irrésistibles tiraient leur cause de quelque existence antérieure.

    «Ainsi, nous, disait-il, pourquoi nous sommes-nous connus? Quel hasard l'a voulu? C'est qu'à travers l'éloignement,° sans doute, comme deux fleuves qui coulent pour se rejoindre, nos pentes° particulières
60 nous avaient poussés l'un vers l'autre.»

    Et il saisit sa main; elle ne la retira pas.

    «Ensemble de bonnes cultures!» cria le président.

    «Tantôt,° par exemple, quand je suis venu chez vous...»

Glosses (right margin):

colonnes
fanned
côtés de sa figure
récitait

(voir «hâte») / audacieux / action de rendre meilleur / **du...** de la terre / *fertilizers* / **chevalines...** des chevaux, des vaches, des moutons et des porcs / foire agricole

durs

fera... honorera
rendra léger / la charge
personnages officiels de la foire

sophistiquées / **l'...** les compliments sur le
aidé

préfixe «**pré**» = avant / aux origines / sauvages / *acorns* / peau / **endossé...** mis des vêtements / **creusé...** *dug furrows*

la distance
inclinaisons

cet après-midi

«A M. Binet, de Quincampoix.»[1]

65   «Savais-je que je vous accompagnerais?»

«Soixante et dix francs!»

«Cent fois même j'ai voulu partir, et je vous ai suivie, je suis resté.»

«Fumiers.»°   *manure*

«Comme je resterais ce soir, demain, les autres jours toute ma vie!»

70   «A M. Caron, d'Argueil, une médaille d'or!»°   **médaille...** *gold medal*

«Car jamais je n'ai trouvé dans la société de personne un charme aussi complet.»

«A M. Bain, de Givry-Saint-Martin!»

«Aussi, moi, j'emporterai votre souvenir.»

75   «Pour un bélier mérinos...»°   type d'animal de la famille du mouton / *shadow*

«Mais vous m'oublierez, j'aurai passé comme une ombre.»°

«A M. Belot, de Notre-Dame...»

«Oh! non, n'est-ce pas, je serai quelque chose dans votre pensée, dans votre vie?»

80   «Race porcine, prix *ex aequo*° à MM. Lehérissé et Cullembourg; soixante francs!»   égaux

Rodolphe lui serrait la main, et il la sentait toute chaude et frémissante° comme une tourterelle° captive qui veut reprendre sa volée; mais, soit qu'elle essayât de la dégager ou bien qu'°elle répondît à cette

85   pression, elle fit un mouvement des doigts; il s'écria: tremblante / type d'oiseau / **soit que... ou bien que** whether... or whether / rejetez

«Oh! merci! Vous ne me repoussez° pas! Vous êtes bonne! Vous comprenez que je suis à vous! Laissez que je vous voie, que je vous contemple!»

Un coup de vent qui arriva par les fenêtres frança° le tapis de la   fit bouger

90   table, et, sur la place, en bas, tous les grands bonnets de paysannes se soulevèrent, comme des ailes° de papillons blancs qui s'agitent.   *wings*

«Emploi de tourteaux° de graines oléagineuses»,° continua le président.   résidus / qui produisent de l'huile

Il se hâtait:

95   «Services de domestiques...»

Rodolphe ne parlait plus. Ils se regardaient. Un désir suprême faisait frissonner leurs lèvres sèches; et mollement, sans efforts, leurs doigts se confondirent.°   s'unirent

«Catherine-Nicaise-Elisabeth Leroux, de Sassetot-la-Guerrière, pour

100   cinquante-quatre ans de service dans la même ferme, une médaille d'argent—du prix de vingt-cinq francs!»

---

1. Ici commence une série d'annonces nommant les paysans qui reçoivent des prix, et leur village d'origine (en Normandie).

«Où est-elle, Catherine Leroux?» répéta le conseiller.

Elle ne se présentait pas, et l'on entendait des voix qui chuchotaient:

«Vas-y!

105 —Non.

—A gauche!

—N'aie pas peur!

—Ah! qu'elle est bête!

—Enfin y est-elle? s'écria Tuvache.

110 —Oui!... la voilà!

—Qu'elle approche donc!»

Alors on vit s'avancer sur l'estrade° une petite vieille femme de main- *stage*
tien° craintif, et qui paraissait se ratatiner° dans ses pauvres vêtements. attitude / devenir plus
Elle avait aux pieds de grosses galoches° de bois, et, le long des hanches, petite / type de
115 un grand tablier bleu. Son visage maigre, entouré d'un béguin° sans chaussures / bonnet /
bordure, était plus plissé de rides° qu'une pomme de reinette flétrie,° et **plissé...** *wrinkled* /
des manches de sa camisole° rouge dépassaient deux longues mains, à **pomme...** vieille
articulations noueuses.° La poussière des granges, la potasse des lessives pomme jaune / che-
et le suint des laines les avaient si bien encroûtées, éraillées, durcies,° mise / arthritiques
120 qu'elles semblaient sales quoiqu'elles fussent rincées d'eau claire; et, à
force d'avoir servi, elles restaient entrouvertes, comme pour présenter **La poussière...** *Dust*
d'elles-mêmes l'humble témoignage° de tant de souffrances subies. *and harmful products*
Quelque chose d'une rigidité monacale° relevait l'expression de sa fi- *had caused such dam-*
gure. Rien de triste ou d'attendri n'amollissait ce regard pâle. Dans la *age to her hands* /
125 fréquentation des animaux, elle avait pris leur mutisme et leur placidité. preuve
C'était la première fois qu'elle se voyait au milieu d'une compagnie si comme dans un mo-
nombreuse; et, intérieurement effarouchée° par les drapeaux,° par les nastère
tambours,° par les messieurs en habit noir et par la croix d'honneur° du
conseiller, elle demeurait tout immobile, ne sachant s'il fallait s'avancer *frightened* / *flags*
130 ou s'enfuir,° ni pourquoi la foule la poussait et pourquoi les examina- *drums* / **croix...** déco-
teurs lui souriaient. Ainsi se tenait, devant ces bourgeois épanouis,° un ration
demi-siècle de servitude.

«Approchez, vénérable Catherine-Nicaise-Elisabeth Leroux!» dit M. s'échapper
le conseiller, qui avait pris des mains du président la liste des lauréats. heureux

135 Et tour à tour examinant la feuille de papier, puis la vieille femme,
il répétait d'un ton paternel:

«Approchez, approchez!

—Etes-vous sourde?»° dit Tuvache, en bondissant° sur son fauteuil.

Et il se mit à lui crier dans l'oreille: qui ne peut pas entendre / sautant
140 «Cinquante-quatre ans de service! Une médaille d'argent! Vingt-cinq
francs! C'est pour vous.»

Puis, quand elle eut sa médaille, elle la considéra. Alors un sourire de béatitude se répandit sur sa figure et on l'entendait qui marmottait° en s'en allant:

145 «Je la donnerai au curé° de chez nous, pour qu'il me dise des messes.

—Quel fanatisme!» exclama le pharmacien, en se penchant vers le° notaire.

La séance° était finie; la foule se dispersa; et, maintenant que les discours étaient lus, chacun reprenait son rang° et tout rentrait dans la

150 coutume: les maîtres rudoyaient° les domestiques, et ceux-ci frappaient les animaux, triomphateurs indolents qui retournaient à l'étable,° une couronne° verte entre les cornes.°

— *Madame Bovary*, 1857

murmurait

prêtre catholique

se... s'adressant au

le programme

son... sa place

brutalisaient

stable

crown / *horns*

COMPREHENSION

A. Vrai ou faux? Si c'est faux, corrigez.

1. Rodolphe critique la foule autour de lui.

2. Emma compare les yeux de Rodolphe à ceux d'un vicomte avec qui elle avait dansé.

3. M. Lieuvain dit que les animaux sont de vénérables serviteurs.

4. M. Lieuvain dit aux domestiques que l'Etat n'a aucune responsabilité envers eux.

5. M. Derozerays décrit les liens entre la religion et l'agriculture.

6. En même temps, Rodolphe explique qu'Emma et lui étaient prédestinés à s'aimer.

7. Catherine Leroux n'a pas peur d'aller chercher sa médaille.

B. Répondez:

1. Comment M. Lieuvain essaie-t-il d'inspirer les paysans et les domestiques?

2. Quelles tactiques Rodolphe utilise-t-il pour séduire Madame Bovary? Réussit-il? Comment le savez-vous?

3. Expliquez l'image que Flaubert crée pour décrire le vent qui fait bouger les bonnets des paysannes.

4. Qu'est-ce que Catherine va faire de sa médaille? Pourquoi? Quelle est la réaction du pharmacien à ce qu'elle a dit? Pourquoi?

PERCEPTIONS

1. Certains auteurs glorifient les paysans en montrant la vie dure qu'ils mènent et leurs victoires silencieuses. Flaubert fait-il la même chose ou, au contraire, jette-t-il un regard critique sur ces pauvres gens? Justifiez votre réponse.

2. Emma Bovary est une fille de campagne qui a lu beaucoup de romans et qui rêve d'une vie plus romantique que la sienne. Indiquez les phrases où Flaubert montre l'imagination d'Emma et les techniques qu'elle utilise pour échapper au monde ennuyeux qui l'entoure. Est-ce Rodolphe lui-même ou ce qu'il représente qui la séduit? Dans ce passage, trouvez-vous que Flaubert présente Emma d'une manière favorable? critique? Expliquez.

3. Ce passage est comme une collection d'images; parfois l'auteur survole la scène, parfois il s'arrête.
   a. La séduction d'Emma est juxtaposée à la foire campagnarde. Quel est l'effet de cette juxtaposition? Le désir d'Emma d'échapper à son milieu en devient-il plus clair? Identifiez les phrases qui exposent la banalité de la vie à la ferme.
   b. La présentation de Rodolphe: d'après la description de Flaubert, comment le voyez-vous?
   c. Le portrait de Catherine est bien détaillé. Flaubert est connu pour ses descriptions exactes et réalistes. Discutez ce qu'il a choisi de décrire et comment ces détails résument la personnalité et la vie de Catherine. Identifiez les métaphores qui résument pour nous son aspect physique, son comportement et son rôle dans la société.
   d. Dans une troisième image du passage nous voyons la foule en train de se disperser. Flaubert suggère une certaine hiérarchie. Expliquez-la. Quelle est l'image de la bourgeoisie qui résulte de cette comparaison? Qu'est-ce que Flaubert critique?

Guy de Maupassant
(1850–1893)

24/janvier 2013

Elevé par sa mère en Normandie, Guy de Maupassant passe une enfance très libre. Plutôt que d'aller à l'école, il vagabonde dans les campagnes, observant les paysans et les pêcheurs. Chassé d'un collège religieux, il finit son éducation au lycée de Rouen. Après la guerre de 1870, où il s'est engagé comme *garde mobile*, il accepte un poste de secrétaire dans un ministère à Paris. C'est un travail ennuyeux mais qui lui permet de gagner sa vie et lui laisse du temps libre pour ses deux passions: le canotage[1] et la littérature. Sous la tutelle de son parrain[2] Gustave Flaubert, qui lui impose toutes sortes d'exercices d'observation et de style, il développe ses talents d'écrivain. Grâce à Flaubert, Maupassant s'introduit dans le milieu littéraire de Paris et quand sa nouvelle *Boule de suif* sort en 1880, c'est le succès immédiat.

Maupassant abandonne alors son travail au ministère et se consacre à plein temps à l'écriture. Entre 1880 et 1891, il publie 300 contes et nouvelles, 6 romans et de nombreuses chroniques. Ses succès lui apportent la fortune, mais avec la gloire viennent aussi les problèmes de santé. Les troubles nerveux et les violentes migraines dont il souffrait depuis quelque temps s'aggravent et la peur de devenir fou, une maladie qui semble héréditaire dans sa famille, va peu à peu devenir réalité. Il meurt dans un asile de fous à l'âge de 43 ans, laissant derrière lui une œuvre marquée par le sarcasme.

D'abord naturaliste dans son approche, c'est-à-dire préparé à montrer «toute la vérité», il a évolué pendant sa courte carrière vers le réalisme qui préfère montrer «une vérité choisie et expressive». (Voir l'introduction sur le 19e siècle.) Les contes de Maupassant sont une peinture réaliste des mœurs de la société de son temps. Dans un style remarquablement simple, il fait vivre devant nos yeux les milieux et les types qu'il a si bien connus: les paysans, les pêcheurs, les bourgeois, les pauvres et les riches, les angoissés. «Pourquoi donc cette souffrance de vivre?» demande-t-il dans son récit «Sur l'eau» (1888); «c'est que je porte en moi cette seconde vue qui est en même temps la force et toute la misère des écrivains. J'écris parce que je comprends et je souffre de tout ce qui est, parce que je le connais trop.»

---

1. *rowing* 2. *godfather*

✦ Mon Oncle Jules

PREPARATION

In modern fiction you will often be able to learn a lot about the thoughts and feelings of a character by his or her gestures and words. As you read this short story a first time, note in the margins the moments when Joseph's father reveals his deepest feelings through his gestures. Look for at least three examples.

✦ MON ONCLE JULES

Un vieux pauvre, à barbe blanche, nous demanda l'aumône.° Mon ca-
marade Joseph Davranche lui donna cent sous. Je fus surpris. Il me dit:

—Ce misérable m'a rappelé une histoire que je vais te dire et dont le souvenir me poursuit sans cesse.

5 La voici:

Ma famille, originaire du Havre, n'était pas riche.

On s'en tirait,° voilà tout. Le père travaillait, rentrait tard du bureau et ne gagnait pas grand'chose.° J'avais deux sœurs.

Ma mère souffrait beaucoup de la gêne° où nous vivions, et elle

10 trouvait souvent des paroles aigres° pour son mari, des reproches voilés et perfides.° Le pauvre homme avait alors un geste qui me navrait.° Il se passait la main ouverte sur le front, comme pour essuyer une sueur qui n'existait pas, et il ne répondait rien. Je sentais sa douleur impuis-sante.° On économisait sur tout; on n'acceptait jamais un dîner, pour

15 n'avoir pas à le rendre; on achetait les provisions au rabais,° les fonds de boutique.° Mes sœurs faisaient leurs robes elles-mêmes et avaient de longues discussions sur le prix d'un galon° qui valait quinze centimes le mètre. Notre nourriture ordinaire consistait en soupe grasse et bœuf accommodé à toutes les sauces. Cela est sain° et réconfortant, paraît-il,

20 j'aurais préféré autre chose.

On me faisait des scènes abominables pour les boutons perdus et les pantalons déchirés.°

Mais chaque dimanche nous allions faire notre tour de jetée en grande tenue.° Mon père, en redingote,° en grand chapeau, en gants,

25 offrait le bras à ma mère, pavoisée° comme un navire° un jour de fête. Mes sœurs, prêtes les premières, attendaient le signal du départ; mais, au dernier moment, on découvrait toujours une tache° oubliée sur la redingote du père de famille, et il fallait bien vite l'effacer° avec un chiffon mouillé de benzine.

(glossary, right margin)

ce qu'on donne aux pauvres par charité

s'en... se débrouillait

grand... beaucoup

pauvreté
désagréables

voilés... cachés et méchants / attristait

frustrée

au... à prix réduit

les... choses difficiles à vendre / ruban

bon pour la santé

torn

grande... vêtements chic / manteau / dé-corée / bateau

stain
éliminer

30　　Mon père, gardant son grand chapeau sur la tête, attendait, en manches de chemise, que l'opération fût terminée, tandis que ma mère se hâtait, ayant ajusté ses lunettes de myope, et ôté ses gants pour ne pas les gâter.

　　On se mettait en route avec cérémonie. Mes sœurs marchaient de-
35　vant, en se donnant le bras. Elles étaient en âge de mariage, et on en faisait montre° en ville. Je me tenais à gauche de ma mère, dont mon père gardait la droite. Et je me rappelle l'air pompeux de mes pauvres parents dans ces promenades du dimanche, la rigidité de leurs traits, la sévérité de leur allure. Ils avançaient d'un pas° grave, le corps droit, les
40　jambes raides,° comme si une affaire d'une importance extrême eût dépendu de leur tenue.°

　　Et chaque dimanche, en voyant entrer les grands navires qui revenaient de pays inconnus et lointains, mon père prononçait invariablement les mêmes paroles:

45　　—Hein! si Jules était là-dedans, quelle surprise!

　　Mon oncle Jules, le frère de mon père, était le seul espoir de la famille, après en avoir été la terreur.

　　J'avais entendu parler de lui depuis mon enfance, et il me semblait que je l'aurais reconnu du premier coup,° tant sa pensée m'était devenue
50　familière. Je savais tous les détails de son existence, jusqu'au jour de son départ pour l'Amérique, bien qu'on ne parlât qu'à voix basse de cette période de sa vie.

　　Il avait eu, paraît-il, une mauvaise conduite, c'est-à-dire qu'il avait mangé quelque argent, ce qui est bien le plus grand des crimes pour les
55　familles pauvres. Chez les riches, un homme qui s'amuse *fait des bêtises.* Il est ce qu'on appelle, en souriant, un noceur.° Chez les nécessiteux,° un garçon qui force les parents à écorner° le capital devient un mauvais sujet, un gueux,° un drôle!

　　Et cette distinction est juste, bien que le fait soit le même, car les
60　conséquences seules déterminent la gravité de l'acte.

　　Enfin, l'oncle Jules avait notablement diminué l'héritage° sur lequel comptait mon père; après avoir d'ailleurs mangé sa part jusqu'au dernier sou.°

　　On l'avait embarqué pour l'Amérique, comme on faisait alors, sur
65　un navire marchand allant du Havre à New-York.

　　Une fois là-bas, mon oncle Jules s'établit marchand de je ne sais quoi, et il écrivit bientôt qu'il gagnait un peu d'argent et qu'il espérait pouvoir dédommager mon père du tort qu'il lui avait fait. Cette lettre causa dans la famille une émotion profonde. Jules, qui ne valait pas, comme on dit,
70　les quatre fers d'un chien,° devint tout à coup un honnête homme, un garçon de cœur, un vrai Davranche,° intègre comme tous les Davranche.

en... le montrait

step

rigides

apparence

du... immédiatement

qui aime le plaisir et la débauche / pauvres / toucher / misérable

inheritance

unité de monnaie

pas... rien

nom de la famille

Un capitaine nous apprit en outre° qu'il avait loué une grande boutique et qu'il faisait un commerce important.
    Une seconde lettre, deux ans plus tard, disait:

75 «Mon cher Philippe, je t'écris pour que tu ne t'inquiètes pas de ma
santé, qui est bonne. Les affaires aussi vont bien. Je pars demain pour
un long voyage dans l'Amérique du Sud. Je serai peut-être plusieurs
années sans te donner de mes nouvelles. Si je ne t'écris pas, ne sois pas
inquiet. Je reviendrai au Havre une fois fortune faite.° J'espère que ce
80 ne sera pas trop long, et nous vivrons heureux ensemble....»
    Cette lettre était devenue l'évangile° de la famille. On la lisait à tout
propos,° on la montrait à tout le monde.
    Pendant dix ans, en effet, l'oncle Jules ne donna plus de nouvelles;
mais l'espoir de mon père grandissait à mesure que le temps marchait;
85 et ma mère aussi disait souvent:
    —Quand ce bon Jules sera là, notre situation changera. En voilà un
qui a su se tirer d'affaire!°
    Et chaque dimanche, en regardant venir de l'horizon les gros vapeurs°
noirs vomissant sur le ciel des serpents de fumée, mon père
90 répétait sa phrase éternelle:
    —Hein! si Jules était là-dedans, quelle surprise!
    Et on s'attendait presque à le voir agiter un mouchoir, et crier:
    —Ohé! Philippe.
    On avait échafaudé° mille projets sur ce retour assuré; on devait
95 même acheter, avec l'argent de l'oncle, une petite maison de campagne
près d'Ingouville.° Je n'affirmerais pas que mon père n'eût point entamé°
déjà des négociations à ce sujet.
    L'aînée de mes sœurs avait alors vingt-huit ans; l'autre vingt-six. Elles
ne se mariaient pas; et c'était là un gros chagrin pour tout le monde.
100   Un prétendant° enfin se présenta pour la seconde. Un employé, pas
riche mais honorable. J'ai toujours eu la conviction que la lettre de l'oncle Jules, montrée un soir, avait terminé les hésitations et emporté la
résolution du jeune homme.
    On l'accepta avec empressement,° et il fut décidé qu'après le mariage
105 toute la famille ferait ensemble un petit voyage à Jersey.
    Jersey est l'idéal du voyage pour les gens pauvres. Ce n'est pas loin;
on passe la mer dans un paquebot° et on est en terre étrangère, cet
îlot appartenant aux Anglais. Donc, un Français, avec deux heures de
navigation, peut s'offrir la vue d'un peuple voisin chez lui et étudier
110 les mœurs, déplorables d'ailleurs, de cette île couverte par le pavillon°
britannique, comme disent les gens qui parlent avec simplicité.
    Ce voyage de Jersey devint notre préoccupation, notre unique at-
tente, notre rêve de tous les instants.

Margin glosses:

en... aussi

une... quand j'aurai fait fortune

gospel

tout... toute occasion

tirer... débrouiller

bateaux à vapeur

construit

communauté riche près du Havre / commencé

homme intéressé

hâte

île anglaise près de la Normandie

grand bateau

drapeau

    On partit enfin. Je vois cela comme si c'était d'hier, le vapeur chauf-
115 fant contre le quai de Granville;° mon père, effaré,° surveillant l'em-
barquement de nos trois colis;° ma mère inquiète ayant pris le bras de
ma sœur non mariée, qui semblait perdue depuis le départ de l'autre,
comme un poulet resté seul de sa couvée;° et, derrière nous, les nouveaux époux qui restaient toujours en arrière, ce qui me faisait souvent
120 tourner la tête.

    Le bâtiment° siffla. Nous voici montés et le navire, quittant la jetée,
s'éloigna sur une mer plate comme une table de marbre° vert. Nous
regardions les côtes s'enfuir, heureux et fiers comme tous ceux qui
voyagent peu.

125   Mon père tendait son ventre sous sa redingote dont on avait, le
matin même, effacé avec soin toutes les taches, et il répandait autour de
lui cette odeur de benzine des jours de sortie, qui me faisait reconnaître
les dimanches.

    Tout à coup, il avisa° deux dames élégantes à qui deux messieurs
130 offraient des huîtres.° Un vieux matelot déguenillé° ouvrait d'un coup
de couteau les coquilles° et les passait aux messieurs, qui les tendaient
ensuite aux dames. Elles mangeaient d'une manière délicate, en tenant
l'écaille° sur un mouchoir fin et en avançant la bouche pour ne point
tacher leurs robes. Puis elles buvaient l'eau d'un petit mouvement rapide
135 et jetaient la coquille à la mer.

    Mon père, sans doute, fut séduit par cet acte distingué de manger
des huîtres sur un navire en marche. Il trouva cela bon genre,° raffiné,
supérieur, et il s'approcha de ma mère et de mes sœurs en demandant:

    —Voulez-vous que je vous offre quelques huîtres?

140   Ma mère hésitait, à cause de la dépense, mais mes deux sœurs accep-
tèrent tout de suite. Ma mère dit, d'un ton contrarié:

    —J'ai peur de me faire mal à l'estomac. Offre ça aux enfants seule-
ment, mais pas trop, tu les rendrais malades.

    Puis, se tournant vers moi, elle ajouta:

145   —Quant à Joseph, il n'en a pas besoin, il ne faut point gâter° les
garçons.

    Je restai donc à côté de ma mère, trouvant injuste cette distinction.
Je suivais de l'œil mon père, qui conduisait pompeusement ses deux
filles et son gendre° vers le vieux matelot déguenillé.

150   Les deux dames venaient de partir, et mon père indiquait à mes
sœurs comment il fallait s'y prendre° pour manger sans laisser couler
l'eau; il voulut même donner l'exemple et il s'empara d'une huître. En
essayant d'imiter les dames, il renversa immédiatement tout le liquide
sur sa redingote et j'entendis ma mère murmurer:

155   —Il ferait mieux de se tenir tranquille.

Margin glosses:

port en Normandie / nerveux / paquets (bagages)

brood

bateau

marble

remarqua

oysters / homme qui travaille sur un bateau / aux vêtements déchirés / *shells* / la coquille

bon... chic

privilégier

beau-fils

s'y... faire

Mais tout à coup mon père me parut inquiet; il s'éloigna de quelques pas, regarda fixement sa famille pressée autour de l'écailleur, et brusquement, il vint vers nous. Il me sembla fort pâle, avec des yeux singuliers. Il dit, à mi-voix à ma mère:

160 —C'est extraordinaire, comme cet homme qui ouvre les huîtres ressemble à Jules.

Ma mère interdite, demanda:

—Quel Jules?...

Mon père reprit:

165 —Mais... mon frère... Si je ne le savais pas en bonne position, en Amérique, je croirais que c'est lui.

Ma mère effarée balbutia:

—Tu es fou! Du moment que tu sais bien que ce n'est pas lui, pourquoi dire ces bêtises-là?

170 Mais mon père insistait:

—Va donc le voir, Clarisse; j'aime mieux que tu t'en assures toi-même, de tes propres yeux.

Elle se leva et alla rejoindre ses filles. Moi aussi, je regardai l'homme. Il était vieux, sale, tout ridé, et ne détournait pas le regard de sa be-
175 sogne.° **sa... son travail**

Ma mère revint. Je m'aperçus qu'elle tremblait. Elle prononça très vite:

—Je crois que c'est lui. Va donc demander des renseignements au capitaine. Surtout sois prudent, pour que ce garnement° ne nous re- **mauvais homme**
180 tombe pas sur les bras, maintenant!

Mon père s'éloigna, mais je le suivis. Je me sentais étrangement ému.° **plein d'émotion**

Le capitaine, un grand monsieur, maigre, à longs favoris,° se pro- **sideburns**
menait sur la passerelle d'un air important, comme s'il eût commandé **la... le pont**
le courrier des Indes. **bateau qui porte le**
185 Mon père l'aborda avec cérémonie, en l'interrogeant sur son métier **courrier aux Indes**
avec accompagnement de compliments:

—Quelle était l'importance de Jersey? Ses productions? Sa population? Ses mœurs? Ses coutumes? La nature du sol, etc., etc.

On eût cru qu'il s'agissait au moins des Etats-Unis d'Amérique.

190 Puis on parla du bâtiment qui nous portait, *l'Express;* puis on en vint à l'équipage.° Mon père, enfin, d'une voix troublée: **crew**

—Vous avez là un vieil écailleur d'huîtres qui paraît bien intéressant. Savez-vous quelques détails sur ce bonhomme?

Le capitaine, que cette conversation finissait par irriter, répondit
195 sèchement:

—C'est un vieux vagabond français que j'ai trouvé en Amérique l'an dernier, et que j'ai rapatrié. Il a, paraît-il, des parents au Havre, mais il

ne veut pas retourner près d'eux, parce qu'il leur doit de l'argent. Il
s'appelle Jules... Jules Darmanche ou Darvanche, quelque chose comme

200   ça, enfin. Il paraît qu'il a été riche un moment là-bas, mais vous voyez
où il en est réduit maintenant.

Mon père qui devenait livide, articula, la gorge serrée, les yeux ha-
gards:

—Ah! ah! très bien... fort bien... Cela ne m'étonne pas. Je vous

205   remercie beaucoup, capitaine.

Et il s'en alla, tandis que le marin le regardait s'éloigner avec stupeur.

Il revint auprès de ma mère, tellement décomposé qu'elle lui dit:

—Assieds-toi; on va s'apercevoir de quelque chose.

Il tomba sur le banc en bégayant:°   prononçant avec diffi-
                                                                          culté

210   —C'est lui, c'est bien lui!

Puis il demanda:

—Qu'allons nous faire?...

Elle répondit vivement:

—Il faut éloigner les enfants. Puisque Joseph sait tout, il va aller les

215   chercher. Il faut prendre garde surtout que notre gendre ne se doute
de° rien.   se... suspecte

Mon père paraissait atterré. Il murmura:

—Quelle catastrophe!

Ma mère ajouta, devenue tout à coup furieuse:

220   —Je me suis toujours doutée que ce voleur° ne ferait rien, et qu'il   robber
nous retomberait sur le dos! Comme si on pouvait attendre quelque
chose d'un Davranche!

Et mon père se passa la main sur le front, comme il faisait sous les
reproches de sa femme.

225   Elle ajouta:

—Donne de l'argent à Joseph pour qu'il aille payer ces huîtres, à
présent. Il ne manquerait plus que d'être reconnus par ce mendiant.°   beggar
Cela ferait un joli effet sur le navire. Allons-nous-en à l'autre bout, et
fais en sorte que cet homme n'approche pas de nous!

230   Elle se leva, et ils s'éloignèrent après m'avoir remis une pièce de cent
sous.

Mes sœurs, surprises, attendaient leur père. J'affirmai que maman
s'était trouvée un peu gênée° par la mer, et je demandai à l'ouvreur   malade
d'huîtres:

235   —Combien est-ce que nous vous devons, monsieur?

J'avais envie de dire: mon oncle.

Il répondit:

—Deux francs cinquante.

Je tendis mes cent sous et il me rendit la monnaie.

240 Je regardais sa main, une pauvre main de matelot toute plissée et je
regardais son visage, un vieux et misérable visage, triste(accablé,)en me
disant:

—C'est mon oncle, le frère de papa, mon oncle! le frère de papa,
mon oncle!

245 Je lui laissai dix sous de pourboire. Il me remercia:

—Dieu vous bénisse, mon jeune monsieur!

Avec l'accent d'un pauvre qui reçoit l'aumône. Je pensai qu'il avait
dû mendier, là-bas!

Mes sœurs me contemplaient, stupéfaites de ma générosité.

250 Quand je remis les deux francs à mon père, ma mère, surprise,
demanda:

—Il y en avait pour trois francs?... Ce n'est pas possible.

Je déclarai d'une voix ferme:

—J'ai donné dix sous de pourboire.

255 Ma mère eut un sursaut° et me regarda dans les yeux: mouvement brusque

—Tu es fou! Donner dix sous à cet homme, à ce gueux!...

Elle s'arrêta sous un regard de mon père, qui désignait son gendre.

Puis on se tut.°   se taire (être silen-
cieux)

Devant nous, à l'horizon, une ombre violette semblait sortir de la
260 mer. C'était Jersey.

Lorsqu'on approcha des jetées, un désir violent me vint au cœur de
voir encore une fois mon oncle Jules, de m'approcher, de lui dire quelque chose de consolant, de tendre.

Mais, comme personne ne mangeait plus d'huîtres, il avait disparu,
265 descendu sans doute au fond de la cale° infecte où logeait ce misérable.   partie inférieure du
bateau / autre port
près de la Nor-
mandie

Et nous sommes revenus par le bateau de Saint-Malo,° pour ne pas
le rencontrer. Ma mère était dévorée d'inquiétude.

Je n'ai jamais revu le frère de mon père!

Voilà pourquoi tu me verras quelquefois donner cent sous aux vaga-
270 bonds.

— *Mon Oncle Jules,* 1884

COMPREHENSION

A. Vrai ou faux? Si c'est faux, corrigez.   *C'est vrai.*

1. Joseph a donné de l'argent à un homme pauvre.   *C'est vrai.*

2. La famille de Joseph habitait au Havre.   *C'est vrai.*

3. Sa famille était assez riche pendant son enfance.   *C'est faux.*

4. Joseph avait trois sœurs.   *C'est faux.*

5. Le dimanche, la famille mettait ses plus beaux vêtements pour aller se promener en ville.   *C'est faux.*

6. Quand il était jeune homme, l'oncle Jules a dépensé beaucoup d'argent.   *C'est vrai.*

7. Jules a écrit d'Argentine pour dire qu'il était devenu riche.   *C'est faux.*

8. La famille a fait un voyage à Jersey pour fêter le mariage de la fille aînée.   *C'est faux.*

9. Joseph a mangé des huîtres sur le paquebot.   *C'est faux.*

10. Jules a reconnu son frère sur le paquebot.   *C'est vrai.*

B. Répondez d'après le conte.

1. La mère de Joseph critiquait souvent son mari, qui ne gagnait pas beaucoup d'argent. Quelle était la réaction de son mari? et celle de Joseph?

2. Comment voyons-nous que Joseph avait eu une enfance pauvre?

3. Décrivez les vêtements que le père portait le dimanche.

4. Décrivez l'attitude de la mère de Joseph envers l'oncle Jules avant et après sa première lettre d'Amérique. Pourquoi avait-elle changé d'avis?

5. Expliquez les avantages d'un voyage à Jersey pour les gens de modeste condition.

6. Quels renseignements le capitaine donne-t-il sur Jules?

7. Pourquoi Joseph donne-t-il un pourboire au vendeur d'huîtres?

8. Pourquoi la famille de Joseph est-elle revenue par le bateau de Saint-Malo?

PERCEPTIONS

1. Expliquez l'importance de la tenue du dimanche pour la famille. Selon vous, pourquoi une famille pauvre accorderait-elle autant d'importance aux vêtements du dimanche? Est-ce que votre famille avait une «cérémonie» semblable à celle qui est décrite ici?

2. La famille Davranche avait un rêve qui reposait sur «l'oncle d'Amérique». Quel était ce rêve? Etes-vous conscient(e) d'un tel rêve dans votre famille ou dans une famille que vous connaissez? Expliquez.

3. Clarisse ne veut pas que Jules les reconnaisse. Pourquoi? Que pensez-vous de sa réaction?

4. Maupassant montre beaucoup de victimes dans ses contes. Dans quel sens les personnes suivantes sont-elles des «victimes»?
   a. Jules
   b. Clarisse et Philippe
   c. Joseph

5. Maupassant est considéré comme un écrivain naturaliste. Cela veut dire, en partie, qu'il voit sa création fictive comme une expérience scientifique. Il étudie de très près les gens et peint les émotions qui changent les situations ordinaires en des moments extraordinaires. On le considère pessimiste et cynique. Etes-vous d'accord? Appliquez ces jugements au conte que vous venez de lire.

George Sand
(1804–1876)

Aurore Dupin appartenait à l'aristocratie par son père et au peuple par sa mère. Marquée par cette hérédité contrastée, elle a reçu une éducation analytique et «philosophique» (selon les philosophes du 18ᵉ siècle), mais aussi un goût de la simplicité et des choses du cœur. Elle a passé sa jeunesse à la campagne et n'a pas tardé à scandaliser les gens par son originalité et surtout ses manières de s'habiller en homme.

A 18 ans, elle épouse le Baron Dudevant, dont elle aura deux enfants, mais cette union ne dure guère. Indifférente au scandale, Aurore commence alors à mener une vie très libre. Les hommes se succèdent dans sa vie. Pendant sa liaison avec Jules Sandeau, un écrivain, elle prend le pseudonyme de George Sand (abréviation de Sandeau, avec un prénom d'homme pour défier les misogynes). Sous ce pseudonyme elle publie son premier roman, *Indiana*, en 1832, puis *Lélia* en 1833. Avec un lyrisme romantique, elle plaide pour la libération affective des femmes, fait scandale mais obtient un grand succès. Après une liaison tumultueuse avec le poète Alfred de Musset, elle devient l'amie de Franz Liszt et la maîtresse de Frédéric Chopin.

Dans les années 40, période d'activité politique intense, George Sand exprime ses sentiments démocratiques dans plusieurs romans sur la vie des paysans du Berry, la région (au sud de la Loire) où elle a grandi. *La Mare au diable, La Petite Fadette* et *François le Champi* sont restés les plus célèbres.

Désillusionnée par le coup d'état de Napoléon III, assagie[1] aussi par l'âge, dans les années 50 elle se retire dans sa campagne natale où elle met en pratique, par ses œuvres charitables, son idéal humanitaire. Elle se lie d'amitié avec Flaubert, qui vient souvent lui rendre visite et qui, à sa mort en 1876, lui rendra l'hommage suivant: «Il fallait la connaître comme je l'ai connue pour savoir tout ce qu'il y avait de féminin dans ce grand homme, l'immensité de tendresse qui se trouvait dans ce génie.»

---

1. devenue plus sage

✦ François le Champi

PREPARATION

This novel by George Sand presents eleven years in the life of François le Champi. «Champi» is defined by Sand as «l'enfant abandonné dans les champs». We meet Madeleine Blanchet and her family and see how their life in a small village changes once François arrives there.

In Chapter 1 of the novel, which follows, you will learn a lot about François. It is often useful in a first reading to identify characteristics of a central figure. As you read here, underline passages that give you these details and then complete the following chart.

Traits physiques	*Traits de personnalité*
1. bel	1. niais
2.	2. serviable
3.	3. pas malin
4.	4.
etc.	

✦ FRANÇOIS LE CHAMPI [extrait]

Un matin que Madeleine Blanchet, la jeune meunière° du Cormouer,° s'en allait au bout de son pré pour laver à la fontaine, elle trouva un petit enfant assis devant sa planchette,° et jouant avec la paille° qui sert de coussinet° aux genoux des lavandières.° Madeleine Blanchet, ayant
5   avisé° cet enfant, fut étonnée de ne pas le connaître, car il n'y a pas de route bien achalandée° de passants de ce côté-là, et on n'y rencontre que des gens de l'endroit.

　　—Qui es-tu, mon enfant? dit-elle au petit garçon, qui la regardait d'un air de confiance, mais qui ne parut pas comprendre sa question.
10   Comment t'appelles-tu? reprit Madeleine Blanchet en le faisant asseoir à côté d'elle et en s'agenouillant pour laver.

　　—François, répondit l'enfant.

　　—François qui?

　　—Qui? dit l'enfant d'un air simple.
15   —A qui es-tu fils?

　　—Je ne sais pas, allez!

　　—Tu ne sais pas le nom de ton père!

　　—Je n'en ai pas.

　　—Il est donc mort?

miller / petit village du Berry (au centre de la France) / washboard / straw / petit coussin / femmes qui lavent le linge / vu

fréquentée

20   —Je ne sais pas.

—Et ta mère?

—Elle est par là, dit l'enfant en montrant une maisonnette° fort   petite maison
pauvre qui était à deux portées de fusil° du moulin° et dont on voyait   à... tout près / *mill*
le chaume° à travers les saules.°   *thatch* / arbres

25   —Ah! je sais, reprit Madeleine, c'est la femme qui est venue demeurer ici, qui est emménagée° d'hier soir?   arrivée

—Oui, répondit l'enfant.

—Et vous demeuriez à Mers!°   village voisin

—Je ne sais pas.

30   —Tu es un garçon peu savant. Sait-tu le nom de ta mère, au moins?

—Oui, c'est la Zabelle.

—Isabelle qui? tu ne lui connais pas d'autre nom?

—Ma foi non, allez![...]

Madeleine le regarda encore; c'était un bel enfant, il avait des yeux
35 magnifiques. C'est dommage, pensa-t-elle, qu'il ait l'air si niais.° Quel   stupide
âge as-tu? reprit-elle. Peut-être que tu ne le sais pas non plus.

La vérité est qu'il n'en savait pas plus long là-dessus que sur le reste.
Il fit ce qu'il put pour répondre, honteux peut-être de ce que la meunière lui reprochait d'être si borné,° et il accoucha de cette belle repar-   bête
40 tie:° — Deux ans!   **accoucha...** répondit

—Oui-da!° reprit Madeleine[...] Tu as au moins six ans pour la taille,   C'est sûr!
mais tu n'as pas deux ans pour le raisonnement.

—Peut-être bien! répliqua François. Puis, faisant un autre effort sur
lui-même, comme pour secouer l'engourdissement° de sa pauvre âme,   le manque de vie
45 il dit:—Vous demandiez comment je m'appelle? On m'appelle François
le Champi.

—Ah! ah! je comprends, dit Madeleine en tournant vers lui un œil
de compassion; et Madeleine ne s'étonna plus de voir ce bel enfant si
malpropre, si déguenillé° et si abandonné à l'hébétement° de son âge.   mal habillé / la stu-
50   —Tu n'es guère couvert, lui dit-elle, et le temps n'est pas chaud. Je   pidité
gage° que tu as froid?   parie (*bet*)

—Je ne sais pas, répondit le pauvre champi, qui était si habitué à
souffrir qu'il ne s'en apercevait plus.

Madeleine soupira. Elle pensa à son petit Jeannie qui n'avait qu'un
55 an et qui dormait bien chaudement dans son berceau, gardé par sa
grand-mère, pendant que ce pauvre champi grelottait° tout seul au bord   tremblait de froid
de la fontaine.

Madeleine, qui avait le cœur très charitable, prit le bras de l'enfant
et le trouva chaud, quoiqu'il eût par instants le frisson° et que sa jolie   *shiver*
60 figure fût très pâle.

—Tu as la fièvre? lui dit-elle.

—Je ne sais pas, allez! répondit l'enfant, qui l'avait toujours.

Madeleine Blanchet détacha le chéret° de laine qui lui couvrait les
épaules et en enveloppa le champi qui se laissa faire, et ne témoigna° ni
65 étonnement ni contentement. Elle ôta° toute la paille qu'elle avait sous
ses genoux et lui en fit un lit où il ne chôma pas de° s'endormir[...]

Quand tout fut lavé, le linge mouillé était devenu plus lourd de
moitié, et elle ne put emporter le tout. Elle laissa son battoir° et une
partie de sa provision au bord de l'eau, se promettant de réveiller le
70 champi lorsqu'elle reviendrait de la maison, où elle porta de suite° tout
ce qu'elle put prendre avec elle. Madeleine Blanchet n'était ni grande
ni forte. C'était une très jolie femme, d'un fier courage, et renommée
pour sa douceur et son bon sens.

Quand elle ouvrit la porte de sa maison, elle entendit[...] un bruit de
75 sabots° qui courait après elle, et, en se virant,° elle vit le champi qui
l'avait rattrapée et qui lui apportait son battoir, son savon, le reste de
son linge et son chéret de laine.

—Oh! oh! dit-elle en lui mettant la main sur l'épaule, tu n'es pas si
bête que je croyais, toi, car tu es serviable,° et celui qui a bon cœur n'est
80 jamais sot.° Entre, mon enfant, viens te reposer[...]

«Tenez, mère, dit-elle à la vieille meunière qui lui présentait son
enfant bien frais et tout souriant, voilà un pauvre champi qui a l'air
malade. Vous qui vous connaissez à la fièvre, il faudrait tâcher° de le
guérir.

85 —Ah! c'est la fièvre de misère! répondit la vieille en regardant François; ça se guérirait avec de la bonne soupe; mais ça n'en a pas. C'est le
champi à cette femme qui a emménagé d'hier. C'est la locataire° à ton
homme,° Madeleine. Ça paraît bien malheureux, et je crains que ça ne
paie pas souvent.

90 Madeleine ne répondit rien. Elle savait que sa belle-mère et son mari
avaient peu de pitié, et qu'ils aimaient l'argent plus que le prochain.°
Elle allaita° son enfant, et quand la vieille fut sortie pour aller chercher
ses oies,° elle prit François par la main, Jeannie sur son autre bras, et
s'en fut avec eux chez la Zabelle.

95 La Zabelle, qui se nommait en effet Isabelle Bigot, était une vieille
fille° de cinquante ans, aussi bonne qu'on peut l'être pour les autres
quand on n'a rien à soi et qu'il faut toujours trembler pour sa pauvre
vie. Elle avait pris François, au sortir de nourrice,° d'une femme qui
était morte à ce moment-là, et elle l'avait élevé depuis, pour avoir tous les
100 mois quelques pièces d'argent[...] et pour faire de lui son petit serviteur.

Madeleine causa avec la Zabelle, et vit bientôt que ce n'était pas une

grand châle (*shawl*)
montra
prit
chôma... mit pas longtemps à

instrument de bois
pour battre le linge

d'abord

chaussures en bois /
tournant

disposé à rendre ser-
vice / stupide

essayer

personne qui loue une
maison / mari

le... les gens
donna du lait à
geese

vieille... femme qui ne
s'est jamais mariée

au... quand il était
bébé

mauvaise femme, qu'elle ferait en conscience tout son possible pour
payer, et qu'elle ne manquait pas d'affection pour son champi. Mais elle
avait pris l'habitude de le voir souffrir en souffrant elle-même, et la
105 compassion que la riche meunière témoignait à ce pauvre enfant lui
causa d'abord plus d'étonnement que de plaisir.

Enfin, quand[...] elle comprit que Madeleine ne venait pas pour lui
demander, mais pour lui rendre service, elle prit confiance, lui conta
longuement toute son histoire, qui ressemblait à celle de tous les malheu-
110 reux, et lui fit grand remerciement de son intérêt. Madeleine l'avertit
qu'elle ferait tout son possible pour la secourir; mais elle la pria de n'en
jamais parler à personne, avouant qu'elle ne pourrait l'assister qu'en
cachette,° et qu'elle n'était pas sa maîtresse à la maison.   secret

Elle commença par laisser à la Zabelle son chéret de laine, en lui
115 faisant donner promesse de le couper dès le même soir pour en faire
un habillement au champi, et de n'en pas montrer les morceaux avant
qu'il fût cousu.° Elle vit bien que la Zabelle s'y engageait à contre-cœur,°   *sewn* / **à...** contre sa vo-
et qu'elle trouvait le chéret bien bon et bien utile pour elle-même. Elle   lonté
fut obligée de lui dire qu'elle l'abandonnerait si, dans trois jours, elle ne
120 voyait pas le champi chaudement vêtu.—Croyez-vous donc, ajouta-
t-elle, que ma belle-mère, qui a l'œil à tout, ne reconnaîtrait pas mon
chéret sur vos épaules? Vous voudriez donc me faire avoir des ennuis?°   difficultés
Comptez que je vous assisterai autrement encore, si vous êtes un peu
secrète dans ces choses-là. Et puis, écoutez: votre champi a la fièvre, et,
125 si vous ne le soignez pas bien, il mourra.

—Croyez-vous? dit la Zabelle; ça serait une peine pour moi, car cet
enfant-là, voyez-vous, est d'un cœur comme on n'en trouve guère; ça
ne se plaint jamais, et c'est aussi soumis qu'un enfant de famille; c'est
tout le contraire des autres champis[...] qui ont toujours l'esprit tourné
130 à la malice.

—Parce qu'on les rebute° et parce qu'on les maltraite. Si celui-là est   rejette
bon, c'est que vous êtes bonne pour lui, soyez-en assurée.

—C'est la vérité, reprit la Zabelle; les enfants ont plus de connaissance qu'on ne croit. Tenez, celui-là n'est pas malin,° et pourtant il sait   intelligent
135 très bien se rendre utile. Une fois que j'étais malade, l'an passé (il n'avait
que cinq ans), il m'a soignée comme ferait une personne.

—Ecoutez, dit la meunière: vous me l'enverrez tous les matins et
tous les soirs, à l'heure où je donnerai la soupe à mon petit. J'en ferai
trop, et il mangera le reste; on n'y prendra pas garde.°   **on...** personne ne re-
140 —C'est juste, répondit la Zabelle. Je vois que vous êtes une femme   marquera
d'esprit, et j'ai du bonheur d'être venue ici. On m'avait fait grand'peur
de votre mari qui passe pour être un rude homme, et si j'avais pu trouver ailleurs, je n'aurais pas pris sa maison, d'autant plus qu'elle est mau-

vaise, et qu'il en demande beaucoup d'argent. Mais je vois que vous êtes
145 bonne au pauvre monde,° et que vous m'aiderez à élever mon champi.
Ah! si la soupe pouvait lui couper sa fièvre! Il ne me manquerait plus
que° de perdre cet enfant-là! C'est un pauvre profit, et tout ce que je
reçois de l'hospice° passe à son entretien.° Mais je l'aime comme mon
enfant, parce que je vois qu'il est bon, et qu'il m'assistera plus tard.
150 Savez-vous qu'il est beau pour son âge, et qu'il sera de bonne heure en
état de travailler?

> **au...** envers les pauvres
>
> **Il...** Ça serait terrible
> la charité / **son...** sa
> subsistance

C'est ainsi que François le Champi fut élevé par les soins et le bon
cœur de Madeleine la meunière. Il retrouva la santé très vite, car il était
bâti, comme on dit chez nous, à chaux et à sable,° et il n'y avait point
155 de richard° dans le pays qui n'eût souhaité d'avoir un fils aussi joli de
figure et aussi bien construit de ses membres. Avec cela, il était courageux comme un homme; il allait à la rivière comme un poisson, et
plongeait jusque sous la pelle° du moulin, ne craignant pas plus l'eau
que le feu; il sautait sur les poulains° les plus folâtres° et les conduisait
160 au pré sans même leur passer une corde autour du nez[...]. Et ce qu'il
y avait de singulier, c'est qu'il faisait tout cela d'une manière fort tranquille, sans embarras, sans rien dire, et sans quitter son air simple et un
peu endormi.

> **était...** avait une
> bonne constitution /
> homme riche
>
> roue
>
> jeunes chevaux / fous

Cet air-là était cause qu'il passait pour sot;° mais il n'en est pas moins
165 vrai que s'il fallait[...] retrouver une vache perdue bien loin de la maison,
ou encore abattre une grive° d'un coup de pierre, il n'y avait pas d'enfant
plus hardi,° plus adroit° et plus sûr de son fait.°

> **cause...** la raison pour
> laquelle on le croyait
> stupide / **abattre...**
> tuer un oiseau /
> courageux / capa-
> ble / **son...** lui-même

Tout alla bien pendant deux ans. La Zabelle se trouva le moyen
d'acheter quelques bêtes, on ne sut trop comment. Elle rendit beaucoup
170 de petits services au moulin, et obtint que maître Cadet Blanchet le
meunier fît réparer un petit le toit de sa maison qui faisait° l'eau de tous
côtés. Elle put s'habiller un peu mieux, ainsi que son champi, et elle
parut peu à peu moins misérable que quand elle était arrivée. La belle-
mère de Madeleine fit bien quelques réflexions assez dures sur la perte
175 de quelques effets° et sur la quantité de pain qui se mangeait à la maison.
Une fois même, Madeleine fut obligée de s'accuser pour ne pas laisser
soupçonner la Zabelle; mais, contre l'attente de la belle-mère, Cadet
Blanchet ne se fâcha presque point, et parut même vouloir fermer les
yeux.

> prenait
>
> vêtements

180 Le secret de cette complaisance, c'est que Cadet Blanchet était encore
très amoureux de sa femme. Madeleine était jolie et nullement coquette,
on lui en faisait compliment en tous endroits, et ses affaires allaient fort
bien d'ailleurs; comme il était de ces hommes qui ne sont méchants que
par crainte d'être malheureux, il avait pour Madeleine plus d'égards°
185 qu'on ne l'en aurait cru capable. Cela causait un peu de jalousie à la mère

> attentions

Blanchet, et elle s'en vengeait par de petites tracasseries° que Madeleine   attaques
supportait en silence et sans jamais s'en plaindre à son mari.

C'était bien la meilleure manière de les faire finir plus vite, et jamais
on ne vit à cet égard de femme plus patiente et plus raisonnable que
190 Madeleine. Mais on dit chez nous que le profit de la bonté est plus vite   est... dure moins
usé° que celui de la malice, et un jour vint où Madeleine fut questionnée   longtemps / répri-
et tancée° tout de bon° pour ses charités.   mandée / tout... véri-
          tablement / été
C'était une année où les blés avaient grêlé° où la rivière, en débor-   détruits par la grêle
dant, avait gâté° les foins. Cadet Blanchet n'était pas de bonne humeur.   (*hail*) / endommagé /
195 Un jour qu'il revenait du marché avec un sien confrère° qui venait d'é-   sien... autre meunier
pouser une fort belle fille, ce dernier lui dit: —Au reste, tu n'as pas été
à plaindre non plus, *dans ton temps*, car ta Madelon était aussi une fille
très agréable.

—Qu'est-ce que tu veux dire avec *mon temps* et ta *Madelon était?*
200 Dirait-on pas que nous sommes vieux elle et moi? Madeleine n'a encore
que vingt ans et je ne sache° pas qu'elle soit devenue laide.   crois

—Non, non, je ne dis pas ça, reprit l'autre. Certainement Madeleine
est encore bien; mais... Est-ce qu'elle est malade, cette pauvre Madelon?

—Pas que je sache. Pourquoi donc me demandes-tu ça?
205 —Dame!° je ne sais pas. Je lui trouve un air triste comme quelqu'un   Eh bien!
qui souffrirait ou qui aurait de l'ennui. Ah! les femmes, ça n'a qu'un
moment, c'est comme la vigne en fleur. Il faut que je m'attende aussi à
voir la mienne prendre une mine allongée° et un air sérieux. Voilà   une... un visage long
comme nous sommes, nous autres! Tant que nos femmes nous donnent
210 de la jalousie, nous en sommes amoureux. Ça nous fâche, nous crions,
nous battons même quelquefois; ça les chagrine,° elles pleurent; elles   rend tristes
restent à la maison, elles nous craignent, elles s'ennuient, elles ne nous
aiment plus. Nous voilà bien contents, nous sommes les maîtres!... Mais
voilà aussi qu'un beau matin nous nous avisons° que si personne n'a plus   disons
215 envie de notre femme, c'est parce qu'elle est devenue laide, et alors,
voyez le sort! nous ne les aimons plus et nous avons envie de celles des
autres... Bonsoir, Cadet Blanchet; tu as embrassé ma femme un peu
trop fort à ce soir; je l'ai bien vu et je n'ai rien dit. C'est pour te dire à
présent que nous n'en serons pas moins bons amis et que je tâcherai de
220 ne pas la rendre triste comme la tienne, parce que je me connais: si je
suis jaloux, je serai méchant, et quand je n'aurai plus sujet° d'être jaloux,   de raison
je serai peut-être encore pire.

Une bonne leçon profite à un bon esprit; mais Cadet Blanchet,
quoique intelligent et actif, avait trop d'orgueil pour avoir une bonne
225 tête. Il rentra l'œil rouge et l'épaule haute. Il regarda Madeleine comme
s'il ne l'avait pas vue depuis longtemps. Il s'aperçut qu'elle était pâle et
changée. Il lui demanda si elle était malade, d'un ton si rude, qu'elle

devint encore plus pâle et répondit qu'elle se portait bien, d'une voix
très faible. Il s'en fâcha, Dieu sait pourquoi, et se mit à table avec l'envie
230 de chercher querelle à quelqu'un. L'occasion ne se fit pas longtemps
attendre. On parla de la cherté° du blé, et la mère Blanchet remarqua,   **de...** du prix
comme elle le faisait tous les soirs, qu'on mangeait trop de pain. Madeleine ne dit mot. Cadet Blanchet voulut la rendre responsable du gaspil-
lage.° La vieille déclara qu'elle avait surpris, le matin même, le champi   **du...** de la consomma-
235 emportant une demi-tourte°... Madeleine aurait dû se fâcher et leur   tion excessive / grand
tenir tête, mais elle ne sut que pleurer. Blanchet pensa à ce que lui avait   pain rond
dit son compère et n'en fut que plus acrêté;° si bien que, de ce jour-là,   irrité
expliquez comment cela se fit, si vous pouvez, il n'aima plus sa femme
et la rendit malheureuse.

— *François le Champi*, 1847–1848

COMPREHENSION

Vrai ou faux? Si c'est faux, corrigez.

1. Le mari de Madeleine est le meunier du Cormouer.

2. La mère du meunier aime bien sa belle-fille.

3. Madelon est le sobriquet (*nickname*) de l'enfant de la meunière.

4. Isabelle Bigot est la mère adoptive de François.

5. Jeannie a un an.

6. «La Zabelle» est la locataire du meunier.

7. Jeannie gagne sa vie avec ses moutons.

8. Isabelle aurait préféré garder le chéret de laine pour elle-même
   plutôt que d'en faire un vêtement pour François.

9. Au commencement du chapitre Cadet Blanchet n'aime pas sa
   femme.

10. L'ami de Cadet Blanchet dit que Madeleine Blanchet a changé.

PERCEPTIONS

1. Il y a deux enfants dans ce récit: François et Jeannie. Vous avez déjà noté certaines caractéristiques de François. Notez à présent les traits de Jeannie. Qu'est-ce que la juxtaposition des deux nous apprend sur la situation de François?

2. Quelles sont les circonstances de l'adoption de François? Quelle sorte de mère Isabelle est-elle? Quels sont les effets de la pauvreté sur Isabelle et François?

3. Sand nous présente dans la maison Blanchet trois personnes (Madeleine, Cadet Blanchet, la mère Blanchet) qui vivent ensemble dans une atmosphère tendue.
   a. Expliquez pourquoi.
   b. Comparez leur situation à celle de *La Farce du cuvier* (p. 22).
   c. Ces difficultés sont-elles typiques quand deux ou trois générations habitent ensemble? Expliquez votre point de vue.

4. La conversation entre Cadet Blanchet et son ami crée un changement dans sa relation avec sa femme. Que pensez-vous de la psychologie utilisée par l'ami? Comment auriez-vous réagi à ce genre de suggestion?

5. La prose de Sand contient plusieurs maximes. Pour chacune: identifiez qui la dit et la personne que la maxime décrit, résumez l'idée centrale de la maxime, et donnez votre opinion de «la vérité» contenue dans la maxime.

   a. (p. 157) «Celui qui a bon cœur n'est jamais sot.»
   b. (p. 160) «Le profit de la bonté est plus vite usé que celui de la malice.»
   c. (p. 160) «Tant que nos femmes nous donnent de la jalousie, nous en sommes amoureux...»
   d. (p. 160) «Une bonne leçon profite à un bon esprit.»

Edmond Rostand
(1868–1918)

Né à Marseille dans une famille de riches commerçants, Edmond Rostand va garder toute sa vie l'exubérance méridionale.[1] Après ses études secondaires, il décide d'être écrivain. Auteur de nombreux poèmes, essais et pièces de théâtre, Rostand connaîtra deux fois le triomphe: en 1897 avec *Cyrano de Bergerac* et en 1900 avec *L'Aiglon,* une pièce sur le fils maladif de Napoléon Bonaparte. Pourquoi ce succès? Le romantisme au théâtre semblait condamné depuis 50 ans, mais en voici une surprenante résurrection. Avec «panache», Rostand mélange les larmes et le rire, le sublime et le grotesque. Les excès sont présents bien sûr, mais l'enthousiasme communicatif et la virtuosité verbale de l'auteur les font oublier.

Qui est ce Cyrano dont le nom est devenu légendaire et qui incarne pour certains l'esprit national français? C'est un jeune homme intelligent et sincère, romantique et cultivé, vaillant et brillant. Son charme, cependant, souffre d'une affliction regrettable: un grand nez, un très grand nez. Il aime en secret sa cousine Roxane, mais celle-ci aime le beau Christian. Magnanime, Cyrano souffle à Christian les mots d'amour (douloureusement personnels) qui mènent au mariage de Christian et de Roxane. Quand Christian part à la guerre, c'est Cyrano qui écrit à Roxane les lettres d'amour qu'elle croit recevoir de son mari. Puis Christian est mortellement blessé. Inconsolable, Roxane se retire dans un couvent. Pendant 14 ans, Cyrano vient la voir régulièrement. Juste avant de mourir assassiné, il lui révèle son secret. Roxane comprend alors qu'elle a aimé l'âme de Cyrano à travers la beauté de Christian.

1. des gens du Sud

✦ Cyrano de Bergerac

PREPARATION

You are about to read part of a scene in Rostand's play *Cyrano de Bergerac* where Cyrano challenges other men to criticize his nose, which is very large. In so doing, he describes his nose in a number of witty, stylized ways. As preparation for this reading, think for a moment about your own nose. First, list as many pertinent adjectives as possible to describe it. Then write a paragraph about your nose that you will be able to share with classmates. (Don't hesitate to exaggerate, and to compare your nose to other people's and to objects around you.)

✦ CYRANO DE BERGERAC [scène]

CYRANO: —Ou dites-moi pourquoi vous regardez mon nez.

LE FACHEUX (*ahuri*): Je...

CYRANO (*marchant sur lui*):

       Qu'a-t-il d'étonnant?

LE FACHEUX (*reculant*):

              Votre Grâce se trompe...

5 CYRANO: Est-il mol° et ballant,° monsieur, comme une trompe°...   mou / *dangling* / (voir «trompe d'un éléphant»)

LE FACHEUX (*même jeu*):

   Je n'ai pas...

CYRANO: Ou crochu° comme un bec de hibou?°   *hooked* / oiseau nocturne

LE FACHEUX: Je...

CYRANO: Y distingue-t-on une verrue° au bout?   *wart*

10 LE FACHEUX: Mais...

CYRANO: Ou si quelque mouche,° à pas lents, s'y promène?   insecte

   Qu'a-t-il d'hétéroclite?°   bizarre

LE FACHEUX: Oh!...

CYRANO: Est-ce un phénomène?

15 LE FACHEUX: Mais d'y porter les yeux j'avais su me garder!

CYRANO: Et pourquoi, s'il vous plaît, ne pas le regarder?

LE FACHEUX: J'avais...

CYRANO: Il vous dégoûte alors?

LE FACHEUX: Monsieur...

20 CYRANO: Malsaine°   malade
   Vous semble sa couleur?

   LE FACHEUX: Monsieur!

   CYRANO: Sa forme, obscène?

   LE FACHEUX: Mais pas du tout!...

25 CYRANO: Pourquoi donc prendre un air dénigrant?
   —Peut-être que monsieur le trouve un peu trop grand?

   LE FACHEUX: (*balbutiant*): Je le trouve petit, tout petit, minuscule!

   CYRANO: Hein? Comment? m'accuser d'un pareil ridicule?
   Petit, mon nez? Holà!

30 LE FACHEUX: Ciel!

   CYRANO: Énorme, mon nez!
   —Vil° camus,° sot camard,° tête plate, apprenez   abject / autres mots
   Que je m'enorgueillis° d'un pareil appendice,   pour le nez / m'...
   Attendu° qu'un grand nez est proprement l'indice°   suis fier / vu / indi-
                                                             cation
35 D'un homme affable, bon, courtois, spirituel,
   Libéral, courageux, tel que je suis, et tel
   Qu'il vous est interdit à jamais de vous croire,
   Déplorable maraud!° car la face° sans gloire   *rascal* / figure
   Que va chercher ma main en haut de votre col,°   cou
40 Est aussi dénuée°...   *lacking*°

   Il le soufflette.°   *slaps*

   LE FACHEUX: Ay!

   CYRANO: De fierté, d'envol,°   mouvement
   De lyrisme, de pittoresque, d'étincelle,
   De somptuosité, de Nez enfin, que celle...

   Il le retourne par les épaules, joignant le geste° à la parole.   (Il lui donne un coup
                                                                        de pied au derrière.)
45 Que va chercher ma botte au bas de votre dos!

   LE FACHEUX (*se sauvant*): Au secours! A la garde!

   CYRANO: Avis donc aux badauds°   observateurs
   Qui trouveraient plaisant mon milieu de visage,
   Et si le plaisantin° est noble, mon usage°   celui qui plaisante /
                                                             habitude
50 Est de lui mettre, avant de le laisser s'enfuir,
   Par-devant, et plus haut, du fer,° et non du cuir!°   référence à son épée
                                                             (*sword*) / réf. à sa
   DE GUICHE (*qui est descendu de la scène, avec les marquis*):   botte ou chaussure
   Mais, à la fin, il nous ennuie!

   LE VICOMTE DE VALVERT (*haussant les épaules*):
                              Il fanfaronne!°   exagère

DE GUICHE: Personne ne va donc lui répondre?

55 LE VICOMTE: Personne?...

    Attendez! Je vais lui lancer un de ces traits!°...   **un...** une attaque

Il s'avance vers CYRANO *qui l'observe, et se campant devant lui d'un air fat.°*   vaniteux

    Vous... vous avez un nez... heu... un nez... très grand.

    CYRANO (*gravement*): Très.

    LE VICOMTE (*riant*): Ha!

60 CYRANO (*imperturbable*): C'est tout?...

    LE VICOMTE: Mais...

    CYRANO: Ah! non! c'est un peu court, jeune homme!
      On pouvait dire... Oh! Dieu!.... bien des choses en somme°....   résumé
      En variant le ton, —par exemple, tenez:
65   Agressif: «Moi, monsieur, si j'avais un tel nez,
      Il faudrait sur-le-champ° que je me l'amputasse°!»   **sur...** tout de suite /
      Amical: «Mais il doit tremper° dans votre tasse!   (verbe «amputer») /
      Pour boire, faites-vous fabriquer un hanap!»°   plonger / grand
      Descriptif: «C'est un roc! c'est un pic!° c'est un cap!   vase / une montagne
70   Que dis-je, c'est un cap?... C'est une péninsule!»
      Curieux: «De quoi sert cette oblongue capsule?
      D'écritoire,° monsieur, ou de boîte à ciseaux?»°   table pour écrire /
      Gracieux: «Aimez-vous à ce point les oiseaux   *scissors*
      Que paternellement vous vous préoccupâtes°   préoccupiez
75   De tendre ce perchoir° à leurs petites pattes?»°   *perch* / pieds
      Truculent: «Çà, monsieur, lorsque vous pétunez,°   fumez
      La vapeur du tabac vous sort-elle du nez
      Sans qu'un voisin ne crie au feu de cheminée?»
      Prévenant:° «Gardez-vous, votre tête entraînée   obligeant
80   Par ce poids, de tomber en avant sur le sol!»°   plancher
      Tendre: «Faites-lui faire un petit parasol
      De peur que sa couleur au soleil ne se fane!»°   décolore
      Pédant: «L'animal seul, monsieur, qu'Aristophane°   poète de l'antiquité
      Appelle Hippocampelephantocamélos°   grecque / combinai-
85   Dut avoir sous le front tant de chair sur tant d'os!»   son de hippocampe
      Cavalier:° «Quoi, l'ami, ce croc° est à la mode?   (*sea horse*), éléphant
      Pour pendre son chapeau, c'est vraiment très commode!»   et camélos (*camel*) /
      Emphatique: «Aucun vent ne peut, nez magistral,   brusque / *hook*
      T'enrhumer tout entier, excepté le mistral!»°
90   Dramatique: «C'est la mer Rouge quand il saigne!»°   vent violent dans le
      Admiratif: «Pour un parfumeur, quelle enseigne!»°   sud-est de la France /
      Lyrique: «Est-ce une conque,° êtes-vous un triton?»°   *bleeds* / publicité

                                                           coquilles de mer en
                                                       forme de trompe

Naïf: «Ce monument, quand le visite-t-on?»
Respectueux: «Souffrez, monsieur, qu'on vous salue,
95 C'est là ce qui s'appelle avoir pignon sur rue!»°
Campagnard: «Hé, ardé! C'est-y un nez? Nanain!
C'est queuqu'navet géant ou ben queuqu'melon nain!»°
Militaire: «Pointez contre cavalerie!»
Pratique: «Voulez-vous le mettre en loterie?
100 Assurément, monsieur, ce sera le gros lot!»°
Enfin, parodiant Pyrame° en un sanglot:
«Le voilà donc ce nez qui des traits de son maître
A détruit l'harmonie! Il en rougit, le traître!»
—Voilà ce qu'à peu près, mon cher, vous m'auriez dit
105 Si vous aviez un peu de lettres et d'esprit:
Mais d'esprit, ô le plus lamentable des êtres,
Vous n'en eûtes jamais un atome, et de lettres
Vous n'avez que les trois qui forment le mot: sot!

— *Cyrano de Bergerac*, 1897

pignon... une maison avec façade sur la rue / **He...** Voyons! Est-ce un nez? Non! C'est un navet (*turnip*) géant ou un petit melon! / **gros...** premier prix / héros d'une tragédie du 17ᵉ siècle

COMPREHENSION

1. Identifiez les comparaisons du nez de Cyrano à deux animaux.

2. Détectez les mensonges du Fâcheux.

3. De quoi un grand nez est-il l'indice d'après Cyrano?

4. Décrivez la figure du Fâcheux telle que la décrit Cyrano.

5. Comment Cyrano décrit-il la façon dont il frappe le Fâcheux? Notez le parallélisme.

6. Quel genre de punition Cyrano donnerait-il à celui (un badaud ou un plaisantin) qui oserait se moquer de son nez?

7. Soulignez dans le texte les différents tons que Cyrano suggère pour décrire son nez.

PERCEPTIONS

1. Tout ce que Cyrano fait, il le fait avec «panache»—un mot que les critiques utilisent pour décrire Cyrano. Rostand lui-même a défini ce mot (dans son discours de réception à l'Académie française):

   «Qu'est-ce que le panache? Il ne suffit pas pour en avoir, d'être un héros. Le panache n'est pas la grandeur, mais quelque chose qui s'ajoute à la grandeur, et qui bouge au-dessus d'elle. C'est quelque chose de voltigeant [actif], d'excessif... c'est l'esprit de la bravoure... ».

   Montrez comment ce mot s'applique à Cyrano en vous appuyant sur des exemples du texte.

2. On dit que la meilleure défense est une bonne offensive. Cyrano a un nez qui le défigure. Avant que les autres ne puissent le critiquer, il se décrit, d'une manière spirituelle et amusante qui arrête les critiques des autres. C'est une des techniques utilisées par des gens qui ont peur d'être critiqués. Que pensez-vous de cette technique? Est-ce que vous avez jamais utilisé une telle technique? Donnez des exemples personnels.

3. Parmi les tons que Cyrano utilise pour décrire son nez, lesquels vous semblent les plus convaincants? Pourquoi?

4. Les exagérations dans la vie quotidienne:
   a. Trouvez dans le texte les exemples d'exagérations qui vous frappent le plus. Expliquez pourquoi ce sont des exagérations.
   b. Pensez aux exagérations que vous faites ou que vous entendez dans votre vie quotidienne. Faites une liste ensemble de ces exagérations.
   c. Pour quelles raisons fait-on des exagérations?

Synthèse

A DISCUTER

A. La nature: elle nous entoure, mais nous la percevons avec des niveaux d'intensité qui varient beaucoup. Plusieurs auteurs du 19e siècle ont choisi de nous décrire leur image de la nature, et le rôle de la nature dans leur vie. Résumez quelques-unes de ces interprétations. Laquelle est la plus proche de votre perspective? Expliquez.

B. La littérature du 19e siècle reconnaît l'importance des émotions dans la nature humaine. En pensant aux textes que vous avez lus dans ce chapitre, quelles sont les émotions qui vous ont frappé(e)? Est-ce parce qu'elles trouvent un écho dans votre expérience personnelle? Expliquez.

A ECRIRE

A. Imaginez l'événement suivant: Sur votre campus, on vient de découvrir la mort mystérieuse d'un jeune homme très intelligent et très sociable. Ecrivez deux paragraphes sur cet incident. Le premier sera dans le style des romantiques et le deuxième dans le style des réalistes. Essayez d'imiter le style des écrivains du 19e siècle dont vous avez lu des extraits.

B. Vous avez lu quatre œuvres en prose dans ce chapitre. Chacune présente un personnage qui laisse une impression mémorable chez le lecteur / la lectrice: Emma, Jules, François, Cyrano. Pourquoi est-ce qu'un personnage de fiction reste dans vos souvenirs? Choisissez deux de ces personnages et montrez comment chacun vous affecte.

René Magritte, La clef des champs, 1936. Lugano, Thyssen-Bornemisza Collection.

CHAPITRE 6

Le Vingtième Siècle

OMMENT faire le bilan[1] d'un siècle que nous vivons encore? Plus le passé est récent, plus les perspectives diffèrent. Certaines observations s'imposent cependant, comme le fait qu'en Europe le 20ᵉ siècle a été profondément marqué par les guerres, des guerres mondiales et coloniales qui ont fait des millions de morts et dont les répercussions économiques, politiques et psychologiques ont pris des proportions gigantesques. Quel est le sens de la vie au milieu de tant de destruction? Qu'est-ce qu'une civilisation qui porte dans ses découvertes atomiques les graines de son propre anéantissement?[2] Dans un âge où la science et la technologie remettent constamment en question les valeurs humaines, les artistes et les écrivains explorent sans cesse de nouvelles dimensions.

Malgré leur nom de «belle époque», les premières années du 20ᵉ siècle sont des années d'agitation politique et sociale. La gauche devient de plus en plus influente[3] et obtient en 1905 la séparation officielle de l'Eglise et de l'Etat. En 1914 c'est la Première Guerre Mondiale qui éclate; en quatre ans elle fait plus de huit millions de morts. Pendant que les hommes sont au front, les femmes doivent prendre la relève[4] dans les usines et les bureaux. C'est le début de l'émancipation des femmes et d'une société de plus en plus urbaine.

Après la Première Guerre Mondiale viennent «les années folles»; c'est une période de reconstruction et de transformation, l'âge du travail à la chaîne[5] et de l'automobile, du jazz et du cinéma parlant. L'euphorie dure jusqu'en 1929, date de la crise économique mondiale. Sous le joug[6] du chômage, les démocraties d'Europe s'affaiblissent tandis qu'avec des promesses d'emplois et une ferveur nationaliste, le fascisme se répand en Allemagne. L'ascension d'Hitler s'accélère dans les années 30 jusqu'à la déclaration de guerre de 1939.

La Deuxième Guerre Mondiale va durer six ans, laissant l'Europe dans un état de dévastation littérale et psychologique. L'horreur des déportations massives, des tortures et du génocide des camps de concentration hante les esprits comme un cauchemar.[7] Les bombes nucléaires lancées sur Hiroshima et Nagasaki ajoutent au trouble des consciences. Devant une réalité aussi monstrueuse, que reste-t-il des valeurs humaines?

Après l'armistice et la division de l'Europe en deux blocs, le bloc communiste et le bloc occidental, la France se relève difficilement, d'autant plus que pendant les années 50 elle voit s'écrouler[8] son empire colonial. Si certaines colonies, surtout en Afrique Noire, obtiennent paisiblement leur indépendance, la décolonisation de l'Indochine et de l'Algérie se fait au prix de conflits sanglants. Commencée en 1954, la guerre d'Algérie ne prend fin qu'en 1962, une grande victoire politique pour le Général Charles de Gaulle, élu président en 1958. Pour rétablir la stabilité en France, il institue la Cinquième République, avec une nouvelle Constitution. Accusé cependant d'abuser de son pouvoir personnel, de Gaulle perd peu à peu sa popularité, comme l'atteste la crise de mai 68, une révolte généralisée qui remet en cause les va-

1. l'analyse 2. *annihilation* 3. (voir «influence») 4. remplacer les hommes 5. *assembly line* 6. oppression
7. mauvais rêve 8. tomber

leurs d'une société «trop traditionnelle» et provoque de grandes réformes dans l'éducation et la structure économique du pays. Après la présidence de Georges Pompidou puis de Valéry Giscard d'Estaing, le pouvoir est passé à la gauche avec François Mitterand, qui a été réélu pour 7 ans en 1988.

Que réservent les années 90? Alors que la technologie continue à changer le monde, que le bloc communiste s'effondre et que les nations européennes s'unissent dans une Communauté sans précédent, à l'heure de «l'internationalisation» et de «l'uniformisation», la crise d'identité collective et individuelle continue, une crise que reflète la littérature du 20e siècle.

La littérature d'avant 1914 connaît deux grands innovateurs. Le romancier Marcel Proust part *A la Recherche du temps perdu* et trouve que le passé peut en effet être reconquis[9] par l'introspection, le souvenir et la création artistique. En affirmant que la réalité est toujours subjective puisque notre perception est toujours soumise à notre imagination, notre mémoire et notre expérience, Proust rompt avec le réalisme et annonce le roman moderne. En poésie, Guillaume Apollinaire (voir p. 173) fait preuve d'une grande audace stylistique; il abolit systématiquement toute forme de ponctuation et par la superposition parfois insolite[10] d'images et d'idées, transpose dans le vers les procédés de la peinture cubiste.

L'entre-deux-guerres (1918–1939) est marquée par la révolution surréaliste. Influencés par les travaux de Sigmund Freud sur l'inconscient et engagés dans la politique de leur temps, les surréalistes essaient de «transformer le monde, changer la vie». En libérant les «automatismes psychiques» qui sont «le fonctionnement réel de la pensée, en l'ab-

sence de tout contrôle exercé par la raison»,[11] ils explorent la surréalité du rêve et de l'inconscient pour révéler «une vie plus vraie». Cette révolution vise à libérer l'humanité de siècles «d'esclavage[12] moral et social» et à libérer les arts de leurs formes traditionnelles. Le surréalisme s'est manifesté dans le domaine de la poésie (avec André Breton, Louis Aragon, Paul Eluard) mais aussi en peinture (avec René Magritte, p. 170) et dans le cinéma (avec Luis Buñuel). L'influence surréaliste a orienté les arts du 20e siècle vers de nouvelles voies;[13] elle se retrouve dans la poésie de Jacques Prévert (p. 176) qui recherche la liberté et le merveilleux dans la vie quotidienne.

Dans les années 40, face à l'horreur de la Deuxième Guerre Mondiale, l'existentialisme s'engage dans le présent et propose de lutter contre l'absurdité de la vie en confrontant la réalité, sans espoirs, sans absolu. Albert Camus (p. 178), Jean-Paul Sartre (p. 183) et Simone de Beauvoir (p. 191) se concentrent sur l'existence, ou la réalité du présent, pour trouver une identité («l'être») au milieu du «néant».[14] Ce même néant se retrouve dans le «théâtre de l'absurde» des années 50; Samuel Beckett et Eugène Ionesco (p. 198) transposent sur la scène «l'angoisse existentielle»; ici l'absurde ne se discute pas, il se montre tout simplement, tragiquement, par le mécanisme impuissant de la parole, l'échec[15] de la communication, le vide[16] de l'existence. Sur d'autres scènes, comme celles du théâtre de Jean Anouilh (p. 204), le langage et la structure dramatique sont plus traditionnels, mais c'est la même angoisse de vivre qui apparaît.

Dans les années 60 l'angoisse se transforme en une crise morale qui affecte les croyances, les idéologies et les formes mêmes de la représentation esthétique ou littéraire.

---

9. retrouvé 10. inattendue, bizarre 11. citations d'André Breton, *Manifeste du Surréalisme* (1924) 12. servitude 13. directions 14. *nothingness* 15. (voir «échouer») 16. *emptiness*

On parle de «Nouvelle Critique» et de «Nouveau Roman». Des écrivains comme Alain Robbe-Grillet et Nathalie Sarraute voient dans le roman non pas un moyen de transmettre un message mais un lieu d'expérimentation de l'écriture, une aventure linguistique et presque scientifique où le lecteur devient interprète et créateur.

Depuis 1970, il semble y avoir un retour au roman traditionnel, mais dans un âge où l'éclectisme est roi, il n'y a pas vraiment d'écoles littéraires, seulement des écrivains qui ont chacun un style particulier. Marguerite Duras (voir p. 221) cherche à capturer dans ses romans et dans ses films l'intensité du moment par le silence et «l'immobilisme». Marie Cardinal (p. 212) utilise les techniques de la psychanalyse pour transformer, avec une ferveur féministe, l'incident biographique en fiction. Quant à Jean-Marie Le Clézio (p. 216), il cherche à exprimer, «avant toute spéculation formelle, l'aventure d'être vivant».

Guillaume Apollinaire
(1880–1918)

Enfant naturel d'un officier italien et d'une jeune fille de la noblesse de Rome, Guillelmus-Apollinaris-Albertus de Kostrowitzky a connu une jeunesse aventureuse auprès de sa mère qui fréquentait beaucoup les casinos. Après des études inégales à Monaco, à Cannes et à Nice, «Kostro», comme l'appelaient ses amis, s'est finalement installé à Paris où il a essayé diverses occupations pour gagner sa vie.

Devenu l'ami de Picasso et d'autres peintres de l'époque, il a participé dès 1904 à la naissance du cubisme, écrivant plusieurs articles de critique sur ce mouvement de la peinture «moderne». Il a aussi dirigé des revues littéraires, publiant lui-même des contes, des nouvelles et des poèmes sous le pseudonyme de Guillaume Apollinaire. Le plus célèbre de ses recueils, *Alcools* (1913), montre l'évolution de sa poésie entre 1898 et 1912. Une grande innovation de ce recueil est l'absence totale de ponctuation. Selon Apollinaire, «le rythme même et la coupe des vers, voilà la véritable ponctuation».

Engagé volontaire en 1914 à la Première Guerre Mondiale, il a été blessé à la tête en 1916. Il mourra deux ans plus tard des suites de cette blessure. Son dernier recueil, *Calligrammes* (1918), reflète l'originalité visuelle et rythmique de sa poésie.

Ecrit en 1912 pendant la rupture progressive et douloureuse d'une liaison amoureuse, «Le Pont Mirabeau» est le poème le plus célèbre d'Apollinaire, souvent comparé au «Lac» de Lamartine (voir p. 122).

◆ Le Pont Mirabeau

PREPARATION

You have already observed in many poems that sentences may continue for two or more **vers** and that the word order in poetry is often different from that of prose, with subjects appearing after verbs, and so on. Apollinaire is known for the absence of punctuation in his poems. As you read «Le Pont Mirabeau», decide where each sentence ends, where you would place the period. Next scan the poem for instances of the subject following its verb. Circle these for work after another close reading of the poem.

◆ Le Pont Mirabeau

Sous le pont Mirabeau° coule° la Seine   pont à Paris / passe
     Et nos amours
     Faut-il qu'il m'en souvienne
La joie venait toujours après la peine
5   Vienne° la nuit sonne l'heure   Que vienne (impéra-
     Les jours s'en vont je demeure°   tif) / reste
Les mains dans les mains restons face à face
     Tandis° que sous   Pendant
     Le pont de nos bras passe
10   Des éternels regards l'onde° si lasse°   l'eau / fatiguée
     Vienne la nuit sonne l'heure
     Les jours s'en vont je demeure
L'amour s'en va comme cette eau courante
     L'amour s'en va
15   Comme la vie est lente
Et comme l'Espérance° est violente   (voir «espérer»)
     Vienne la nuit sonne l'heure
     Les jours s'en vont je demeure
Passent les jours et passent les semaines
20   Ni temps passé
     Ni les amours reviennent
Sous le pont Mirabeau coule la Seine
     Vienne la nuit sonne l'heure
     Les jours s'en vont je demeure

— Alcools, 1913

COMPREHENSION

1. Dans la première strophe, qu'est-ce qui est comparé à un fleuve?

2. Dans la deuxième strophe, qu'est-ce qui forme un pont et quelle est cette onde qui passe sous ce pont?

3. Quelle est la métaphore qui continue dans la troisième strophe? Comment le poète crée-t-il un contraste entre la vie et l'espérance?

4. Qu'est-ce qui ne revient jamais selon la quatrième strophe?

5. Comptez le nombre de pieds (ou syllabes) de chaque vers de la première strophe. Ce format se retrouve-t-il dans les autres strophes? Quel est l'effet produit? Qu'est-ce que l'absence de ponctuation ajoute au poème?

6. Identifiez la séquence des rimes (ABAB, etc.) et le genre (masculin ou féminin) des rimes du poème. (Une rime féminine se termine par un **e, es** ou **ent** muet. Toutes les autres rimes sont masculines.) Faites une liste des sons qui terminent chaque vers. Qu'est-ce que le cycle des sons ajoute au poème?

PERCEPTIONS

1. Apollinaire nous présente ici un contraste entre le mouvement et l'absence de mouvement. Le pont et le poète «demeurent». Qu'est-ce qui est en mouvement? Quel est l'effet du contraste?

2. Le refrain apparaît quatre fois dans le poème. Mais chaque fois qu'il apparaît, le sentiment qu'il communique change un peu. Indiquez le sentiment que vous ressentez chaque fois.

3. Apollinaire dit que la vie est «lente». Pourquoi choisit-il cet adjectif, à votre avis? Quels adjectifs choisiriez-vous pour décrire la vie?

4. Quelquefois un endroit prend une grande signification dans notre vie à cause de quelque chose qui s'y est passé.
   a. A votre avis, que représente le pont Mirabeau pour le poète?
   b. Parlez d'un endroit qui a une signification spéciale pour vous, et expliquez pourquoi.

5. Comparez la perception du passage du temps (et de l'amour) dans le poème «Le Lac» de Lamartine et dans «Le Pont Mirabeau». Analysez particulièrement le message symbolique de l'eau dans chacun des poèmes.

Jacques Prévert
(1900–1977)

Né avec le siècle dans la banlieue parisienne, Jacques Prévert est le poète populaire par excellence. Refusant toute spéculation intellectuelle, il a promené sur les rues de Paris et sur la vie le regard curieux et ami d'un artiste qui voulait chanter le monde moderne, le monde réel, le monde ordinaire. Il a dit non aux abstractions, il a dit oui à la simplicité.

Pendant de longues années, au lieu de publier ses poèmes, il les donnait. Son ami Joseph Kosma en a mis plusieurs en musique, notamment «Les Feuilles mortes», qui est devenu un grand succès de la chanson. En 1945, un autre ami s'est occupé de recueillir les textes de Prévert et les a publiés sous le titre *Paroles*. Le succès a été immédiat. C'était un écho de son succès dans le monde du cinéma où il était déjà connu pour sa participation à la réalisation de films de Jean Renoir et de Marcel Carné.

Les titres de ses autres recueils reflètent son désir de «rester sur terre»: *Histoires* (1946), *La Pluie et le beau temps* (1953), *Choses et autres* (1972.) On pourrait dire que son dernier titre, *Soleil de nuit* (recueil posthume publié en 1980), est représentatif de la lumière que Prévert a trouvée dans l'obscurité des choses simples. Ici, c'est la réalité intime et publique, ordinaire et extraordinaire, personnelle et universelle du premier amour.

✦ Les Enfants qui s'aiment

PREPARATION

In this poem Prévert describes a scene. As you read it a first time, identify who is in this scene, where it takes place, and what is happening. As you reread the poem, verify your initial impressions.

✦ LES ENFANTS QUI S'AIMENT

Les enfants qui s'aiment s'embrassent debout
Contre les portes de la nuit
Et les passants qui passent les désignent du doigt
Mais les enfants qui s'aiment

5   Ne sont là pour personne
       Et c'est seulement leur ombre°   *shadow*
       Qui tremble dans la nuit
       Excitant la rage des passants
       Leur rage leur mépris° leurs rires et leur envie   jugement négatif
10   Les enfants qui s'aiment ne sont là pour personne
       Ils sont ailleurs° bien plus loin que la nuit   dans un autre endroit
       Bien plus haut que le jour
       Dans l'éblouissante° clarté de leur premier amour.   la brillante

                            — *Spectacle,* 1951

COMPREHENSION

1. Que font les «enfants» du poème?

2. Que font les «passants» qui les voient?

3. Pourquoi Prévert dit-il que les enfants «ne sont là pour personne»?

4. Quels sont les sentiments des passants qui regardent les jeunes?

5. Quel est l'âge des amoureux, à votre avis?

PERCEPTIONS

1. Le poème est construit sur des répétitions: soit d'un groupe de mots, soit de mots semblables dans le même vers, ou de mots identiques dans deux vers différents. Identifiez ces répétitions et analysez leur effet.

2. Jeu de rôles (en groupes de deux):
   a. Vous êtes avec votre ami(e) et vous passez devant deux «enfants qui s'aiment» dans la rue. Exprimez votre rage et votre mépris pour ces manifestations publiques d'affection. Votre ami(e) va exprimer son amusement et son approbation.
   b. Après le jeu de rôles, discutez quelle réaction est plus naturelle pour vous.
   c. Est-ce une contradiction d'éprouver tous ces sentiments à la fois?
   d. Qu'est-ce qui cause les réactions des passants, selon vous?

3. Prévert semble décrire un aspect éternel du premier amour. Comparez sa perspective et votre expérience.

4. D'après le poète, les jeunes amants «ne sont pas là». C'est quelquefois le cas dans les relations humaines. Le corps est présent mais l'esprit est ailleurs. Avez-vous jamais éprouvé cela? Expliquez.

Albert Camus
(1913–1960)

Né en Algérie, Albert Camus grandit sous le soleil de la Méditerranée dans la pauvreté. Atteint de tuberculose à l'âge de 17 ans, il connaît très jeune la peur de la mort. Cette prise de conscience de la fragilité de la vie sera le point de départ de la réflexion philosophique de Camus.

Pendant la guerre, il est rédacteur au journal de la Résistance, *Combat.* Il publie aussi en 1942 ses deux premières œuvres majeures: *L'Etranger,* un roman, et *Le Mythe de Sisyphe,* un essai où il expose sa philosophie de l'absurde. Après la guerre, sa vie se confond avec sa littérature. Il continue à explorer le thème de l'absurde dans deux pièces de théâtre, *Le Malentendu* et *Caligula* (1944), puis il évolue vers «la révolte» avec, entre autres, *La Peste* (1947) et *L'Homme révolté* (1951). En 1957, il reçoit le Prix Nobel de littérature. Il meurt en 1960 dans un accident de voiture.

LA PHILOSOPHIE DE L'ABSURDE

Disciple de Descartes, Camus refusait tout ce qui ne pouvait être prouvé par la raison. Mais quel sens donner à la vie quand la mort est présente partout? L'absurde naît de l'opposition entre la passion de vivre et notre destin de mort, entre les questions de l'homme et «le silence déraisonnable du monde».

Que faire devant l'absurde? Camus rejette la résignation sous toutes ses formes. Tout d'abord, il faut être lucide et accepter le tragique de la condition humaine. Il faut aussi vivre dans le présent, car le présent est la seule certitude. Pour cela, il faut refuser l'espoir en une vie meilleure car l'espoir substitue l'illusion à la réalité. «L'espoir, au contraire de ce qu'on croit, équivaut à la résignation. Et vivre, c'est ne pas se résigner » (*Noces,* 1939).

Sisyphe, héros mythologique condamné par les dieux à pousser sans fin un rocher en haut d'une montagne, représente l'homme «absurde» par excellence. Il n'est pas très différent de l'homme en général condamné à une routine répétitive. Si Sisyphe espère une autre vie, un demain différent, il ne peut pas être heureux aujourd'hui. Mais si, au lieu de chercher une victoire impossible, il accepte «la lutte vers les sommets», alors il peut apprécier les joies du présent, il peut «sentir sa vie» et par sa lucidité il devient libre. Par conséquent, «il faut imaginer Sisyphe heureux».

Cette prise de conscience de l'absurde et le refus de la résignation sont ce que Camus appelle «la révolte». Individuelle d'abord, cette révolte devient vite collective, car la condition humaine et la mort sont universelles. Sur le modèle du «je pense, donc je suis» de Descartes, Camus adopte la devise «je me révolte, donc nous sommes» pour montrer l'évolution du personnel au collectif dans sa philosophie de l'action.

A partir du roman allégorique *La Peste*,[1] les héros de Camus cessent d'être des étrangers pour entrer dans une lutte commune contre les pestes physiques et morales du monde, contre le mal, contre la mort. Ici encore, l'espoir et la victoire sont exclus; la lutte de chaque jour suffit et c'est dans cette lutte qu'on découvre «la tendresse humaine».

1. *The Plague*

✦ Le Mythe de Sisyphe

PREPARATION

Camus selects Sisyphus as a twentieth-century "hero." Before you read this essay, consider what makes a hero. When you talk about a "hero" in fiction or in "real life," what do you mean by this term? What are the characteristics and the actions of a hero? In small groups, list and discuss your answers. Keep them in mind as you read the passage.

✦ Le Mythe de Sisyphe [extrait]

Les dieux avaient condamné Sisyphe à rouler sans cesse un rocher jusqu'au sommet d'une montagne d'où la pierre retombait par son propre poids. Ils avaient pensé avec quelque raison qu'il n'est pas de punition plus terrible que le travail inutile et sans espoir...

5   On dit que Sisyphe étant près de mourir voulut imprudemment éprouver° l'amour de sa femme. Il lui ordonna de jeter son corps sans sépulture au milieu de la place publique. Sisyphe se retrouva dans les enfers.° Et là, irrité d'une obéissance si contraire à l'amour humain, il obtint de Pluton° la permission de retourner sur la terre pour châtier° sa femme. Mais quand il eut de nouveau revu le visage de ce monde, goûté l'eau et le soleil, les pierres chaudes et la mer, il ne voulut plus retourner dans l'ombre infernale. Les rappels, les colères et les avertissements° n'y firent rien. Bien des années encore, il vécut devant la courbe du golfe, la mer éclatante et les sourires de la terre. Il fallut un arrêt° des dieux. Mercure vint saisir l'audacieux au collet° et l'ôtant° à ses joies, le ramena de force aux enfers où son rocher était tout prêt.

Glosses (right margin):
ici: *test*

séjour des morts
dieu des enfers /
   punir

warnings
une action
au... par le cou / enlevant

On a compris déjà que Sisyphe est le héros absurde. Il l'est autant par ses passions que par son tourment. Son mépris° des dieux, sa haine° de la mort et sa passion pour la vie, lui ont valu ce supplice° indicible° où tout l'être s'emploie à ne rien achever. C'est le prix qu'il faut payer pour les passions de cette terre. On ne nous dit rien sur Sisyphe aux enfers. Les mythes sont faits pour que l'imagination les anime. Pour celui-ci on voit seulement tout l'effort d'un corps tendu pour soulever l'énorme pierre, la rouler et l'aider à gravir° une pente° cent fois recommencée; on voit le visage crispé,° la joue collée° contre la pierre, le secours° d'une épaule qui reçoit la masse couverte de glaise,° d'un pied qui la cale,° la reprise à bout de bras, la sûreté tout humaine de deux mains pleines de terre. Tout au bout de ce long effort mesuré par l'espace sans ciel et le temps sans profondeur, le but est atteint. Sisyphe regarde alors la pierre dévaler° en quelques instants vers ce monde inférieur d'où il faudra la remonter vers les sommets. Il redescend dans la plaine.

C'est pendant ce retour, cette pause que Sisyphe m'intéresse. Un visage qui peine° si près des pierres est déjà pierre lui-même! Je vois cet homme redescendre d'un pas lourd mais égal vers le tourment dont il ne connaîtra pas la fin. Cette heure qui est comme une respiration et qui revient aussi sûrement que son malheur, cette heure est celle de la conscience. A chacun de ces instants, où il quitte les sommets et s'enfonce° peu à peu vers les tanières° des dieux, il est supérieur à son destin. Il est plus fort que son rocher.

Si ce mythe est tragique, c'est que son héros est conscient. Où serait en effet sa peine, si à chaque pas l'espoir de réussir le soutenait? L'ouvrier d'aujourd'hui travaille, tous les jours de sa vie, aux mêmes tâches et ce destin n'est pas moins absurde. Mais il n'est tragique qu'aux rares moments où il devient conscient. Sisyphe prolétaire° des dieux, impuissant et révolté, connaît toute l'étendue° de sa misérable condition: c'est à elle qu'il pense pendant sa descente. La clairvoyance qui devait faire son tourment consomme du même coup sa victoire. Il n'est pas de destin qui ne se surmonte par le mépris.

Si la descente ainsi se fait certains jours dans la douleur, elle peut se faire aussi dans la joie. Ce mot n'est pas de trop. J'imagine encore Sisyphe revenant vers son rocher, et la douleur était au début. Quand les images de la terre tiennent trop fort au souvenir, quand l'appel du bonheur se fait trop pressant, il arrive que la tristesse se lève au cœur de l'homme: c'est la victoire du rocher, c'est le rocher lui-même. L'immense détresse est trop lourde à porter. Ce sont nos nuits de Gethsémani.° Mais les vérités écrasantes périssent d'être° reconnues. Ainsi, Œdipe° obéit d'abord au destin sans le savoir. A partir du moment où il sait, sa

Marginal glosses:

contempt / ≠ amour

ce... cette torture / terrible

monter / *slope*

contracté / pressée

l'aide / terre

l'arrête

descendre

souffre

descend / habitations souterraines

serviteur

l'importance, la dimension

nuits... référence au sacrifice de Jésus-Christ / périssent... meurent si elles sont / héros de la mythologie grecque

tragédie commence. Mais dans le même instant, aveugle et désespéré,
60 il reconnaît que le seul lien qui le rattache au monde, c'est la main
fraîche d'une jeune fille. Une parole démesurée° retentit° alors: «Malgré   *très grande / s'entend*
tant d'épreuves, mon âge avancé et la grandeur de mon âme me font
juger que tout est bien.» L'Œdipe de Sophocle, comme le Kirilov de
Dostoïevsky, donne ainsi la formule de la victoire absurde. La sagesse
65 antique rejoint l'héroïsme moderne.

On ne découvre pas l'absurde sans être tenté d'écrire quelque° ma-   *un*
nuel du bonheur. «Eh! quoi, par des voies° si étroites... ?» Mais il n'y a   *routes*
qu'un monde. Le bonheur et l'absurde sont deux fils de la même terre.
Ils sont inséparables. L'erreur serait de dire que le bonheur naît
70 forcément de la découverte absurde. Il arrive aussi bien que le sentiment
de l'absurde naisse du bonheur. «Je juge que tout est bien», dit Œdipe,
et cette parole est sacrée. Elle retentit dans l'univers farouche° et limité   *violent*
de l'homme. Elle enseigne que tout n'est pas, n'a pas été épuisé.° Elle   *consommé*
chasse de ce monde un dieu qui y était entré avec l'insatisfaction et le
75 goût des douleurs inutiles. Elle fait du destin une affaire d'homme, qui
doit être réglée° entre les hommes.   *déterminée*

Toute la joie silencieuse de Sisyphe est là. Son destin lui appartient.
Son rocher est sa chose. De même, l'homme absurde, quand il
contemple son tourment, fait taire° toutes les idoles. Dans l'univers sou-   **fait...** réduit au silence
80 dain rendu à son silence, les mille petites voix émerveillées de la terre
s'élèvent. Appels inconscients et secrets, invitations de tous les visages,
ils sont l'envers° nécessaire et le prix de la victoire. Il n'y a pas de soleil   *l'autre côté*
sans ombre, et il faut connaître la nuit. L'homme absurde dit oui et son
effort n'aura plus de cesse.° S'il y a un destin personnel, il n'y a point   *fin*
85 de destinée supérieure ou du moins il n'en est qu'une dont il juge qu'elle
est fatale et méprisable. Pour le reste, il se sait le maître de ses jours. A
cet instant subtil où l'homme se retourne sur sa vie, Sisyphe revenant
vers son rocher, dans ce léger pivotement, il contemple cette suite d'actions sans lien qui devient son destin, créé par lui, uni sous le regard de
90 sa mémoire et bientôt scellé° par sa mort. Ainsi, persuadé de l'origine   *sealed*
tout humaine de tout ce qui est humain, aveugle qui désire voir et qui
sait que la nuit n'a pas de fin, il est toujours en marche. Le rocher roule
encore.

Je laisse Sisyphe au bas de la montagne! On retrouve toujours son
95 fardeau.° Mais Sisyphe enseigne la fidélité supérieure qui nie les° dieux   *burden /* **nie...** refuse
et soulève les rochers. Lui aussi juge que tout est bien. Cet univers   l'existence des
désormais sans maître ne lui paraît ni stérile ni futile. Chacun des grains
de cette pierre, chaque éclat minéral de cette montagne pleine de nuit,
à lui seul, forme un monde. La lutte elle-même vers les sommets suffit
100 à remplir un cœur d'homme. Il faut imaginer Sisyphe heureux.

— *Le Mythe de Sisyphe,* 1942

COMPREHENSION

1. Pourquoi est-ce que les dieux ont condamné Sisyphe à son destin?

2. Décrivez en détail la punition de Sisyphe.

3. Qu'y a-t-il d'absurde dans cette punition?

4. Quand et comment Sisyphe est-il supérieur à son destin?

5. Quand le rocher est-il plus fort que l'homme et quand l'homme est-il plus fort que le rocher?

6. Qu'est-ce que «l'ouvrier d'aujourd'hui» et Sisyphe ont en commun? Et quel est le lien entre la montagne de Sisyphe et le jardin de Gethsémani?

PERCEPTIONS

1. L'ascension de Sisyphe avec son rocher est décrite comme un effort «mesuré par l'espace sans ciel et le temps sans profondeur». Comment interprétez-vous cet effort?

2. La descente vers le rocher est le moment où Sisyphe contemple son travail et son destin. Examinez les différentes émotions que Sisyphe éprouve pendant cette descente. Pourquoi ressent-il chaque émotion? Laquelle est la plus forte, à votre avis?

3. Camus compare Sisyphe à l'homme moderne, esclave de la routine et des obligations de la vie journalière. Dans quelle mesure la vie de tous les jours est-elle comme le rocher de Sisyphe? Expliquez votre point de vue.

4. Avant la lecture vous avez fait une liste des caractéristiques d'un héros. Dans quel sens Sisyphe est-il un héros? Quels sont ses points faibles? Est-ce qu'il représente le héros moderne pour vous? Expliquez.

5. Camus utilise plusieurs maximes dans cet essai. Par exemple, «Il n'est pas de destin qui ne se surmonte par le mépris.» «Le bonheur et l'absurde sont deux fils de la même terre.»
   a. Pouvez-vous en trouver au moins deux autres?
   b. Quel est l'effet de ces phrases sur le ton et le sens de l'essai?
   c. Avec quelques camarades de classe, créez trois ou quatre maximes au sujet du héros moderne, ou de l'absurdité de la vie.

6. Beaucoup d'écrivains de l'âge moderne parlent de l'absurdité de la vie. Quand on prend conscience de l'impuissance humaine devant les questions, les contradictions et les injustices de la vie (et de la mort), pourquoi peut-on penser que la vie est absurde? Etes-vous d'accord?

7. Selon Camus, l'absurde et le bonheur sont compatibles. Quel est le bonheur de Sisyphe? Qu'en pensez-vous?

Jean-Paul Sartre
(1905–1980)

Orphelin de père à un an, Jean-Paul Sartre a passé une enfance heureuse en Alsace, auprès de son grand-père maternel Charles Schweitzer (l'oncle du célèbre missionnaire Albert Schweitzer). Quand sa mère s'est remariée, Sartre s'est plus ou moins séparé de sa famille. Il est venu à Paris faire des études de philosophie, qu'il a terminées en 1929, en même temps que Simone de Beauvoir, sa compagne. Il a été professeur de philosophie de 1929 jusqu'à la guerre. Mobilisé, puis prisonnier en Allemagne, il a soudain découvert «l'irruption de l'Histoire» dans sa vie individuelle et sa philosophie de «l'homme seul» représentée par *La Nausée* (1938) et *Le Mur* (1939), est devenue un engagement moral et politique.

Libéré en 1941, il a fondé un groupe de résistance intellectuelle et s'est lancé dans le théâtre avec *Les Mouches* (1943) et *Huis clos* (1944). Après la guerre, Sartre l'écrivain, le philosophe, le journaliste et l'homme politique, celui qui voulait «dénoncer l'injustice partout» est devenu un héros national. Son activité politique (pro-communiste, anti-colonialiste) lui a fait des amis et des ennemis dans le monde entier. Que ce soit dans les journaux (il en a dirigé plusieurs), à la radio ou à la télévision, dans ses conférences ou dans ses voyages, Sartre n'a jamais eu peur d'exprimer son opinion. En 1964, il a refusé le Prix Nobel de littérature, une distinction qu'il jugeait politiquement attachée au monde capitaliste.

Grand travailleur intellectuel, Sartre consacrait six heures par jour à l'écriture. Il a écrit des ouvrages philosophiques, dont *L'Etre et le néant* (1943) et *Critique de la raison dialectique* (1960). Ses essais comprennent *L'Existentialisme est un humanisme* (1946), des études sur *Baudelaire* (1947) et sur *Flaubert* (1972), et un document autobiographique, *Les Mots* (1964). Il a aussi écrit des romans, dont les quatre volumes des *Chemins de la liberté*. Son théâtre est un théâtre de situations qui transpose les grandes questions du 20ᵉ siècle. *Les Mains sales* (1948) transposent ainsi le problème de l'intellectuel dans l'action: l'idéalisme révolutionnaire et le réalisme sont-ils compatibles?

L'EXISTENTIALISME

L'existentialisme de Sartre, comme la philosophie de l'absurde de Camus, met l'accent sur l'existence. Refusant toute essence préexistante, «l'homme est ce qu'il se fait». Par ses actions il exprime sa liberté et sa responsabilité. «Nos actes, nos actes seuls nous jugent» et tout comme l'action a un contexte ou «une situation», le mal et le bien sont aussi relatifs à la situation (Sartre diffère ici de Camus, dont les valeurs morales sont plus définies). C'est ainsi que dans la lutte pour les droits de l'homme, ce n'est pas nécessairement mal de se salir les mains...

✦ Les Mains sales

PREPARATION

During and after World War II, many of the French joined the Communist Party in reaction to the Nazi occupation of France and the Fascist politics of the time. In the 1950s however, when the USSR invaded Hungary and other countries, many questions arose as to what the Communist Party really represented. Some still saw it as the party that stood at the other pole of the wartime holocaust, deserving of support for its noble goals. Others saw it as a party that had begun to commit the same sort of crimes against humanity in Eastern Europe as had the Nazis. These latter thinkers often left the Party.

In part, this is the intellectual backdrop for the scene you are about to read. Hugo and Hoederer are both members of the Communist Party, in the fictional country of Illyria (which many feel resembles Hungary). The Regent has worked with fascist groups but is now ready to cooperate with the victorious Communists. Should the Communists accept him into the newly forming government? Hugo and Hoederer discuss their very different views, and their reasons for being Party members.

Think for a moment about your reasons for joining (or not joining) any political party, or other group, and list them. Then think about what you would be willing to do to support your chosen party. If you lived in a time of revolution and change in your country, what do you imagine your role would be? Compare your answers to these questions with those of Hugo and Hoederer as you read the passage.

✦ LES MAINS SALES [scène]

HUGO: Le Parti a un programme: la réalisation d'une économie socialiste, et un moyen: l'utilisation de la lutte de classes. Vous allez vous
servir de lui pour faire une politique de collaboration de classes dans
le cadre° d'une économie capitaliste. Pendant des années vous allez   *contexte*

5   mentir, ruser,° louvoyer,° vous irez de compromis en compromis;   *tromper / prendre des*
vous défendrez devant nos camarades des mesures réactionnaires   *détours*
prises par un gouvernement dont vous ferez partie. Personne ne
comprendra: les durs nous quitteront, les autres perdront la culture
politique qu'ils viennent d'acquérir. Nous serons contaminés,

10   amollis,° désorientés; nous deviendrons réformistes et nationalistes;   *rendus plus mous,*
pour finir, les partis bourgeois n'auront qu'à prendre la peine de   *plus faibles*
nous liquider. Hoederer! ce Parti, c'est le vôtre, vous ne pouvez pas
avoir oublié la peine que vous avez prise pour le forger, les sacrifices
qu'il a fallu demander, la discipline qu'il a fallu imposer. Je vous en

15   supplie: ne le sacrifiez pas de vos propres mains.

HOEDERER: Que de bavardages! Si tu ne veux pas courir de risques il ne
faut pas faire de politique.

HUGO: Je ne veux pas courir ces risques-là.

HOEDERER: Parfait: alors comment garder le pouvoir?

20 HUGO: Pourquoi le prendre?

HOEDERER: Es-tu fou? Une armée socialiste va occuper le pays et tu la
laisserais repartir sans profiter° de son aide? C'est une occasion qui   *bénéficier*
ne se reproduira jamais plus: je te dis que nous ne sommes pas assez
forts pour faire la Révolution seuls.

25 HUGO: On ne doit pas pouvoir prendre le pouvoir à ce prix.

HOEDERER: Qu'est-ce que tu veux faire du Parti? Une écurie de courses?°   *racing stable*
A quoi ça sert-il de fourbir° un couteau tous les jours si l'on n'en use   *nettoyer*
jamais pour trancher?° Un parti, ce n'est jamais qu'un moyen. Il n'y   *couper*
a qu'un seul but: le pouvoir.

30 HUGO: Il n'y a qu'un seul but: c'est de faire triompher nos idées, toutes
nos idées et rien qu'elles.

HOEDERER: C'est vrai: tu as des idées, toi. Ça te passera.

HUGO: Vous croyez que je suis le seul à en avoir? Ça n'était pas pour
des idées qu'ils sont morts, les copains qui se sont fait tuer par la

35   police du Régent? Vous croyez que nous ne les trahirions pas, si nous
faisions servir le Parti à dédouaner° leurs assassins?   *acquitter*

HOEDERER: Je me fous° des morts. Ils sont morts pour le Parti et le Parti   **me...** ne m'occupe pas
peut décider ce qu'il veut. Je fais une politique de vivant, pour les
vivants.

40 HUGO: Et vous croyez que les vivants accepteront vos combines?°   actions

HOEDERER: On les leur fera avaler° tout doucement.   accepter

HUGO: En leur mentant?

HOEDERER: En leur mentant quelquefois.

HUGO: Vous... vous avez l'air si vrai, si solide! Ça n'est pas possible que
45   vous acceptiez de mentir aux camarades.

HOEDERER: Pourquoi? Nous sommes en guerre et ça n'est pas l'habitude
     de mettre le soldat heure par heure au courant des opérations.

HUGO: Hoederer, je... je sais mieux que vous ce que c'est que le men-
     songe; chez mon père tout le monde se mentait, tout le monde me
50   mentait. Je ne respire° que depuis mon entrée au Parti. Pour la   suis tranquille
     première fois j'ai vu des hommes qui ne mentaient pas aux autres
     hommes. Chacun pouvait avoir confiance en tous et tous en chacun,
     le militant le plus humble avait le sentiment que les ordres des diri-
     geants lui révélaient sa volonté profonde, et s'il y avait un coup dur,°   **un...** une action
55   on savait pourquoi on acceptait de mourir. Vous n'allez pas...   difficile

HOEDERER: Mais de quoi parles-tu?

HUGO: De notre Parti.

HOEDERER: De notre Parti? Mais on y a toujours un peu menti. Comme
     partout ailleurs. Et toi, Hugo, tu es sûr que tu ne t'es jamais menti,
60   que tu n'as jamais menti, que tu ne mens pas à cette minute même?

HUGO: Je n'ai jamais menti aux camarades. Je... A quoi ça sert de lutter
     pour la libération des hommes, si on les méprise assez pour leur
     bourrer le crâne?°   **bourrer...** remplir la
                                  tête de mensonges

HOEDERER: Je mentirai quand il faudra et je ne méprise personne. Le
65   mensonge, ce n'est pas moi qui l'ai inventé: il est né dans une société
     divisée en classes et chacun de nous l'a hérité en naissant. Ce n'est
     pas en refusant de mentir que nous abolirons le mensonge: c'est en
     usant de tous les moyens pour supprimer les classes.

HUGO: Tous les moyens ne sont pas bons.

70 HOEDERER: Tous les moyens sont bons quand ils sont efficaces.

HUGO: Alors, de quel droit condamnez-vous la politique du Régent? Il
     a déclaré la guerre à l'U.R.S.S. parce que c'était le moyen le plus
     efficace de sauvegarder° l'indépendance nationale.   préserver

HOEDERER: Est-ce que tu t'imagines que je la condamne? Il a fait ce que
75   n'importe quel type° de sa caste aurait fait à sa place. Nous ne luttons   homme
     ni contre des hommes ni contre une politique mais contre la classe
     qui produit cette politique et ces hommes.

HUGO: Et le meilleur moyen que vous ayez trouvé pour lutter contre elle, c'est de lui offrir de partager le pouvoir avec vous?

80 HOEDERER: Parfaitement. Aujourd'hui, c'est le meilleur moyen.

(*Un temps.*)
Comme tu tiens à ta pureté, mon petit gars!° Comme tu as peur de te salir les mains. Eh bien, reste pur! A qui cela servira-t-il et pourquoi viens-tu parmi nous? La pureté, c'est une idée de fakir° et de moine. Vous autres, les intellectuels, les anarchistes bourgeois, vous en tirez
85 prétexte pour ne rien faire. Ne rien faire, rester immobile, serrer° les coudes contre le corps, porter des gants. Moi j'ai les mains sales. Jusqu'aux coudes. Je les ai plongées dans la merde° et dans le sang. Et puis après? Est-ce que tu t'imagines qu'on peut gouverner innocemment?

90 HUGO: On s'apercevra peut-être un jour que je n'ai pas peur du sang.

HOEDERER: Parbleu: des gants rouges, c'est élégant. C'est le reste qui te fait peur. C'est ce qui pue° à ton petit nez d'aristocrate.

HUGO: Et nous y voilà revenus: je suis un aristocrate, un type qui n'a jamais eu faim! Malheureusement pour vous, je ne suis pas seul de
95 mon avis.

HOEDERER: Pas seul? Tu savais donc quelque chose de mes négociations avant de venir ici?

HUGO: N-non. On en avait parlé en l'air,° au Parti, et la plupart des types n'étaient pas d'accord et je peux vous jurer que ce n'étaient pas des
100 aristocrates.

HOEDERER: Mon petit, il y a malentendu:° je les connais, les gars du Parti qui ne sont pas d'accord avec ma politique et je peux te dire qu'ils sont de mon espèce, pas de la tienne°—et tu ne tarderas pas à° le découvrir. S'ils ont désapprouvé ces négociations, c'est tout sim-
105 plement qu'ils les jugent inopportunes; en d'autres circonstances ils seraient les premiers à les engager. Toi, tu en fais une affaire de principes.

HUGO: Qui a parlé de principes?

HOEDERER: Tu n'en fais pas une affaire de principes? Bon. Alors voici
110 qui doit te convaincre: si nous traitons° avec le Régent, il arrête la guerre; les troupes illyriennes attendent gentiment que les Russes viennent les désarmer; si nous rompons° les pourparlers,° il sait qu'il est perdu et il se battra comme un chien enragé;° des centaines de milliers d'hommes y laisseront leur peau. Qu'en dis-tu? (*Un silence.*)
115 Hein? Qu'en dis-tu? Peux-tu rayer° cent mille hommes d'un trait de plume?°

---

guy

personnage religieux de l'Inde

tenir

excrément

ne sent pas bon

de façon abstraite ou générale

manque de compréhension

de mon... comme moi, pas comme toi / **ne...** n'attendras pas longtemps pour

faisons un traité

arrêtons / discussions

rabid

éliminer

stylo

HUGO (*péniblement*): On ne fait pas la révolution avec des fleurs. S'ils doivent y rester...

HOEDERER: Eh bien?

120 HUGO: Eh bien, tant pis!

HOEDERER: Tu vois! tu vois bien! Tu n'aimes pas les hommes, Hugo. Tu n'aimes que les principes.

HUGO: Les hommes? Pourquoi les aimerais-je? Est-ce qu'ils m'aiment?

HOEDERER: Alors pourquoi es-tu venu chez nous? Si on n'aime pas les
125   hommes on ne peut pas lutter pour eux.

HUGO: Je suis entré au Parti parce que sa cause est juste et j'en sortirai quand elle cessera de l'être. Quant aux hommes, ce n'est pas ce qu'ils sont qui m'intéresse mais ce qu'ils pourront devenir.

HOEDERER: Et moi, je les aime pour ce qu'ils sont. Avec toutes leurs
130   saloperies° et tous leurs vices. J'aime leurs voix et leurs mains   mauvaises actions
        chaudes qui prennent et leur peau, la plus nue de toutes les peaux,
        et leur regard inquiet et la lutte désespérée qu'ils mènent chacun à
        son tour contre la mort et contre l'angoisse. Pour moi, ça compte un
        homme de plus ou de moins dans le monde. C'est précieux. Toi, je
135   te connais bien, mon petit, tu es un destructeur. Les hommes, tu les
        détestes parce que tu te détestes toi-même; ta pureté ressemble à la
        mort et la Révolution dont tu rêves n'est pas la nôtre: tu ne veux pas
        changer le monde, tu veux le faire sauter.°   exploser

HUGO: (*s'est levé*): Hoederer!

140 HOEDERER: Ce n'est pas ta faute; vous êtes tous pareils. Un intellectuel, ça n'est pas un vrai révolutionnaire; c'est tout juste bon à faire un assassin.

HUGO: Un assassin. Oui!

— *Les Mains sales*, 1948

COMPREHENSION

1. Qu'est-ce que Hugo veut créer par une politique de collaboration de classes?

2. Quel compromis Hoederer est-il prêt à faire sur le plan militaire?

3. D'après Hoederer quel est le but principal d'un parti politique? Et d'après Hugo?

4. Comment Hoederer justifie-t-il le droit du Parti de mentir aux gens? Pourquoi Hugo est-il si opposé au mensonge?

5. Montrez la différence d'opinion entre Hugo et Hoederer sur «les moyens» utilisés par le Parti.

6. Selon Hoederer quel est le meilleur moyen de sauvegarder l'indépendance nationale?

7. Qu'est-ce que Hoederer reproche aux puristes et aux aristocrates?

8. Selon Hoederer qu'est-ce que la vie de centaines de milliers d'hommes justifie?

9. Hugo préfère-t-il les hommes ou les idées? Expliquez.

PERCEPTIONS

1. Hugo et Hoederer discutent «les moyens» qu'un parti politique peut utiliser. Si les buts d'un parti sont honorables, est-ce que tous les moyens sont permis? même s'il faut mentir ou tuer? Est-ce qu'une fin noble justifie des moyens ignobles? Essayez d'inclure des exemples du texte dans votre discussion.

2. Hugo résiste aux compromis. Il cherche à rester pur. Hoederer, au contraire, dit qu'il a les «mains sales». Est-ce qu'il est nécessaire qu'un politicien ait les mains sales ou est-il possible de rester pur? Parlez des politiciens de votre connaissance que vous jugez purs et ceux qui ont les «mains sales». Lesquels sont les plus efficaces?

3. Hugo vient d'une famille bourgeoise, une famille assez aisée. Hoederer fait remarquer que la plupart des membres du Parti Communiste ont des origines plus modestes. Le fait d'être «riche» aux yeux des autres met Hugo dans une catégorie à part. Ressent-il le besoin de s'en excuser? Vous est-il arrivé de vous sentir différent des autres parce que vous veniez d'un milieu différent—plus pauvre? plus riche? d'une autre région des Etats-Unis? Est-ce que cela vous a causé des difficultés? Expliquez.

4. Agir ou ne pas agir? Cette question, clairement posée par Hugo et Hoederer, implique un choix individuel. La solitude au moment du choix peut créer beaucoup de tension et d'anxiété. Ici il est question de choix politiques (être membre d'un parti politique? suivre les directives des chefs du parti? diriger un parti politique vers un certain but? etc.). Ce même sentiment d'isolement nous atteint dans diverses situations. Parlez d'un choix difficile où vous vous êtes senti(e) très différent(e) de votre entourage et donc très seul(e). Qu'est-ce que vous avez fait?

5. D'après Sartre la liberté de choix est toute puissante. Il juge que ce que nous choisissons de faire constitue en fin de compte une définition de nous-mêmes. Nous sommes ce que nous avons fait. C'est seulement la race humaine qui a cette capacité de se former ainsi, de créer sa nature. Mais cette capacité est accompagnée d'une lourde responsabilité, celle de choisir d'une manière authentique, sans permettre aux autres (famille, amis, religion, etc.) de nous contrôler au moment du choix.

   a. Considérez Hugo et Hoederer. D'après vous, est-ce que chacun choisit librement?

   b. Croyez-vous qu'on puisse vraiment choisir sans baser son choix sur les valeurs de sa famille, de sa religion, de ses amis, etc.? Serait-ce une bonne chose d'exclure ces influences?

   c. Que pensez-vous de l'idée que l'homme est ce qu'il fait?

Simone de Beauvoir
(1908–1986)

Née à Paris dans une famille bourgeoise, Simone de Beauvoir a reçu une éducation catholique très stricte, contre laquelle elle s'est ensuite rebellée. Au terme de ses études de philosophie, elle a rencontré Jean-Paul Sartre dont elle est devenue la compagne. Cette union peu conformiste, un «pacte renouvelable», durera toute leur vie.

Après 14 ans comme professeur de philosophie à Marseille, à Rouen, puis à Paris, Simone de Beauvoir s'est consacrée à la création littéraire. Elle a écrit des romans, dont *L'invitée* (1943), *Tous les hommes sont mortels* (1946) et surtout *Les Mandarins*, un long roman qui évoque «certaines manières de vivre l'après-guerre» en France et aux Etats-Unis, et qui a remporté le Prix Goncourt en 1954. Elle a aussi écrit des essais, dont *Le Deuxième Sexe* (1949), une volumineuse étude qui reflète l'engagement de Simone de Beauvoir dans le mouvement de libération des femmes en France.

Elle a enfin écrit des œuvres autobiographiques qui lui ont apporté ses plus grands succès: *Les Mémoires d'une jeune fille rangée* (1958), *La Force de l'âge* (1960) et *La Force des choses* (1963) font revivre avec intensité les différentes périodes de sa vie entre 1914 et les années 60. On y trouve des portraits, les récits de ses voyages et de ses activités politiques avec Sartre, des réflexions philosophiques. *Une Mort très douce* (1964) est, selon Sartre, le chef-d'œuvre de Simone de Beauvoir: ce sont des réflexions sur la mort de sa mère mais aussi une méditation sur l'âge et sur la mort en général, un thème qu'elle reprendra dans un essai sur *La Vieillesse* (1970) et dans les deux derniers tomes de son autobiographie: *Tout compte fait* (1972) et la bouleversante *Cérémonie des adieux* (1981) sur la mort de Sartre.

✦ Une Mort très douce

PREPARATION

In this autobiographical work, Simone de Beauvoir recounts the last weeks of her mother's life. During this period of time, she and her sister Hélène kept constant vigil by their mother's bedside as her terminal

cancer took its course. As you will read, it was a time of great introspection. Even though the relationship between Simone and her mother had
been strained for much of their lives, during this period of time they
began to relate in a different manner.

"Maman" had always worried that Simone did not accept her devout
Catholicism, and that her daughter's lifestyle and work (unmarried, a
lifelong companion of Jean-Paul Sartre, writings that showed a lack of
religious commitment, etc.) were in sharp contrast with her own values.
Simone had felt stifled and resentful in return. But as her mother's life
came to an end, the perspectives of each changed.

When reading autobiographical writings, it is always interesting to
analyze the relationship between author and reader. Does the author
attempt to create an acceptable narrator in the reader's eyes? If so, does
that mean that only acts and deeds that yield a favorable image of the
narrator are presented? Does the author show all sides of himself or
herself and leave the reader to judge? How "honest" does the narrator
seem? Consider these questions as you read the following passages,
taken from the last pages of the work.

◆ Une Mort très douce [extrait]

Et faut-il ou non regretter que les docteurs l'aient réanimée et opérée?
Elle a «gagné» trente jours, elle qui ne voulait pas en perdre un seul;
ils lui ont apporté des joies, mais aussi de l'anxiété et des souffrances.
Puisqu'elle a échappé au martyre dont je l'ai crue parfois menacée, je
5 ne saurais pas décider en son nom. Pour ma sœur, perdre maman le
jour même où elle la retrouvait, ç'aurait été un choc dont elle se serait
mal relevée. Et moi? Ces quatre semaines m'ont laissé des images, des
cauchemars,° des tristesses que je n'aurais pas connues si maman s'était   mauvais rêves
éteinte° le mercredi matin. Mais je ne peux pas mesurer l'ébranlement°   s'était... était morte /
10 que j'en aurais ressenti puisque mon chagrin a explosé d'une manière   le choc
que je n'avais pas prévue. Nous avons tiré de ce sursis° un bénéfice   délai
certain: il nous a sauvées—ou presque—du remords. Quand quelqu'un
de cher disparaît, nous payons de mille regrets poignants la faute de
survivre. Sa mort nous découvre sa singularité unique; il° devient vaste   l'être cher
15 comme le monde que son absence anéantit° pour lui, que sa présence   détruit
faisait exister tout entier; il nous semble qu'il aurait dû tenir plus de
place dans notre vie; à la limite, toute la place. Nous nous arrachons à
ce vertige: il n'était qu'un individu parmi d'autres. Mais comme on ne
fait jamais tout son possible, pour personne—même dans les limites,

20 contestables, qu'on s'est fixées—il nous reste encore bien des reproches
à nous adresser. A l'égard de maman nous étions surtout coupables,° *guilty*
ces dernières années, de négligences, d'omissions, d'abstentions. Il nous
a semblé les avoir rachetées° par ces journées que nous lui avons consa- *made up*
crées, par la paix que lui donnait notre présence, par les victoires
25 remportées contre la peur et la douleur. Sans notre vigilance têtue, elle
aurait souffert bien davantage.

Car en effet, par comparaison, sa mort a été douce. «Ne me laissez
pas livrée aux bêtes.» Je pensais à tous ceux qui ne peuvent adresser cet
appel à personne: quelle angoisse de se sentir une chose sans défense,
30 tout entière à la merci des médecins indifférents et d'infirmières surme- fatiguées
nées.° Pas de main sur leur front quand la terreur les prend; pas de remède pour calmer /
calmant° dès que la douleur les tenaille,° pas de babillage° menteur pour prend / bavardage /
combler° le silence du néant. remplir / affectée

Pourquoi la mort de ma mère m'a-t-elle si vivement secouée?° Depuis ici: d'émotions
35 que j'avais quitté la maison, elle ne m'avait inspiré que peu d'élans.°
Quand elle avait perdu papa, l'intensité et la simplicité de son chagrin
m'avaient remuée,° et aussi sa sollicitude: «Pense à toi», me disait-elle, touchée
supposant que je retenais mes larmes pour ne pas aggraver sa peine.
Un an plus tard, l'agonie de sa mère lui avait douloureusement rappelé
40 celle de son mari: le jour de l'enterrement,° elle fut retenue au lit par **de...** des funérailles
une dépression nerveuse. J'avais passé la nuit à son côté; oubliant mon
dégoût pour ce lit nuptial où j'étais née, où mon père était mort, je
l'avais regardée dormir; à cinquante-cinq ans, les yeux fermés, le visage
apaisé, elle était encore belle; j'admirais que la violence de ses émotions
45 l'eût emporté sur° sa volonté. D'ordinaire je pensais à elle avec indiffé- **l'eût...** ait été plus
rence. Pourtant, dans mon sommeil—alors que mon père apparaissait forte que
très rarement et d'une manière anodine°—elle jouait souvent le rôle banale
essentiel: elle se confondait avec° Sartre,° et nous étions heureuses en- **se...** prenait la place
semble. Et puis le rêve tournait au cauchemar: pourquoi habitais-je de de / ami de Simone
50 nouveau avec elle? Comment étais-je retombée sous sa coupe?° Notre de Beauvoir / son in-
relation ancienne survivait donc en moi sous sa double figure:° une fluence / forme
dépendance chérie et détestée. Elle a ressuscité° dans toute sa force eu une résurrection
quand l'accident de maman, sa maladie, sa fin eurent cassé la routine
qui réglait à présent nos rapports. Derrière ceux qui quittent ce monde,
55 le temps s'anéantit;° et plus j'avance en âge, plus mon passé se contracte. disparaît
La «petite maman chérie» de mes dix ans ne se distingue plus de la
femme hostile qui opprima° mon adolescence; je les ai pleurées° toutes causa l'oppression de /
les deux en pleurant ma vieille mère. La tristesse de notre échec,° dont *mourned* / (voir «échouer»)
je croyais avoir pris mon parti° m'est revenue au cœur. Je regarde nos **dont...** que je croyais
60 deux photographies, qui datent de la même époque. J'ai dix-huit ans, avoir acceptée

elle approche de la quarantaine. Je pourrais presque, aujourd'hui, être sa mère et la grand-mère de cette jeune fille aux yeux tristes. Elles me font pitié, moi parce que je suis si jeune et que je ne comprends pas, elle parce que son avenir est fermé et qu'elle n'a jamais rien compris.

65 Mais je ne saurais pas leur donner de conseil. Il n'était pas en mon pouvoir d'effacer les malheurs d'enfance qui condamnaient maman à me rendre malheureuse et à en souffrir en retour. Car si elle a empoisonné plusieurs années de ma vie, sans l'avoir concerté° je le lui ai bien rendu.° Elle s'est tourmentée pour mon âme. En ce monde-ci, elle était

70 contente de mes réussites, mais péniblement affectée par le scandale que je suscitais° dans son milieu. Il ne lui était pas agréable d'entendre un cousin déclarer: «Simone est la honte de la famille.»

Les changements survenus chez maman pendant sa maladie ont exaspéré mes regrets. Je l'ai dit déjà: dotée d°'un tempérament robuste

75 et ardent, elle s'était détraquée° et rendue incommode° par ses renoncements. Alitée,° elle avait décidé de vivre pour son compte° et elle gardait cependant un constant souci d'autrui:° de ses conflits était née une harmonie. Mon père coïncidait exactement avec son personnage social: sa classe et lui-même parlaient par sa bouche d'une seule voix.

80 Ses dernières paroles—«Toi, tu as gagné ta vie de bonne heure: ta sœur m'a coûté cher»—décourageaient les larmes. Ma mère était engoncée° dans une idéologie spiritualiste; mais elle avait pour la vie une passion animale qui était la source de son courage et qui, quand elle a connu le poids de son corps, l'a rapprochée de la vérité. Elle s'est débarrassée des

85 poncifs° qui masquaient ce qu'il y avait en elle de sincère et d'attachant. Alors j'ai senti la chaleur d'une tendresse que la jalousie avait souvent défigurée et qu'elle avait su si mal exprimer. J'en ai trouvé, dans ses papiers, de touchants témoignages.° Elle avait mis de côté deux lettres, écrites l'une par un jésuite, l'autre par une amie et qui l'assuraient qu'un

90 jour je reviendrais à Dieu. Elle avait recopié de sa main un passage de Chamson, qui dit en substance: si à vingt ans j'avais rencontré un aîné prestigieux qui m'eût parlé de Nietzsche, de Gide,° de liberté, j'aurais rompu° avec le foyer paternel. Ce dossier° était complété par un article découpé dans un journal: *Jean-Paul Sartre a sauvé une âme.* Rémy Roure

95 y raconte—ce qui est d'ailleurs faux—qu'après la représentation de *Bariona,* au Stalag XII D, un médecin athée s'était converti. Je sais bien ce qu'elle demandait à ces textes: être rassurée sur mon compte;° mais elle n'en aurait pas éprouvé le besoin si elle n'avait eu de mon salut° un souci cuisant.° «Bien sûr, je voudrais aller au ciel: mais pas toute seule,

100 pas sans mes filles», a-t-elle écrit à une jeune religieuse.°

Il arrive, très rarement, que l'amour, l'amitié, la camaraderie surmontent° la solitude de la mort; malgré les apparences, même lorsque

---

voulu / **je...** j'ai fait la même chose pour elle

causais

ayant

dérangée / difficile à vivre / obligée de rester au lit / **son...** elle-même / des autres

profondément engagée

banalités

preuves

écrivain français du 20ème siècle / cassé mes attaches / *file*

mon... moi
salvation
douloureux
nun

soient plus forts que

je tenais la main de maman, je n'étais pas avec elle: je lui mentais. Parce
qu'elle avait toujours été mystifiée, cette suprême mystification m'était
105 odieuse. Je me rendais complice du destin° qui lui faisait violence. Pourtant, dans chaque cellule de mon corps, je m'unissais° à son refus, à sa
révolte: c'est pour cela aussi que sa défaite m'a terrassée.° Bien que j'aie
été absente quand elle a expiré—alors que par trois fois j'avais assisté
aux derniers instants d'un agonisant—c'est à son chevet° que j'ai vu la
110 Mort des danses macabres, grimaçante et narquoise,° la Mort des contes
de veillée° qui frappe à la porte, une faux° à la main, la Mort qui vient
d'ailleurs, étrangère, inhumaine: elle avait le visage même de maman
découvrant sa mâchoire° dans un grand sourire d'ignorance.

«Il a bien l'âge de mourir.» Tristesse des vieillards, leur exil: la plu-
115 part ne pensent pas que pour eux cet âge ait sonné.° Moi aussi, et même
à propos de ma mère, j'ai utilisé ce cliché. Je ne comprenais pas qu'on
pût pleurer avec sincérité un parent, un aïeul° de plus de soixante-dix
ans. Si je rencontrais une femme de cinquante ans accablée° parce
qu'elle venait de perdre sa mère, je la tenais pour une névrosée:° nous
120 sommes tous mortels; à quatre-vingts ans on est bien assez vieux pour
faire un mort...

Mais non. On ne meurt pas d'être né, d'avoir vécu, ni de vieillesse.
On meurt de *quelque chose*. Savoir ma mère vouée° par son âge à une fin
prochaine n'a pas atténué° l'horrible surprise: elle avait un sarcome.°
125 Un cancer, une embolie, une congestion pulmonaire: c'est aussi brutal
et imprévu que l'arrêt d'un moteur° en plein ciel. Ma mère encourageait
à l'optimisme lorsque, percluse,° moribonde,° elle affirmait le prix infini
de chaque instant; mais aussi son vain acharnement° déchirait le rideau°
rassurant de la banalité quotidienne. Il n'y a pas de mort naturelle: rien
130 de ce qui arrive à l'homme n'est jamais naturel puisque sa présence met
le monde en question. Tous les hommes sont mortels: mais pour chaque
homme sa mort est un accident et, même s'il la connaît et y consent,
une violence indue.°

— *Une Mort très douce,* 1964

me... collaborais avec
la destinée / m'asso-
ciais / affectée si for-
tement

à... aux côtés de son lit

malicieuse

contes... légendes /
sickle

jaw

ait... soit arrivé

ancêtre

triste

personne avec une
maladie nerveuse

destinée

diminué / une tumeur
maligne

(d'avion)

incapable de bouger /
mourante / obstina-
tion / *curtain*

contraire à la raison

COMPREHENSION

Vrai ou faux? Si c'est faux, corrigez.

1. La mère de Simone était une de ces personnes qui pensent que chaque jour est précieux.

2. Après son opération du cancer elle a vécu deux mois.

3. Simone dit que les survivants se sentent coupables du fait même qu'ils sont toujours vivants.

4. Simone et sa sœur s'étaient beaucoup occupées de leur mère pendant les dernières années avant sa mort.

5. Le personnel médical est comparé à des bêtes.

6. La mère de Simone n'avait pas pu assister à l'enterrement de son mari parce qu'elle avait été malade.

7. Simone perçoit sa dépendance comme une force paradoxale.

8. Simone rêvait souvent à sa mère.

9. Les dernières paroles de son père avaient fait pleurer Simone.

10. La mère de Simone de Beauvoir avait fait un dossier de documents qui pourraient aider sa fille à revenir à la religion.

11. Simone était au chevet de sa mère au moment où elle est morte.

12. Simone de Beauvoir pense que la mort est toujours violente, même pour les gens âgés.

PERCEPTIONS

1. Simone de Beauvoir dit que comme «on ne fait jamais tout son possible, pour personne» on a beaucoup de regrets quand quelqu'un de cher nous quitte de façon définitive, que ce soit par la mort ou une autre séparation. On pense à tout ce qu'on aurait dû faire pour la personne. Etes-vous d'accord?

2. Pourquoi Simone de Beauvoir dit-elle qu'on se sert de «babillage menteur pour combler le silence»? Dans quelles circonstances se sent-on obligé de «combler le silence»? Les mensonges sont-ils parfois préférables au silence?

3. Expliquez pourquoi la mort de Maman a été «douce». De quels privilèges a-t-elle joui? Quelles étaient ses angoisses?

4. Beauvoir dit que «plus j'avance en âge, plus mon passé se contracte». En pensant à sa mère, par exemple, les images de sa mère quand Simone avait dix ans, 18 ans, et 50 ans se confondent en une seule; et cette image est plus tendre qu'elle n'aurait pensé. Est-ce que vous avez jamais eu une telle expérience en regardant de vieilles photos? Expliquez.

5. Expliquez la phrase «moi parce que je suis si jeune et que je ne comprends pas, elle parce que son avenir est fermé et qu'elle n'a jamais rien compris». Dans quel sens la jeunesse en général et la vieillesse de sa mère en particulier, sont-elles tragiques?

6. Beauvoir n'accepte pas la phrase «Il a bien l'âge de mourir.» Elle dit que, oui, «tous les hommes sont mortels», mais que quand la mort vient c'est un accident brutal pour la personne qui meurt. Est-il vrai qu'il n'y a pas de mort «naturelle», que toute mort est en réalité une «violence»? Justifiez votre opinion.

7. Vous avez déjà examiné la relation entre mère et fille dans les lettres de Mme de Sévigné à sa fille, et entre mère et fils dans la lettre de Mme d'Epinay.
   a. Comparez le rôle que Mme de Beauvoir a joué dans la vie de sa fille et l'influence des deux autres mères dont vous avez lu la correspondance.
   b. Dans quelle mesure faut-il attribuer les différences au fait que c'est la fille (au lieu de la mère) qui parle ici?
   c. Imaginez le genre de lettre que Mme de Beauvoir aurait écrit à Simone, pour essayer de la convaincre de pratiquer sa religion et peut-être aussi d'épouser ou de quitter Sartre. Ecrivez quelques paragraphes de cette lettre.

Eugène Ionesco
(1912–   )

Né en 1912 en Roumanie de père roumain et de mère française, Eugène Ionesco passe son enfance en France et son adolescence en Roumanie. Devenu professeur de français dans un collège de Bucarest, en 1938 il reçoit une bourse du gouvernement roumain pour préparer sa thèse de doctorat à Paris. Il est donc en France quand la guerre éclate, et il va y rester avec sa femme et sa fille.

Pendant plusieurs années il vit dans la pauvreté. Pour obtenir un meilleur travail dans l'administration, il décide d'apprendre l'anglais avec les disques et les livres de la méthode Assimil. C'est alors qu'il se rend compte de l'absurdité du langage et du vide des conversations quotidiennes. «Dès la troisième leçon, note-t-il, deux personnages étaient mis en présence, M. et Mme Smith, un couple d'Anglais. A mon grand émerveillement, Mme Smith faisait connaître à son mari qu'ils avaient plusieurs enfants, qu'ils habitaient dans les environs de Londres, que leur nom était Smith, etc.» (*Notes et contre-notes*). Combinant les clichés, les truismes, les banalités de la méthode Assimil—et de la vie de tous les jours—Ionesco écrit sa première pièce, *La Cantatrice chauve* (1948). Il n'y a pas d'intrigue, pas d'action, il n'y a même pas de cantatrice chauve;[1] dans cette anti-pièce du «théâtre de l'absurde», il y a seulement le spectacle de l'absurde, l'évidence triviale de la non-communication. Au lieu de servir le drame, le langage devient le drame même. L'effet immédiat est comique; le message est tragique.

Représentée en 1950 dans un petit théâtre de Paris, la pièce obtient un succès immédiat. *La Leçon*, créée en 1951, connaît le même succès en France et à l'étranger. Depuis, le théâtre de Ionesco, tout en gardant la forme mécanique qui caractérise le théâtre de l'absurde, a évolué vers des pièces à message. Ainsi dans *Rhinocéros* (1960), Ionesco dénonce allégoriquement les dangers du fascisme, du communisme ou du totalitarisme sous toutes leurs formes. Défenseur de l'individu dans une société qui veut supprimer l'individualité, Ionesco ne propose cependant aucun espoir, seulement la réalité de la solitude humaine.

---

1. *bald soprano*

✦ La Cantatrice chauve

PREPARATION

In your readings you have seen many ways of creating humor on the stage. (Think for example of *La Farce du cuvier, L'Ecole des femmes,* and *Cyrano de Bergerac.*) Ionesco is a master of the comic art; his plays are among the funniest on the French stage today. One of the techniques he uses to create humor is to show the seemingly everyday situation in its most trivial aspect, and thus to make us appreciate the strangeness in the very ordinary.

As you read the following scene from *La Cantatrice chauve,* a scene in which two people are waiting for their friends, make a list of everything that seems very strange to you. Consider both what happens and what is said. Find several expressions that are direct translations from English and that add to the strangeness. Underline some of these.

✦ LA CANTATRICE CHAUVE [scène]

SCENE IV

MME *et* M. MARTIN *s'assoient l'un en face de l'autre, sans se parler. Ils se sourient, avec timidité.*

M. MARTIN (*le dialogue qui suit doit être dit d'une voix traînante,° monotone, un peu chantante, nullement nuancée*): Mes excuses, Madame, mais il me semble, si je ne me trompe, que je vous ai déjà rencontrée quelque part.   °lente

5 MME MARTIN: À moi aussi, Monsieur, il me semble que je vous ai déjà rencontré quelque part.

M. MARTIN: Ne vous aurais-je pas déjà aperçue,° Madame, à Manchester, par hasard?   °vue

MME MARTIN: C'est très possible. Moi, je suis originaire de la ville de
10 Manchester! Mais je ne me souviens pas très bien, Monsieur, je ne pourrais pas dire si je vous y ai aperçu, ou non!

M. MARTIN: Mon Dieu, comme c'est curieux! Moi aussi je suis originaire de la ville de Manchester, Madame!

MME MARTIN: Comme c'est curieux!

15 M. MARTIN: Comme c'est curieux!... Seulement, moi, Madame, j'ai quitté la ville de Manchester, il y a cinq semaines, environ.

MME MARTIN: Comme c'est curieux! quelle bizarre coïncidence! Moi aussi, Monsieur, j'ai quitté la ville de Manchester, il y a cinq semaines, environ.

20 M. MARTIN: J'ai pris le train d'une demie après huit le matin, qui arrive à Londres à un quart avant cinq, Madame.

MME MARTIN: Comme c'est curieux! comme c'est bizarre! et quelle coïncidence! J'ai pris le même train, Monsieur, moi aussi!

M. MARTIN: Mon Dieu, comme c'est curieux! peut-être bien alors, Ma-
25 dame, que je vous ai vue dans le train?

MME MARTIN: C'est bien possible, ce n'est pas exclu, c'est plausible et, après tout, pourquoi pas!... Mais je n'en ai aucun souvenir, Monsieur!

M. MARTIN: Je voyageais en deuxième classe, Madame. Il n'y a pas de
30 deuxième classe en Angleterre, mais je voyage quand même en deuxième classe.

MME MARTIN: Comme c'est bizarre, que c'est curieux, et quelle coïncidence! moi aussi, Monsieur, je voyageais en deuxième classe!

M. MARTIN: Comme c'est curieux! Nous nous sommes peut-être bien
35 rencontrés en deuxième classe, chère Madame!

MME MARTIN: La chose est bien possible et ce n'est pas du tout exclu. Mais je ne m'en souviens pas très bien, cher Monsieur!

M. MARTIN: Ma place était dans le wagon n° 8, sixième compartiment, Madame!

40 MME MARTIN: Comme c'est curieux! ma place aussi était dans le wagon n° 8, sixième compartiment, cher Monsieur!

M. MARTIN: Comme c'est curieux et quelle coïncidence bizarre! Peut-être nous sommes-nous rencontrés dans le sixième compartiment, chère Madame?

45 MME MARTIN: C'est bien possible, après tout! Mais je ne m'en souviens pas, cher Monsieur!

M. MARTIN: A vrai dire, chère Madame, moi non plus je ne m'en souviens pas, mais il est possible que nous nous soyons aperçus là, et, si j'y pense bien, la chose me semble même très possible!

50 MME MARTIN: Oh! vraiment, bien sûr, vraiment, Monsieur!

M. MARTIN: Comme c'est curieux!... J'avais la place n° 3, près de la fenêtre, chère Madame.

MME MARTIN: Oh, mon Dieu, comme c'est curieux et comme c'est bizarre, j'avais la place n° 6, près de la fenêtre, en face de vous, cher Mon-
55 sieur.

M. MARTIN: Oh, mon Dieu, comme c'est curieux et quelle coïncidence!... Nous étions donc vis-à-vis, chère Madame! C'est là que nous avons dû nous voir!

MME MARTIN: Comme c'est curieux! C'est possible mais je ne m'en sou-
60   viens pas, Monsieur!

M. MARTIN: A vrai dire, chère Madame, moi non plus je ne m'en souviens
pas. Cependant, il est très possible que nous nous soyons vus à cette
occasion.

MME MARTIN: C'est vrai, mais je n'en suis pas sûre du tout, Monsieur.

65   M. MARTIN: Ce n'était pas vous, chère Madame, la dame qui m'avait prié
de mettre sa valise dans le filet° et qui ensuite m'a remercié et m'a   place pour les bagages
permis de fumer?

MME MARTIN: Mais si, ça devait être moi, Monsieur! Comme c'est curieux, comme c'est curieux, et quelle coïncidence!

70   M. MARTIN: Comme c'est curieux, comme c'est bizarre, quelle coïncidence! Eh bien alors, alors nous nous sommes peut-être connus à
ce moment-là, Madame?

MME MARTIN: Comme c'est curieux et quelle coïncidence! c'est bien possible, cher Monsieur! Cependant, je ne crois pas m'en souvenir.

75   M. MARTIN: Moi non plus, Madame.

Un moment de silence. La pendule° sonne 2–1.°   clock / 2 fois puis une
                                                                           autre fois

M. MARTIN: Depuis que je suis arrivé à Londres, j'habite rue Bromfield,
chère Madame.

MME MARTIN: Comme c'est curieux, comme c'est bizarre! moi aussi, depuis mon arrivée à Londres, j'habite rue Bromfield, cher Monsieur.

80   M. MARTIN: Comme c'est curieux, mais alors, mais alors, nous nous sommes peut-être rencontrés rue Bromfield, chère Madame.

MME MARTIN: Comme c'est curieux; comme c'est bizarre! c'est bien possible, après tout! Mais je ne m'en souviens pas, cher Monsieur.

M. MARTIN: Je demeure au n° 19, chère Madame.

85   MME MARTIN: Comme c'est curieux, moi aussi j'habite au n° 19, cher
Monsieur.

M. MARTIN: Mais alors, mais alors, mais alors, mais alors, mais alors, nous
nous sommes peut-être vus dans cette maison, chère Madame?

MME MARTIN: C'est bien possible, mais je ne m'en souviens pas, cher
90   Monsieur.

M. MARTIN: Mon appartement est au cinquième étage, c'est le n° 8, chère
Madame.

MME MARTIN: Comme c'est curieux, mon Dieu, comme c'est bizarre!
et quelle coïncidence! moi aussi j'habite au cinquième étage, dans
95   l'appartement n° 8, cher Monsieur!

M. MARTIN: (*songeur*): Comme c'est curieux, comme c'est curieux, comme c'est curieux et quelle coïncidence! vous savez, dans ma chambre à coucher j'ai un lit. Mon lit est couvert d'un édredon° vert. Cette chambre, avec ce lit et son édredon vert, se trouve au fond du corri- dor, entre les waters et la bibliothèque, chère Madame!

sorte de couverture

100

MME MARTIN: Quelle coïncidence, ah mon Dieu, quelle coïncidence! Ma chambre à coucher a, elle aussi, un lit avec un édredon vert et se trouve au fond du corridor, entre les waters, cher Monsieur, et la bibliothèque!

105 M. MARTIN: Comme c'est bizarre, curieux, étrange! alors, Madame, nous habitons dans la même chambre et nous dormons dans le même lit, chère Madame. C'est peut-être là que nous nous sommes rencontrés!

MME MARTIN: Comme c'est curieux et quelle coïncidence! C'est bien pos- sible que nous nous y soyons rencontrés, et peut-être même la nuit dernière. Mais je ne m'en souviens pas, cher Monsieur!

110

M. MARTIN: J'ai une petite fille, ma petite fille, elle habite avec moi, chère Madame. Elle a deux ans, elle est blonde, elle a un œil blanc et un œil rouge, elle est très jolie, elle s'appelle Alice, chère Madame.

MME MARTIN: Quelle bizarre coïncidence! moi aussi j'ai une petite fille, elle a deux ans, un œil blanc et un œil rouge, elle est très jolie et s'appelle aussi Alice, cher Monsieur!

115

M. MARTIN: (*même voix traînante, monotone*): Comme c'est curieux et quelle coïncidence! et bizarre! c'est peut-être la même, chère Madame!

MME MARTIN: Comme c'est curieux! c'est bien possible, cher Monsieur.

Un assez long moment de silence... La pendule sonne vingt-neuf fois.

M. MARTIN: (*après avoir longuement réfléchi, se lève lentement et, sans se presser, se dirige vers* MME MARTIN *qui, surprise par l'air solennel de* M. MARTIN, *s'est levée, elle aussi, tout doucement;* M. MARTIN *a la même voix rare, monotone, vaguement chantante*):—Alors, chère Madame, je crois qu'il n'y a pas de doute, nous nous sommes déjà vus et vous êtes ma propre épouse... Élisabeth, je t'ai retrouvée!

120

MME MARTIN *s'approche de* M. MARTIN *sans se presser. Ils s'embrassent sans expression. La pendule sonne une fois, très fort. Le coup de la pendule doit être si fort qu'il doit faire sursauter les spectateurs. Les époux Martin ne l'entendent pas.*

MME MARTIN: Donald, c'est toi, darling!

Ils s'assoient dans le même fauteuil, se tiennent embrassés et s'endorment. La pendule sonne encore plusieurs fois[...]

— *La Cantatrice chauve*, 1948

COMPREHENSION

A. Faites une liste de toutes les choses que M. et Mme Martin ont en commun (au moins dix).

1. ville d'origine

2.

3.

etc.

B. Quelle heure est-il quand la pendule sonne la première fois dans cette scène? et la deuxième fois? Qu'est-ce que la pendule ajoute au caractère «absurde» de la scène?

PERCEPTIONS

1. La scène IV est ce qu'on appelle une scène de retrouvailles. Traditionnellement dans cette sorte de scène, deux personnages se reconnaissent par un objet qu'un des deux porte et que l'autre reconnaît au moment propice. Remarquez les étapes de la reconnaissance dans cette scène. Notez surtout les répétitions-refrains du couple, et leur ton monotone, pendant qu'ils «découvrent» l'identité de l'autre. Pourquoi est-ce comique? Justifiez votre jugement.

2. Ionesco, avec son sens de l'absurde, nous présente deux époux qui ne se reconnaissent qu'après un grand effort.
   a. Quelle image du mariage présente-t-il ainsi?
   b. Au moment de s'embrasser, et soi-disant heureux d'être «ensemble enfin», les Martin s'endorment immédiatement. Qu'est-ce que Ionesco implique sur la communication humaine?

3. Les personnages de Ionesco basent leur conversation sur le trivial, le banal, l'évident; ils s'expriment de manière formelle comme s'ils ne se connaissaient pas. Dans quelle mesure faisons-nous la même chose dans nos conversations quotidiennes? Pourquoi?

4. Cette scène est-elle tragique ou comique? Justifiez votre opinion.

Jean Anouilh
(1910–1987)

Originaire de Bordeaux, fils d'un tailleur et d'une violoniste, Jean Anouilh s'est intéressé très tôt au théâtre. A 12 ans il écrivait déjà des fragments de pièces. Après avoir abandonné des études de droit, il a travaillé dans une agence de publicité à Paris, puis il s'est introduit dans le monde du théâtre en tant que secrétaire de Louis Jouvet, l'acteur le plus célèbre de Paris à l'époque.

Les premières pièces de Jean Anouilh n'ont pas eu beaucoup de succès, mais la gloire est venue en 1937 avec *Le Voyageur sans bagage,* une gloire qui ne l'a plus quitté jusqu'à sa mort. Auteur d'une quarantaine de pièces, Anouilh est considéré comme un des grands dramaturges[1] du 20ème siècle. Sa pièce *Antigone* (1944) est devenue un classique de la littérature française.

Anouilh a évolué avec son théâtre; il a commencé par des «pièces noires» qui sont les tragédies des pauvres, des enfants qui refusent de grandir, des idéalistes: puis il a écrit des «pièces roses» qui sont des satires comiques des riches. Dans les «nouvelles pièces noires» les idéalistes se révoltent encore contre les compromis de la vie, mais leur héroïsme devient «absurde». Les «pièces costumées» sont des pièces historiques. Les «pièces brillantes» et les «pièces grinçantes»[2] constituent le reste du théâtre d'Anouilh: ce sont des pièces tragi-comiques où on joue avec l'absurde, car s'il faut pleurer dans cette vie, que ce soit au moins de rire. Pour survivre au désespoir et à la solitude de la vie, les héros d'Anouilh portent des masques. Alors que les existentialistes «s'installent dans la difficulté», Anouilh opte pour un monde de conventions où chacun joue son rôle, jusqu'au bout. C'est le cas de Becket.

Becket ou l'honneur de Dieu, pièce «costumée» créée en 1959, est le drame d'une amitié entre le roi Henri II d'Angleterre et son compagnon de chasse et de débauche, son conseiller politique Thomas Becket. Pour essayer de régler le problème entre l'Eglise et l'Etat, le roi force Becket (autrefois opposé à l'Eglise) à accepter le poste d'archevêque d'Angleterre. Becket l'avertit qu'il fait une folie: «Si je deviens archevêque, je ne pourrai plus être votre ami.» Le roi ne comprend pas que Becket, en acceptant un nouveau rôle, change de scène et de conventions. Chargé de «l'honneur de Dieu», Becket s'engage à «faire absurdement ce dont il a été chargé, jusqu'au bout».

---

1. auteurs de pièces de théâtre   2. *gritting, grating*

Becket

PREPARATION

In the dramatic episode you will read, two men who once were the closest of friends will each see the need to be true to himself, and to play out his role in life. Although each cares deeply about the other, a higher calling wins out. As you read, underline the lines that explain the motivation of Becket and «Le roi», and why each must inevitably act as he does.

◆ BECKET [scène]

Le noir. Puis la lumière. Tout le monde a disparu. Il n'y a plus, au milieu de la plaine, que BECKET *et* LE ROI *à cheval, l'un en face de l'autre. On entendra, pendant toute la scène le vent d'hiver, comme une mélopée aiguë° sous leurs paroles. Pendant leurs silences, on n'entendra plus que lui.*

une mélopée... musique monotone

LE ROI: Tu as vieilli, Thomas.

BECKET: Vous aussi, Altesse. Vous n'avez pas trop froid?

LE ROI: Si. Je pèle° de froid. Tu dois être content, toi! Tu es dans ton élément. Et tu es pieds nus, en plus?

meurs

5   BECKET: (*sourit*): C'est ma nouvelle coquetterie.

LE ROI: Avec mes poulaines° fourrées, je crève d'engelures.° Tu n'en as pas?

chaussures / crevasses causées par le froid

BECKET (*doucement*): Si, bien sûr.

LE ROI (*ricane*): Tu les offres à Dieu, au moins, saint moine?

10 BECKET (*grave*): J'ai mieux à lui offrir.

LE ROI (*crie soudain*): Si nous commençons tout de suite, nous allons nous disputer! Parlons de choses indifférentes. Tu sais que mon fils a quatorze ans? Il est majeur.

BECKET: Il s'est amélioré?

15 LE ROI: Un petit imbécile, sournois° comme sa mère. Ne te marie jamais, Becket!

devious

BECKET (*sourit*): La question est réglée maintenant. Et par Votre Altesse. C'est elle qui m'a fait ordonner prêtre.

LE ROI (*crie encore*): Ne commençons pas encore, je te dis! Parlons d'autre
20   chose.

BECKET (*demande, léger*): Votre Altesse a beaucoup chassé?

LE ROI (*furieux*): Tous les jours! Et cela ne m'amuse plus.

BECKET: Elle a de nouveaux faucons?

LE ROI (*furieux*): Les plus chers! Mais ils volent mal.

25 BECKET: Et les chevaux?

LE ROI: Le sultan m'a envoyé quatre étalons° superbes pour le dixième anniversaire de mon règne. Mais ils foutent° tout le monde par terre. Personne n'a encore pu les monter.

chevaux mâles
mettent

BECKET (*sourit*): Il faudra que je vienne voir ça un jour.

30 LE ROI: Ils te foutront par terre comme les autres! Et on verra ton cul sous ta robe. Du moins, je l'espère, ou ce serait à désespérer de tout!

BECKET (*après un petit temps*): Vous savez ce que je regrette le plus, Altesse? Ce sont les chevaux.

LE ROI: Et les femmes?

35 BECKET (*simplement*): J'ai oublié.

LE ROI: Hypocrite! Tu es devenu hypocrite en devenant curé. (*Il demande soudain:*) Tu l'aimais, Gwendoline?[1]

BECKET: J'ai oublié aussi.

LE ROI: Tu l'aimais! C'est la seule explication que j'ai trouvée.

40 BECKET (*grave*): Non, mon prince, en mon âme et conscience, je ne l'aimais pas.

LE ROI: Alors, tu n'as jamais rien aimé, c'est pire. (*Il demande bourru°:*) Pourquoi m'appelles-tu ton prince, comme autrefois?

gruff

BECKET (*doucement*): Parce que vous êtes resté mon prince.

45 LE ROI (*crie*): Alors, pourquoi me fais-tu du mal?

BECKET (*à son tour, doucement*): Parlons d'autre chose.

LE ROI: De quoi? J'ai froid.

BECKET: Je vous ai toujours dit, mon prince, qu'il fallait lutter contre le froid avec les armes du froid. Mettez-vous nu tous les matins et
50 lavez-vous à l'eau froide.

LE ROI: Je l'ai fait autrefois, quand tu étais là pour m'y obliger. Maintenant, je ne me lave plus. Je pue.° Un temps, je me suis laissé pousser la barbe. Tu l'as su?

sens mauvais

BECKET (*sourit*): Oui. J'ai bien ri.

55 LE ROI: Après, je l'ai coupée, parce que cela me grattait. (*Il crie, soudain, comme un enfant perdu.*) Je m'ennuie, Becket!

BECKET (*grave*): Mon prince. Je voudrais tant pouvoir vous aider.

---

1. Maîtresse de Becket que le roi a voulu prendre par caprice; Gwendoline s'est tuée avant que le roi ne la touche.

LE ROI: Qu'est-ce que tu attends? Tu vois que je suis en train d'en crever!°   mourir

60 BECKET (*doucement*): Que l'honneur de Dieu et l'honneur du roi se confondent.

LE ROI: Cela risque d'être long!

BECKET: Oui. Cela risque d'être long.

Il y a un silence. On n'entend plus que le vent.

LE ROI (*soudain*): Si on n'a plus rien à se dire, il vaut autant aller se
65 réchauffer!

BECKET: On a tout à se dire, mon prince. L'occasion ne se présentera peut-être pas deux fois.

LE ROI: Alors, fais vite. Sinon, c'est deux statues de glace qui se réconcilieront dans un froid définitif. Je suis ton roi, Becket! Et tant que
70 nous sommes sur cette terre, tu me dois le premier pas. Je suis prêt à oublier bien des choses, mais pas que je suis roi. C'est toi qui me l'as appris.

BECKET (*grave*): Ne l'oubliez jamais, mon prince. Fût-ce° contre Dieu!   **Fût...** Même si c'est
Vous, vous avez autre chose à faire. Tenir la barre° du bateau.   direction

75 LE ROI: Et toi, qu'est-ce que tu as à faire?

BECKET: J'ai à vous résister de toutes mes forces, quand vous barrez contre le vent.

LE ROI: Vent en poupe,° Becket? Ce serait trop beau! C'est de la naviga-   **en...** à l'arrière (fa-
tion pour petites filles. Dieu avec le roi? Ça n'arrive jamais. Une fois   vorable)
80 par siècle, au moment des croisades, quand toute la chrétienté crie:
«Dieu le veut!» Et encore!° Tu sais comme moi quelle cuisine cela   *yet*
cache une fois sur deux, les croisades. Le reste du temps, c'est vent
debout.° Et il faut bien qu'il y en ait un qui se charge des bordées!°   contraire / l'eau qui
                                                                                 entre dans le bateau
                                                                                 pendant une tem-
BECKET: Et un autre qui se charge du vent absurde—et de Dieu. La   pête / le travail
85 besogne° a été, une fois pour toutes, partagée. Le malheur est qu'elle
l'ait été entre nous deux, mon prince, qui étions amis.

LE ROI (*crie, avec humeur*): Le roi de France—je ne sais pas encore ce
qu'il y gagne— m'a sermonné pendant trois jours pour que nous
fassions notre paix. A quoi te servirait de me pousser à bout?°   **pousser...** faire perdre
                                                                                 patience
90 BECKET: A rien.

LE ROI: Tu sais que je suis le roi et que je dois agir comme un roi.
Qu'espères-tu? Ma faiblesse?

BECKET: Non. Elle m'atterrerait.°   consternerait

LE ROI: Me vaincre par force?

BECKET: C'est vous qui êtes la force.

LE ROI: Me convaincre?

BECKET: Non plus. Je n'ai pas à vous convaincre. J'ai seulement à vous
dire non.

LE ROI: Il faut pourtant être logique, Becket!

100 BECKET: Non. Cela n'est pas nécessaire, mon roi. Il faut seulement faire,
absurdement, ce dont on a été chargé—jusqu'au bout.

LE ROI: Je t'ai bien connu tout de même! Dix ans, petit Saxon! A la
chasse, au bordel, à la guerre; tous les deux des nuits entières derrière des pots de vin; dans le lit de la même fille quelquefois—et
105 même au conseil devant la besogne. Absurdement. Voilà un mot qui
ne te ressemble pas.

BECKET: Peut-être. Je ne me ressemble plus.

LE ROI (*ricane*°): Tu as été touché par la grâce?   rire sarcastique

BECKET (*grave*): Pas par celle que vous croyez. J'en suis indigne.°[...]   **J'en...** je ne la mérite
pas

110 LE ROI: Alors?

BECKET: Je me suis senti chargé de quelque chose tout simplement, pour
la première fois, dans cette cathédrale vide, quelque part en France,
où vous m'avez ordonné de prendre ce fardeau.° J'étais un homme   cette charge
sans honneur. Et, tout d'un coup, j'en ai eu un, celui que je n'aurais
115 jamais imaginé devoir devenir mien, celui de Dieu. Un honneur in-
compréhensible et fragile, comme un enfant-roi poursuivi.

LE ROI (*qui se fait plus brutal*): Si nous parlions de choses précises, Becket,
avec des mots à ma portée?° Sinon, nous n'en finirons plus. J'ai froid.   **ma...** mon niveau
Et les autres nous attendent à chaque bout de cette plaine.

120 BECKET: Je suis précis.

LE ROI: Alors, c'est moi qui suis un imbécile. Parle-moi comme à un
imbécile! C'est un ordre. Lèveras-tu l'excommunication de Guillaume d'Aynesford et les autres que tu as prononcées contre des
hommes à moi?

125 BECKET: Non, mon roi, car je n'ai que cette arme pour défendre cet
enfant° à moi confié, qui est nu.   (l'Eglise d'Angleterre)

LE ROI: Accepteras-tu les douze propositions qu'ont admises mes
évêques° en ton absence à Northampton, et notamment de renoncer   *bishops*
à la protection abusive des clercs saxons, qui se font tonsurer° pour   **se font...** deviennent
130 fuir la glèbe?°   moines / le travail de
                                                                        la terre
                                                                        moutons
BECKET: Non, mon roi. Car mon rôle est de défendre mes brebis° et ils
sont mes brebis. (*Après un temps, il dit enfin:*) Je n'accepterai pas non
plus que le choix des curés échappe à l'épiscopat,° ni qu'aucun clerc   l'ordre des évêques

soit justiciable d'une autre juridiction que d'Église. Ce sont là mes
135 devoirs de pasteur qu'il ne m'appartient pas de résigner. Mais j'accepterai les neuf autres articles, par esprit de paix, et parce que je
sais qu'il faut que vous restiez le roi—fors° l'honneur de Dieu. excepté

LE ROI (*froid, après un temps*): Eh bien, soit. Je t'aiderai à défendre ton
Dieu, puisque c'est ta nouvelle vocation, en souvenir du compagnon
140 que tu as été pour moi—fors l'honneur du royaume! Tu peux rentrer en Angleterre, Thomas.

BECKET: Merci, mon prince. Je comptais de toute façon y rentrer et m'y
livrer° à votre pouvoir, car sur cette terre, vous êtes mon roi. Et pour rendre
ce qui est de cette terre, je vous dois obéissance.

145 LE ROI (*embarrassé, après un temps*): Eh bien, retournons, maintenant.
Nous avons fini. J'ai froid.

BECKET (*sourdement aussi*): Moi aussi, maintenant, j'ai froid.

Un silence encore. Ils se regardent. On entend le vent.

LE ROI (*demande soudain*): Tu ne m'aimais pas, n'est-ce pas, Becket?

BECKET: Dans la mesure où j'étais capable d'amour, si, mon prince.

150 LE ROI: Tu t'es mis à aimer Dieu? (*Il crie:*) Tu es donc resté le même,
sale tête, à ne pas répondre quand on te pose une question?

BECKET (*doucement*): Je me suis mis à aimer l'honneur de Dieu.

LE ROI (*sombre*): Rentre en Angleterre. Je te donne ma paix royale.
Puisses-tu° avoir la tienne. Et ne pas t'être trompé sur toi-même. Je **Puisses...** J'espère que
155 ne te supplierai jamais plus.° (*Il crie, soudain:*) Je n'aurais pas dû te tu pourras / **suppli-**
revoir! Cela m'a fait mal! **erai...** demanderai
plus de faveurs

Il est soudain secoué d'un sanglot qui le casse sur son cheval.

BECKET (*ému, s'approche et murmure*): Mon prince.

LE ROI (*hurle*): Ah non, pas de pitié! C'est sale. Arrière! Rentre en
Angleterre! Rentre en Angleterre! On a trop froid ici!

160 BECKET (*grave, faisant tourner son cheval et se rapprochant du roi*): Adieu,
mon prince. Me donnez-vous le baiser de paix?

LE ROI: Non. Je ne puis plus t'approcher. Je ne puis plus te voir. Plus
tard! Plus tard! Quand je n'aurai plus mal.

BECKET: Je m'embarquerai demain. Adieu, mon prince. Je sais que je ne
165 vous reverrai plus.

LE ROI (*lui crie, défiguré, haineux*): Pourquoi oses-tu me dire cela après
ma parole royale? Me prends-tu pour un traître?

BECKET *le regarde encore un instant, grave, avec une sorte de pitié dans son
regard. Puis, il détourne lentement son cheval et s'éloigne. Le vent redouble.*

LE ROI (*crie soudain*): Thomas!

Mais BECKET *n'a pas entendu. Il s'éloigne et* LE ROI *ne crie pas une seconde fois. Il cabre son cheval et part au galop dans la direction opposée. La lumière baisse et revient dans le bruit du vent qui augmente.*

— *Becket*, 1959

COMPREHENSION

A. Vrai ou faux? Si c'est faux, corrigez.

1. Ni Becket ni le roi ne portent de chaussures.

2. Le roi regrette de s'être marié.

3. Ce que Becket regrette le plus de sa vie antérieure avec le roi, c'est la chasse.

4. Becket continue à penser à Gwendoline.

5. Le roi suit toujours les recommandations de Becket pour lutter contre le froid.

6. Pour que Becket et le roi puissent de nouveau être amis, il faudrait que les buts de l'Eglise et ceux du gouvernement soient les mêmes.

7. Le roi est prêt à oublier sa position officielle quand il est avec Becket.

8. Dans la métaphore du bateau,
   a. le roi est chargé de la direction.
   b. Becket doit résister quand le roi va dans la mauvaise direction.
   c. selon le roi, la plupart du temps, les vents sont favorables.
   d. les croisades cachent des choses pas très propres comme on en trouve dans les cuisines.
   e. le roi a l'habitude des tempêtes.
   f. selon Becket, les vents que les deux hommes combattent ne sont pas compatibles.

9. Becket essaie de convaincre le roi de son point de vue.

10. Becket a beaucoup changé.

11. Becket a perdu ses intérêts personnels quand il a accepté ses responsabilités d'archevêque.

12. Becket, en tant qu'archevêque, a excommunié des amis du roi.

13. Le roi veut dicter des ordres à l'Eglise.

14. Becket promet au roi de le revoir en Angleterre.

B. Répondez:

1. Pourquoi toutes ces mentions du froid? Correspond-il à un froid figuré? Expliquez.

2. Quelles sont les «choses indifférentes» que le roi et Becket discutent d'abord? Pourquoi?

PERCEPTIONS

1. A plusieurs moments, le roi ressemble à un petit garçon.
   a. Trouvez ces moments, et indiquez comment Anouilh crée cette impression.
   b. Quel est l'effet produit par un roi qui est comme un enfant? A-t-on plus ou moins de respect pour lui et pour ce qu'il fait?

2. Le roi et Becket expriment une philosophie de la vie qui consiste à «faire ce dont on a été chargé jusqu'au bout». Ici cela veut dire que Becket sera tué pour avoir désobéi au roi. Que pensez-vous de cette philosophie?

3. Becket se décrit comme un jeune homme qui n'avait pas d'honneur et qui n'aimait que le plaisir, jusqu'au jour où le roi lui a demandé de devenir archevêque d'Angleterre et il a découvert «l'honneur de Dieu». Depuis, sa vie est dédiée tout entière à cette idée d'honneur.
   a. Quelle est la différence entre «aimer Dieu» et «aimer l'honneur de Dieu»?
   b. Trouvez-vous parfois que ceux qui se convertissent à une nouvelle foi religieuse, politique ou sociale, deviennent plus facilement des fanatiques? Expliquez.

4. Parfois il faut choisir entre une amitié et des obligations professionnelles. A votre avis, qu'est-ce qui est plus important? Pourquoi?

Marie Cardinal
(1929–   )

Née à Alger en 1929, Marie Cardinal a reçu une éducation bourgeoise assez stricte. Après des études supérieures de philosophie, elle s'est mariée en 1953. Mère de trois enfants, elle a enseigné la philosophie à l'étranger pendant sept ans, puis s'engageant dans la cause féministe, elle est devenue journaliste et écrivain. Son premier roman, *Ecoutez la mer* (1962), lui a valu le prix international du Premier Roman. En 1976 elle a reçu le Prix Littré pour le bouleversant récit de sa vie, *Les Mots pour le dire*.

La Clé sur la porte (1975) est son œuvre la plus célèbre. Autobiographique également, c'est l'histoire d'une femme de 40 ans qui vit avec ses trois enfants dans un appartement de Paris où tout le monde va et vient librement, car la clé reste en permanence sur la porte. Une foule de jeunes y défilent, des amis et des inconnus, stables ou instables, sains ou drogués, des «paumés»[1] que Marie, la mère, essaie de sauver du désespoir et de la délinquance. Pour Marie, c'est une tentative de rompre avec son passé rigide, avec l'éducation bourgeoise qu'elle appelle «l'école du mensonge», avec les valeurs et préjugés de la société capitaliste. C'est un effort de communication avec une jeunesse marquée par la crise de mai 68. C'est une série d'interrogations sur les jeunes et leur musique, le chômage, la drogue, la sexualité, la violence, l'apathie et le concept même de la liberté. S'il y a quelques réponses («La liberté, oui, le désordre, non!»), il n'y a pas vraiment de message. *La Clé sur la porte*, c'est une expérience, une volonté de comprendre le monde moderne.

1. perdus

✦ La Clé sur la porte

PREPARATION

As we read a work of fiction we sometimes see characters through the eyes of the narrator before their words and acts let us see them in a different manner. This question of point of view is an important one to keep in mind as you shape your ideas about the characters.

During your reading of the following passage, examine how the motorcyclists are at first described and then how your feelings about them change as they take further shape in the story.

✦ LA CLÉ SUR LA PORTE [extrait]

Au cours d'un été nous campions au bord d'un lac canadien. La nuit était tombée, nous avions dîné. C'était l'été où Charlotte était amoureuse d'Alain. Nous étions neuf en tout: six adolescents, Jean-Pierre, moi et Dorothée qui avait douze ans. J'avais sommeil. Je les ai laissés autour du
5 feu et je suis allée dans la tente. Pendant que je me préparais à me coucher j'ai entendu une pétarade° formidable. Nous campions dans le   un bruit
creux° d'une grande dune de sable qui descendait jusqu'à l'eau. Je suis   la cavité
sortie et j'ai vu un spectacle incroyable: trois puissantes motocyclettes qui absorbaient la pente raide de la dune dans des geysers de sable et
10 un cataclysme de bruit. La panique m'a prise. Je croyais que c'était la police qui venait faire éteindre notre feu, ou Dieu sait quoi. Quand on vit de l'autre côté de l'Océan on se rend compte qu'*Easy Rider* ce n'est pas une invention et ça fait peur. Les motos se sont arrêtées à dix mètres de notre campement. Ce n'était pas la police mais trois très jeunes hom-
15 mes, dans les vingt-deux ans, secs, habillés de cuir noir, avec de gros dessins colorés sur leurs blousons. Les machines étaient magnifiques, les flammes faisaient briller leurs chromes par éclats, les garçons étaient effrayants, dangereux, les yeux froids dans des visages bardés° de   entourés
casques et de mentonnières.° J'étais en retrait, je voyais la scène. Je   protections pour le
20 m'attendais au pire. Les enfants sentant le danger, leurs pensées proba-   menton
blement pleines des récits quotidiens de la violence américaine, s'étaient levés. Ils restaient immobiles. Jean-Pierre avait fait un pas vers eux.
        «*Hello, good evening.*»
        Pas de réponse. Ils sont venus près du feu. Tout le monde était
25 debout. Cela a duré un moment. Puis les enfants ont commencé à s'as- seoir. Les trois motocyclistes aussi. Grégoire a pris son banjo, Alain sa guitare. Ils se sont mis à gratter.° Charlotte a fredonné:° «*One more blue*   ici: jouer / chanté
and one more grey.» Les trois motocyclistes ont souri. On a passé des   doucement
oranges. Alors a suivi une des soirées les plus intéressantes que j'aie
30 vécues ces dernières années. Ils ont raconté qu'ils étaient tous les trois électroniciens, qu'ils habitaient Detroit et que chaque vendredi soir ils partaient sur leurs engins le plus loin possible, à toute vitesse. En général le soir ils essayaient de trouver des campeurs avec un feu allumé pour faire cuire leur dîner. Mais c'était difficile. Ils étaient généralement mal

35 reçus. Les campeurs sont souvent armés et sont dangereux. Ils ont parlé
de leur vie, de ce qu'ils voulaient, de ce qu'était l'Amérique pour eux.

Le matin ils ont tenu à faire la vaisselle et le ménage du camp. Puis,
pour nous remercier, ils ont organisé dans les dunes le plus fantastique
carrousel. Leurs motos se cabraient° comme des chevaux, dévalaient° les   *dressaient / des-*
40 pentes, faisaient naître des feux d'artifice° de sable, jusqu'à ce que nous   *cendaient très vite /*
les ayons perdus de vue. Ils étaient magnifiques. Je ne sais plus leurs   **feux...** *fireworks*
noms. Je les aime beaucoup.

C'était la musique qui avait ouvert les portes.

Leurs disques ce sont nos livres. Ils sont pleins d'histoires, de mes-
45 sages, de rêves, d'aventures.

Un jour mon fils a branché des écouteurs° sur l'électrophone et il   *earphones*
m'a fait écouter un disque. J'ai vécu un bien beau moment en compagnie
de cette musique-là: une tempête, un espoir. Grâce aux écouteurs j'ai
perçu des nuances extrêmement fragiles que je n'avais jamais perçues
50 auparavant. Eux n'avaient pas besoin d'écouter pour les percevoir.
Après je leur ai parlé et je me suis rendu compte que c'était précisément
ces moments qu'ils attendaient chaque fois qu'ils écoutaient ce disque,
que je venais au fond de découvrir alors qu'il tournait° tous les jours au   *passait*
moins trois ou quatre fois depuis plusieurs semaines.

55   Une personne qui me parlait de ses enfants au cours d'un dîner:

«Je ne suis pas contre leur musique, chère amie (c'était la première
fois qu'elle me voyait). Mais pourquoi l'écoutent-ils si fort?

—Pour être complètement occupés par elle. Elle est plus qu'un sim-
ple divertissement.°   *amusement*
60   —Ils sont fous.»

                                        – *La Clé sur la porte*, 1975

COMPREHENSION

Vrai ou faux? Si c'est faux, corrigez.

1. L'histoire se passe au Canada.

2. C'est le printemps.

3. C'est le samedi soir.

4. La narratrice fait du camping avec huit autres personnes.

5. Quand les trois motocyclettes arrivent, la narratrice pense immédiatement que ce sont des jeunes hommes dangereux.

6. Elle aurait aimé voir la police.

7. Les jeunes motocyclistes avaient l'air très gentils.

8. Tout le monde avait peur.

9. Les jeunes ont commencé à jouer de la musique.

10. Les motocyclistes étaient électroniciens à Chicago.

11. Les motocyclistes ont remercié leurs hôtes par un spectacle.

12. Le fils de la narratrice l'a initiée aux effets de la musique forte.

13. La narratrice a réussi à expliquer la musique des jeunes à une amie.

PERCEPTIONS

1. Cardinal crée un grand suspense dans les premiers paragraphes du passage. Examinez ce qu'elle fait pour établir ce ton. (Considérez la description de l'endroit et des gens.) A quel moment précis est-ce que le suspense se dissipe?

2. Nous nous laissons parfois influencer par ce que nous avons vu au cinéma et ce que nous avons lu, surtout quand il s'agit de juger ce qui se passe dans un pays étranger. C'est le cas ici de la narratrice qui avait vu des films américains, et qui avait peur des motorcyclistes. Racontez un incident où vous avez basé votre jugement sur une expérience antérieure. Ce jugement était-il juste?

3. Quand on rencontre des gens d'un autre pays, on peut apprendre beaucoup sur leur vie et sur leur pays. C'est le cas dans ce passage. Avez-vous jamais fait une telle rencontre? Racontez.

4. «C'était la musique qui avait ouvert les portes.» C'est ainsi que l'auteur résume l'incident au Canada. Et puis elle raconte deux autres histoires qui montrent la puissance de la musique et aussi comment elle sépare les générations. Résumez les trois exemples du passage, puis donnez votre opinion sur les effets de la musique.

5. Ce passage décrit une expérience où la première impression s'est avérée fausse. Avez-vous jamais eu une telle expérience? Si oui, racontez en essayant d'établir la scène à la façon de Marie Cardinal pour créer un certain suspense.

Jean-Marie Le Clézio
(1940–   )

Jean-Marie Le Clézio est né à Nice en 1940. Descendant d'une famille bretonne émigrée à l'île Maurice (près de Madagascar, dans l'Océan Indien), il a hérité de ses ancêtres le goût de l'aventure et de la mer. Outre ses voyages en Europe, il a fait de longs séjours en Afrique du Nord, en Asie et parmi les Indiens d'Amérique Centrale.

Le Clézio a connu le succès très jeune. Son premier roman, *Le Procès-verbal*, écrit à l'âge de 23 ans, a remporté le Prix Renaudot, un des plus grands prix littéraires français. Depuis, il a publié plus de douze ouvrages, dont *La Guerre* (1970) et *Désert* (1980) qui sont ses romans les plus connus. L'extrait suivant est tiré d'une nouvelle, «La grande vie» (1978).

Dans ses romans et nouvelles, Le Clézio n'analyse pas; il regarde et décrit. Souvent par les yeux d'enfants, il regarde le ciel, la mer, les éléments de la nature qui donnent au monde sa stabilité. Il regarde aussi l'agitation des villes, symboles d'une société mécanique à la fois terrifiante et fascinante.

✦ La Grande Vie

PREPARATION

In this short story by Le Clézio, Pouce and Poussy are two young factory workers who decide to run away from the boring routine of their life. The young women want to see what they can of the world, no matter what it takes to accomplish this. In the passage you will read they have just hitched a ride in an Alfa Romeo from southern France into Alassio, Italy.

One useful approach to a first reading is to analyze where exactly the main characters are, what they do, and how those around them react. You will find three distinct scenes described in this passage. Create a chart similar to the following one. Then answer these questions as you read.

	Lieu?	*Actions?*	*Réactions?*
Scène 1			
Scène 2			
Scène 3			

✦ LA GRANDE VIE [extrait]

Ils sont arrivés dans la ville vers la fin de l'après-midi. Il y avait du
monde dans les rues, sur les trottoirs, et la chaussée° était sillonnée° de   rue / pleine
vespas° qui zigzaguaient entre les trolleybus et les voitures en faisant   *motorscooters*
siffler leurs moteurs suraigus.° Pouce et Poussy regardaient tout avec   *high-pitched*
5   des yeux émerveillés. Elles n'avaient jamais vu tant de monde,° tant   gens
d'agitation, de couleurs, de lumière. L'homme à l'Alfa Romeo s'est garé
sur une grande place entourée d'arcades et de palmiers. Il a laissé sa
belle voiture neuve n'importe où, sans se soucier des° signes des agents   **se...** faire attention
de police. Il a montré aux jeunes filles un grand café avec des tables   aux
10   couvertes de nappes blanches et il les a entraînées là, dehors, en plein
soleil. L'homme a dit quelque chose au garçon qui est revenu quelques
instants après avec deux énormes glaces nappées° de crème et de choco-   couvertes
lat fondu.° Lui, il s'est contenté d'un café très noir dans une minuscule   liquide
tasse. Les glaces leur ont fait pousser des cris, et elles ont ri si fort que
15   les gens se retournaient sur la place. Mais ils n'avaient pas l'air gêné, ni
même curieux; ils riaient aussi de voir deux jolies filles vêtues de blanc,
la peau couleur de cuivre,° les cheveux frisés par la mer et le soleil,   *copper*
attablées devant ces deux glaces qui ressemblaient à des mottes° de   petites montagnes
neige.
20   Elles ont mangé toute leur glace, et après cela, elles ont bu un grand
verre d'eau fraîche. L'homme a regardé sa montre et il a dit: «Me vono»°   **Me...** Il est temps de
plusieurs fois. Il attendait peut-être qu'elles repartent avec lui. Mais   partir
Poussy a secoué la tête, et elle lui a montré tout cela, la ville, les maisons
à arcades, la place où les autos et les vespas tournaient sans cesse comme
25   les figures d'un manège,° et elle n'a rien dit, et il a compris tout de suite.   *merry-go-round*
Mais il n'avait pas l'air déçu, ni en colère. Il a payé les glaces et le café
au garçon, puis il est revenu, et il les a regardées un instant avec ses
yeux bleus qui brillaient dans son visage sombre. Il s'est penché° vers   tourné

elles, l'une après l'autre, en disant «Bacio, bacio».° Poussy et Pouce l'ont   un baiser
30 embrassé sur la joue, en respirant un instant le parfum un peu piquant
de sa peau. Puis il est parti vers son Alfa Romeo, et il a démarré. Elles
l'ont regardé tourner autour de la place, se joindre au ballet des autos
et des vespas, et disparaître dans la grand-rue.

Il commençait à être un peu tard, mais les deux jeunes filles ne se
35 souciaient pas du tout de l'endroit où elles allaient dormir. Comme elles
n'avaient plus de bagage encombrant, juste l'aumônière° en skaï° bleu   le sac / *vinyl*
marine de Poussy, elles ont commencé à flâner° dans la ville, en re-   se promener
gardant les gens, les maisons, les rues étroites. Il y avait toujours beaucoup de monde, de plus en plus de monde, parce que pour les Italiens,
40 ça n'était pas la fin de la journée, mais une nouvelle journée qui commençait avec le soir. Les gens sortaient de toutes les maisons, des hommes habillés de complets noirs, avec des chaussures brillantes, des
femmes, des enfants; même les vieux sortaient dans la rue, quelquefois
en tirant une chaise de paille° pour s'asseoir au bord du trottoir.   *straw*
45 Tous, ils parlaient, ils s'interpellaient,° d'un bout à l'autre des rues,   s'appelaient
ou bien ils parlaient avec le klaxon de leurs autos et de leurs vespas. Il
y avait des jeunes gens qui marchaient à côté de Pouce et Poussy, un de
chaque côté, et ils parlaient aussi, sans arrêt, en leur prenant le bras et
en se penchant vers elles; ils racontaient tellement d'histoires dans leur
50 langue que ça faisait tourner la tête.

Mais ça les faisait rire aussi, c'était comme une ivresse,° tous ces   quand on a trop bu
gens, dans la rue, ces femmes, ces enfants qui couraient, les premières
lumières des magasins, le salon de coiffure d'homme avec un fauteuil
d'acier et de cuir rouge où un gros homme allongé, le visage couvert de
55 mousse, se faisait raser en regardant la rue.

Elles étaient un peu fatiguées par tout le monde, et[...] elles sont
allées sur la plage. C'était le soir, il n'y avait pas de vent sur la mer. Le
ciel était immense et rose, couleur de perle, et les grandes vieilles maisons debout dans le sable de la plage ressemblaient à des vaisseaux
60 échoués.° Jamais Pouce et Poussy n'avaient rien imaginé de plus beau.   **vaisseaux...** bateaux
                                                                              qui ne peuvent plus
«Tu crois que c'est comme ça, à Venise?» a dit Pouce.   naviguer / **au...** tout
                                                                              près
Les oiseaux de mer volaient lentement au ras° de la mer, sautant
légèrement par-dessus les vagues. Il y avait l'odeur profonde et loin-
taine, le goût du sel, et cette lumière rose du ciel sur l'eau grise, sur les
65 façades couleur de vieil or.

«Je voudrais ne jamais m'en aller d'ici», a dit encore Pouce.

Elles se sont assises sur le sable, tout près de la frange d'écume,°   **frange...** *fringe of foam*
pour regarder la nuit venir.

Elles ont dormi là, sur la plage, protégées des regards et du vent
70 froid par un vieil escalier qui conduisait à une porte murée, et par la

carcasse d'une barque abandonnée. Mais le sable était doux et léger, et il gardait un peu de la chaleur dorée de la dernière lumière du soleil. C'était bien de dormir en plein air, entouré par le bruit lent de la mer, et par l'odeur puissante du sel. C'était comme si elles avaient été à l'autre
75 bout du monde, et que tout ce qu'elles avaient connu autrefois, depuis leur enfance, était effacé, oublié.

Dans la nuit, Poussy s'est réveillée. Elle avait froid, et elle n'avait plus sommeil. Sans faire de bruit, elle a marché sur la plage, jusqu'à la mer. La lune brillait dans le ciel noir, éclairait les vagues et faisait briller
80 l'écume très blanche. Aussi loin qu'on pouvait voir, il n'y avait personne sur la plage. Les silhouettes des vieilles maisons étaient sombres, avec leurs volets° fermés contre le vent de la mer.   *shutters*

La jeune fille a écouté un long moment le bruit de la mer, les longues vagues qui s'écroulaient° mollement sur le sable, et jetaient vers ses pieds   *tombaient*
85 les franges d'écume phosphorescente. Au bout de la baie, il y avait le phare de Capo Mele, et, plus loin encore, la lueur d'Albenga dans le ciel, au-dessus des collines.

Poussy aurait bien aimé se plonger dans l'eau sombre, pleine d'é-tincelles° de lumière de la lune, mais elle avait froid, et un peu peur   *sparks*
90 aussi. Elle a seulement enlevé ses bottes, et elle a marché pieds nus dans l'écume. L'eau était glacée, légère, tout à fait comme la lumière de la lune dans le ciel noir.

Ensuite elle s'est assise auprès de Pouce qui continuait de dormir. Et pour la deuxième fois depuis le début de leur voyage, elle a ressenti ce
95 grand vide, presque un désespoir, qui déchirait et trouait l'intérieur de son corps. C'était si profond, si terrible, ici dans la nuit, sur la plage déserte avec le corps de Pouce endormi dans le sable et ses cheveux bougeant dans le vent, avec le bruit lent et impitoyable de la mer et de la lumière de la lune, c'était si douloureux que Poussy a un peu gémi,°   *moaned*
100 pliée sur elle-même.

Qu'est-ce que c'était? Poussy ne le savait pas. C'était comme d'être perdue, à des milliers de kilomètres, au fond de l'espace, sans espoir de se retrouver jamais, comme d'être abandonnée de tous, et de sentir autour de soi la mort, la peur, le danger, sans savoir où s'échapper.
105 Peut-être que c'était un cauchemar qu'elle faisait, depuis son enfance, quand autrefois elle se réveillait la nuit couverte d'une sueur glacée, et qu'elle appelait: «Maman! Maman!» en sachant qu'il n'y avait personne qui répondait à ce nom-là, et que rien ne pourrait apaiser sa détresse, ni surtout la main de maman Janine° qui se posait sur son bras, tandis   *sa mère adoptive*
110 que sa voix étouffée° disait: «Je suis là, n'aie pas peur», mais elle, de   *comme un murmure*
tout son être, jusqu'aux plus infimes° parties de son corps, protestait en   *petites*
silence: «Ce n'est pas vrai! Ce n'est pas vrai!»

— *La Grande Vie*, 1978

COMPREHENSION

1. Décrivez la scène au café. Qu'est-ce que les deux filles et le monsieur ont commandé? Quels étaient les sentiments de Pouce et Poussy?

2. Que faisaient les habitants d'Alassio l'après-midi? et le soir? Donnez des détails.

3. Où est-ce que les filles ont dormi? Quel temps faisait-il?

4. Décrivez les sentiments de Poussy au milieu de la nuit.

5. Qu'est-ce qui différencie les deux filles à la fin du passage?

PERCEPTIONS

1. Les critiques donnent au style de Le Clézio le nom de «néo-réalisme». Vous avez discuté certains aspects du réalisme du 19ᵉ siècle. Dans quel sens Le Clézio se place-t-il dans cette tradition? Donnez des exemples spécifiques du passage. Analysez de près, par exemple, les paragraphes qui décrivent l'après-midi à Alassio. Que fait l'auteur pour faire vivre la scène?

2. Les journaux abondent en histoires de jeunes fugitifs (*runaways*). D'après ce que vous avez lu, comment l'histoire de Pouce et de Poussy est-elle l'histoire de tous les fugitifs et comment Le Clézio en fait-il une œuvre unique?

3. Par le voyage, les deux filles cherchent la liberté, ou un moyen d'échapper à leur travail, aux restrictions et à l'ennui de leur routine. Identifiez les moments du passage où elles trouvent cette liberté désirée. Quelles sont les limites de cette liberté pour elles?

4. A la plage, vous avez vu le changement d'humeur de Poussy. Une sorte de désespoir l'a envahie quand elle a senti sa solitude et une grande peur d'un danger inconnu.
   a. Comment ce désespoir affecte-t-il notre opinion de Poussy?
   b. Est-ce qu'il est inévitable de sentir cette sorte de tristesse quand on quitte son pays et ses amis?
   c. Poussy a l'impression d'être perdue ou en proie à un cauchemar d'enfant abandonnée. Avez-vous jamais éprouvé de tels sentiments? Comparez vos expériences avec celle de la jeune fille.

Marguerite Duras
(1914–   )

Née en 1914 au Sud Viet-nam, Marguerite Duras a passé toute sa jeunesse en Indochine. Ses parents étaient instituteurs «aux colonies», mais après la mort de son père, quand Marguerite n'avait que quatre ans, la famille a vécu dans la misère. Un événement qui l'a beaucoup marquée est la destruction par l'Océan Pacifique d'une terre que sa mère avait achetée au Cambodge; du jour au lendemain, c'était la disparition de 20 ans d'économies, et pour la mère, une colère qui est devenue folie. Ce drame, Marguerite le transcrira en 1950 dans *Un Barrage contre le Pacifique,* un roman qui fera son succès et dont René Clément fera un film en 1957.

Arrivée à Paris à l'âge de 18 ans, Marguerite Duras y a d'abord fait des études de droit et de sciences politiques. Puis elle est entrée au Ministère des Colonies où elle a travaillé pendant six ans. Après la guerre, elle est devenue membre du Parti Communiste français, mais pour peu de temps. Pendant cette période elle s'est mariée deux fois et a eu un fils de son deuxième mariage.

A partir de 1950, sa vie se confond avec ses créations littéraires et cinématographiques. En 40 ans, Marguerite Duras a publié plus de trente romans, dont *Moderato Cantabile* (1958), *Détruire, dit-elle* (1969), et *L'Amant* (1984) qui a obtenu le Prix Goncourt. Elle a aussi écrit de nombreuses pièces de théâtre et des scénarios de films, dont *Hiroshima, mon amour* qui a été la révélation du Festival de Cannes 1960. Depuis 1966, elle réalise ses propres films; les plus connus sont *India Song* (1975) et *Le Camion* (1977) avec Gérard Depardieu.

Chez Marguerite Duras, la même œuvre apparaît souvent sous trois dimensions: roman, théâtre et film. C'est le cas de *Des Journées entières dans les arbres:* roman en 1954, pièce en 1965, film en 1977. Parfois le film précède le roman; c'est le cas de *La Pluie d'été* (1990) dont l'extrait suivant est tiré. Le film, fait en 1984, s'intitulait *Les Enfants.* «Pendant quelques années, le film est resté pour moi la seule narration possible de l'histoire», a dit l'auteur. «Mais souvent je pensais à ces gens, ces personnes que j'avais abandonnées. Et un jour j'ai écrit sur eux à partir des lieux du tournage[1] de Vitry» (dans la banlieue parisienne). «L'arbre

---

1. *filming location*

est là, il est devenu encore plus grand. Les noms des enfants je ne les
ai pas inventés. Le livre brûlé, je l'ai inventé».

Considérée d'abord comme un des principaux écrivains du Nouveau
Roman, Marguerite Duras est surtout connue au cinéma comme en
littérature pour son «immobilisme». Par des images lentes ou immobiles,
«la passion, la beauté, la mort prennent le temps de se donner à lire»,
et les silences deviennent parfois plus éloquents que la parole.

✦ La Pluie d'été

PREPARATION

Marguerite Duras, in this novel published in 1990, paints the portrait
of an unusual family that lives on the fringes of society in Vitry, outside
of Paris. Their seven children do not attend school, yet books and reading play an important role in their lives. As you read, underline the
beginning of each mention of this interest in books. Then make a chart
similar to the following one noting relevant facts about each family
member's link with reading and books.

Membres de la famille	Rôle des livres
le père	
la mère	
Ernesto	
Jeanne	
les jeunes brothers et sisters	

✦ LA PLUIE D'ÉTÉ [extrait]

Les livres, le père les trouvait dans les trains de banlieue. Il les trouvait
aussi séparés° des poubelles, comme offerts, après les décès ou les dé-
ménagements. Une fois il avait trouvé *La Vie de Georges Pompidou.*° Par
deux fois il avait lu ce livre-là. Il y avait aussi des vieilles publications
5 techniques ficelées° en paquets près des poubelles ordinaires mais ça, il
laissait. La mère aussi avait lu *La Vie de Georges Pompidou.* Cette *Vie* les
avait également passionnés. Après celle-là ils avaient recherché des *Vies*

à côté

président de la Ré-
publique française
(1969–1974) / assem-
blées

de Gens célèbres—c'était le nom des collections—mais ils n'en avaient plus jamais trouvé d'aussi intéressante que celle de Georges Pompidou, du
10 fait peut-être que le nom de ces gens en question leur était inconnu. Ils en avaient volé dans les rayons «Occasions»° devant les librairies. C'était   à prix réduit
si peu cher les *Vies* que les libraires laissaient faire.

Le père et la mère avaient préféré le récit du déroulement° de l'exis-   développement
tence de Georges Pompidou à tous les romans. Ce n'était pas seulement
15 en raison de sa célébrité que les parents s'étaient intéressés à cet
homme-là, c'était au contraire à partir de la logique commune à toutes
les vies que les auteurs de ce livre avaient raconté celle de Georges
Pompidou, si éminent que cet homme ait été. Le père se retrouvait dans
la vie de Georges Pompidou et la mère dans celle de sa femme. C'étaient
20 des existences qui ne leur étaient pas étrangères et qui même n'étaient
pas sans rapports avec la leur.

Sauf les enfants, disait la mère.

C'est vrai, disait le père, sauf les enfants.

C'était dans le récrit de l'occupation du temps de la vie qu'ils trou-
25 vaient l'intérêt de la lecture des biographies et non dans celui des acci-
dents singuliers qui en faisaient des destinées privilégiées ou cala-
miteuses. D'ailleurs, à vrai dire, même ces destinées-là, parfois, elles
ressemblaient les unes aux autres. Avant ce livre, le père et la mère ne
savaient pas à quel point leur existence ressemblait à d'autres existences.
30 Toutes les vies étaient pareilles disait la mère, sauf les enfants. Les
enfants, on ne savait rien.

C'est vrai, disait le père, les enfants on sait rien.

Une fois qu'ils avaient commencé un livre, les parents le finissaient
toujours, même s'il s'avérait° très vite être ennuyeux et si sa lecture leur   semblait
35 prenait des mois. Ainsi en était-il du livre d'Edouard Herriot, *La Forêt
Normande,* qui ne parlait de personne, mais seulement du début jusqu'à
la fin de la forêt normande.

Les parents, c'étaient des étrangers qui étaient arrivés à Vitry, depuis
près de vingt ans, plus de vingt ans peut-être. Ils s'étaient connus là,
40 mariés là, à Vitry. De cartes de séjour° en cartes de séjour, ils étaient   **cartes...** permis de
encore là à titre provisoire.° Depuis, oui, très longtemps. Ils étaient des   résidence / tem-
chômeurs, ces gens. Personne n'avait jamais voulu les employer, parce   poraire
qu'ils connaissaient mal leurs propres origines et qu'ils n'avaient pas de
spécialité. Eux, ils n'avaient jamais insisté. C'est à Vitry aussi que leurs
45 enfants étaient nés, y compris l'aîné qui était mort. Grâce à ces enfants
ils avaient été logés. Dès le deuxième on leur avait attribué une maison
dont on avait arrêté la destruction, en attendant de les loger dans un
H.L.M.° Mais ce H.L.M. n'avait jamais été construit et ils étaient restés   Habitation à Loyer
dans cette maison, deux pièces, chambre et cuisine, jusqu'à ce que—un   Modéré (logement
                                                                                 subventionné par
                                                                                 l'Etat)

50 enfant arrivant chaque année—la commune ait fait construire un dor-
toir° en matériau léger° séparé de la cuisine par un couloir. Dans ce
couloir dormaient Jeanne et Ernesto, les aînés des sept enfants. Dans le
dortoir les cinq autres. Le Secours Catholique avait fait don de poêles à
mazout° en bon état.

55   Le problème de la scolarisation des enfants ne s'était jamais sérieuse-
ment posé ni aux employés de la mairie° ni aux enfants ni aux parents.
Une fois ceux-ci avaient bien demandé qu'un instituteur se déplace
jusqu'à eux pour enseigner à leurs enfants mais on avait dit: quelle
prétention et puis quoi encore.° Voilà, ça s'était passé comme ça. Dans
60 tous les rapports de la mairie les concernant il était fait état de° la mauvaise volonté de ces gens et de l'obstination étrange qu'ils mettaient à
s'y tenir.°

     Ces gens lisaient donc des livres qu'ils trouvaient soit dans les trains
soit aux étals° des librairies d'occasion, soit près des poubelles. Ils avaient
65 bien demandé d'avoir accès à la bibliothèque municipale de Vitry. Mais
on avait dit: il ne manquerait plus que ça.° Ils n'avaient pas insisté.
Heureusement il y avait eu les trains de banlieue où trouver des livres
et les poubelles. Le père et la mère avaient des cartes de transport gratuit
à cause de leurs nombreux enfants et ils allaient souvent à Paris aller et
70 retour. Ça, c'était surtout depuis cette lecture sur Georges Pompidou
qui les avait tenus pendant un an.

     Une fois il y avait eu une autre histoire de livre dans cette famille.
Celle-là était arrivée chez les enfants au début du printemps.

     A ce moment-là Ernesto devait avoir entre douze ans et vingt ans.
75 De même qu'il ne savait pas lire, de même Ernesto ne savait pas son
âge. Il savait seulement son nom.

     La chose était arrivée dans le sous-sol d'une maison voisine, une sorte
d'appentis° que les gens laissaient toujours ouvert pour ces enfants-là et
où ceux-ci allaient se réfugier° chaque jour après le coucher du soleil
80 ou dans l'après-midi lorsqu'il faisait froid ou qu'il pleuvait, en attendant
le dîner. C'était dans cet appentis, dans une galerie par où passaient des
tuyaux° de chauffage central, sous des gravats,° que les plus petits des
brothers avaient trouvé le livre. Ils l'avaient rapporté à Ernesto qui
l'avait longuement regardé. C'était un livre très épais recouvert de cuir°
85 noir dont une partie avait été brûlée de part et d'autre° de son épaisseur
par on ne savait pas quel engin mais qui devait être d'une puissance
terrifiante, genre chalumeau° ou barre de fer rougie au feu. Le trou de
la brûlure était parfaitement rond. Autour de lui le livre était resté
comme avant d'être brûlé et on aurait dû arriver à lire cette partie
90 des pages qui l'entourait. Les enfants avaient déjà vu des livres aux
devantures° des librairies et chez leurs parents mais ils n'avaient jamais

---

dormitory / **en...** de mauvaise fabrication

poêles... appareils de chauffage

centre administratif de la ville

et... que voulez vous d'autre / **fait...** écrit

mettaient... manifestaient

aux... sur les tables

il... *that would be the day!*

shed

trouver refuge

pipes / morceaux de plâtre

leather

part... chaque côté

blowtorch

comme de grandes fenêtres

vu de livre aussi cruellement traité que celui-ci. Les très jeunes brothers et sisters avaient pleuré.

Dans les jours qui avaient suivi la découverte du livre brûlé Ernesto 95 était entré dans une phase de silence. Il était resté des après-midi entiers dans l'appentis, enfermé avec le livre brûlé.

Puis brusquement Ernesto avait dû se souvenir de l'arbre.

Il s'agissait d'un jardin qui se trouvait à l'angle de la rue Berlioz et d'une rue presque toujours déserte, la rue Camélinat, qui descendait en 100 pente très raide jusqu'à la fosse° de l'autoroute et le Port-à-l'Anglais de Vitry. Ce jardin était entouré d'une clôture grillagée° étayée° par des piquets de fer, tout ça très bien fait, aussi bien qu'on avait fait autour des autres jardins de la rue qui étaient à peu près de la même superficie° que celui-ci et de la même forme.

105 Mais dans ce jardin-là il n'y avait aucune diversité, aucune plate-bande,° aucune fleur, aucune plante, aucun massif.° Il y avait seulement un arbre. Un seul. Le jardin c'était ça, cet arbre.

Les enfants n'avaient jamais vu d'autres arbres de cette espèce. A Vitry c'était le seul et peut-être même en France. Il aurait pu paraître, 110 ordinaire, on aurait pu ne pas le remarquer. Mais une fois qu'on l'avait vu il ne pouvait plus sortir de l'esprit. Sa taille était moyenne. Son tronc, aussi droit qu'un trait° sur une page nue. Son feuillage en dôme aussi dense et beau qu'une belle chevelure° au sortir de l'eau. Mais sous ce feuillage le jardin était un désert. Rien n'y poussait faute de lumière.

115 Cet arbre était sans âge, indifférent aux saisons, aux latitudes, dans une solitude sans recours. Sans doute n'était-il plus nommé dans les livres de ce pays ici. Peut-être ne l'était-il plus nulle part.

Plusieurs jours après la découverte du livre, Ernesto était allé voir l'arbre et il était resté auprès de lui, assis sur le talus° opposé au grillage 120 qui l'entourait. Ensuite, chaque jour il y était allé. Quelquefois il y restait longtemps, mais de même toujours seul. Il ne parlait jamais à personne, sauf à Jeanne, de ses visites à l'arbre. C'était le seul lieu, curieusement, où les brothers et les sisters ne venaient pas retrouver Ernesto.

L'arbre, après le livre brûlé, c'était peut-être ce qui avait commencé 125 à le rendre fou. C'est ce que pensaient les brothers et les sisters. Mais fou comment, ils pensaient que jamais ils ne le sauraient.

Un soir, les brothers et les sisters avaient demandé à Jeanne ce qu'elle en pensait, si elle avait une idée. Elle, elle pensait qu'Ernesto avait dû être frappé par la solitude de l'arbre et par celle du livre. Elle, elle 130 croyait qu'Ernesto avait dû rassembler le martyr du livre et celui de la solitude de l'arbre dans une même destinée. Ernesto lui avait dit que c'était lorsqu'il avait découvert le livre brûlé qu'il s'était souvenu de l'arbre enfermé. Il avait pensé aux deux choses ensemble, à comment faire

---

partie basse

clôture... *wire fence /* tenue

surface

bordure de fleurs / groupe de plantes

une ligne

(voir «cheveux»)

promontoire de terre

leur sort se toucher, se fondre° et s'emmêler° dans sa tête et dans son   devenir un / se mé-
135 corps à lui, Ernesto[...]   langer

Jeanne avait ajouté: Et à moi aussi il avait pensé, Ernesto.

Mais les brothers et les sisters n'avaient rien compris à ce qu'avait dit
Jeanne et ils s'étaient endormis. Jeanne ne s'en était pas aperçue et elle
avait continué à parler de l'arbre et d'Ernesto[...]

140 Pour elle, Jeanne, depuis qu'Ernesto lui avait parlé de cette façon,
le livre brûlé et l'arbre étaient devenus des choses d'Ernesto, qu'Ernesto
avait trouvées, qu'il avait touchées avec ses mains, ses yeux, sa pensée
et qui lui avaient été offertes à elle par Ernesto[...]

Ernesto était censé° ne pas savoir encore lire à ce moment-là de sa   supposé
145 vie et pourtant il disait qu'il avait lu quelque chose du livre brûlé.
Comme ça, il disait, sans y penser et même sans le savoir qu'il le faisait,
et puis qu'ensuite eh bien qu'ensuite, il ne s'était plus rien demandé ni
s'il se trompait° ni s'il lisait en vérité ou non ni même ce que ça pouvait   se... était dans l'erreur
bien être, lire, comme ça ou autrement. Au début il disait qu'il avait
150 essayé de la façon suivante: il avait donné à tel dessin de mot, tout à fait
arbitrairement, un premier sens. Puis au deuxième mot qui avait suivi,
il avait donné un autre sens, mais en raison du premier sens supposé
au premier mot, et cela jusqu'à ce que la phrase tout entière veuille dire
quelque chose de sensé. Ainsi avait-il compris que la lecture c'était une
155 espèce de déroulement continu dans son propre corps d'une histoire
par soi inventée. C'était de cette façon qu'il avait cru comprendre que
dans ce livre il s'agissait d'un roi qui avait régné dans un pays loin de la
France, étranger lui aussi, il y avait très longtemps de cela. Il avait cru
avoir lu non des histoires de rois mais celle d'un certain roi d'un certain
160 pays à une certaine époque. Un peu de cette histoire seulement, à cause
de la destruction du livre, juste ce qui avait trait à° certains épisodes de   avait... concernait
la vie et des occupations de ce roi. Il l'avait dit à ses brothers et sisters.
Mais ceux-là qui étaient jaloux du livre, ils avaient dit à Ernesto:

—Comment t'°aurais pu lire ce livre, espèce de crétin,° puisque tu   tu / espèce... idiot
165 sais pas? Que lire t'as jamais su?

Ernesto disait que c'était vrai, qu'il ne savait pas comment il avait pu
lire sans savoir lire. Il était lui-même un peu troublé. Il l'avait également
dit à ses brothers et sisters.

Alors, ensemble, ils avaient pris la décision de vérifier le dire d'°Er-   le... ce que disait
170 nesto. Ernesto était allé voir le fils d'un voisin qui, lui, était allé à l'école,
qui y allait encore et qui, lui, avait un âge déterminé, quatorze ans. Il
lui avait demandé de lire la partie du livre que lui, Ernesto, avait cru
avoir lue: Qu'est-ce que ça raconte, là, dans le haut du livre?

Il était allé voir aussi un instituteur de Vitry qui, lui, avait des
175 diplômes et un âge également déterminé, trente-huit ans. Et les deux

avaient dit à peu près la même chose, que c'était l'histoire d'un roi.
Juif, avait ajouté l'instituteur. C'était la seule différence entre les deux
lectures. Ensuite Ernesto aurait bien voulu encore vérifier auprès de
son père mais curieusement le père s'était défilé,° il s'était débarrassé   **s'était...** avait décliné
180 du problème, il avait dit qu'il fallait croire ce qu'avait dit l'instituteur.   l'offre
Après, l'instituteur était venu voir les parents pour leur dire d'envoyer
Ernesto à l'école et sa sœur aussi, qu'ils n'avaient pas le droit de garder
à la casa des enfants aussi intelligents et qui avaient une telle soif de
connaissance.

— *La Pluie d'été*, 1990

COMPREHENSION

1. Comment est-ce que les parents obtiennent leurs livres?

2. Pour quelles raisons est-ce que le père et la mère ont aimé la biographie de Georges Pompidou?

3. Pourquoi est-ce que les parents n'ont pas trouvé de travail à Vitry?

4. Comment est-ce qu'ils ont obtenu leur logement? Décrivez leur maison.

5. Où est-ce que les enfants ont trouvé le livre brûlé? Quelle a été leur réaction? et celle d'Ernesto?

6. Décrivez le jardin qu'aimait Ernesto.

7. Quelle était la méthode de lecture d'Ernesto?

8. Auprès de quelles personnes Ernesto a-t-il essayé de vérifier sa lecture du livre brûlé? Quelles ont été leurs conclusions?

PERCEPTIONS

1. Dans ce roman, nous faisons la connaissance d'une famille qui n'a pas réussi dans la vie. La société française les aide, mais pas beaucoup. Faites une liste de ce que la ville et l'église de Vitry ont fait pour cette famille. Faites une deuxième liste de ce qu'ils ont refusé de faire pour eux. Quelles sont les responsabilités de l'Etat envers les pauvres? Quelle serait la situation idéale, d'après vous?

2. La conclusion fascinante de la mère, après avoir lu quelques biographies, est que «toutes les vies étaient pareilles», y compris la leur. Dans quel sens est-ce vrai et dans quel sens est-ce faux?

3. Le livre brûlé et l'arbre enfermé dans le jardin touchent tous les deux l'âme d'Ernesto.
   a. Quels éléments ont-ils en commun?
   b. Comment est-ce qu'ils inspirent ou changent Ernesto?

4. Ernesto commence à lire sans avoir appris à lire. Est-ce que cela vous semble possible? Pourquoi ou pourquoi pas?

5. Duras aime décrire des personnes et des objets ordinaires, mais d'une manière qui les rend extraordinaires et presque mythiques. Trouvez des exemples où l'irréel se mélange au réel. Essayez d'identifier ce qu'elle fait dans sa narration pour créer ce sens du magique.

Synthèse

A DISCUTER

A. En petits groupes, faites une liste des thèmes qui semblent prédominer dans les œuvres que vous avez lues dans ce chapitre. Comparez le traitement de ces thèmes par les différents auteurs. Lesquelles de ces idées trouvent un écho en vous? Expliquez.

B. Dans les œuvres de Sartre, Anouilh et Camus que vous avez lues, vous voyez des personnages très conscients de leur destin et des choix qu'ils doivent faire. Hugo choisit le compromis; Becket refuse le compromis; Sisyphe accepte son sort. Qu'est-ce qui les amène à ces décisions? Pensez à des décisions que vous avez prises. Sur quoi étaient-elles basées?

A ECRIRE

A. Les liens de famille ou d'amitié occupent généralement une place très importante dans la vie de l'individu. Les écrivains abordent ces liens de manières différentes. Dans les lectures du 20e siècle que vous avez faites, vous avez vu des relations très diverses:

Parents et enfants: Beauvoir, Duras, Cardinal

Amants: Apollinaire, Prévert

Mari et femme: Ionesco, Duras

Amies (demi-sœurs): Le Clézio

Choisissez une de ces relations. Analysez-la et comparez avec votre façon de voir les choses.

B. Dans quelles circonstances les frustrations peuvent-elles devenir angoisse? L'absurde fait-il partie de votre monde? Expliquez.

Appendice littéraire

ELEMENTS FONDAMENTAUX DE L'ANALYSE LITTERAIRE

L'analyse peut se rapporter à deux aspects principaux d'un texte:

le fond, ou les idées;

la forme, c'est-à-dire la langue, le style et les techniques de l'auteur.

La littérature se divise en trois **genres** principaux: la prose, le théâtre et la poésie.

La Prose

La prose comprend les **romans,** les **contes,**[1] les **nouvelles,**[2] les **lettres,** les **essais,** les **maximes,** etc. Comme le dit Molière dans *Le Bourgeois Gentilhomme,* «tout ce qui n'est point prose est vers; et tout ce qui n'est point vers est prose».

Le **héros** ou l'**héroïne** d'un roman ou de tout autre ouvrage littéraire est le **personnage**[3] **principal** ou le (la) **protagoniste.** Les personnages secondaires servent souvent à mettre en valeur les personnages principaux.

Le Théâtre

Le théâtre peut être en prose ou en vers, comique ou tragique. La **farce** fait rire par son comique scénique (gestes, mimiques, grimaces, etc.) La **comédie** est plus profonde: en exposant le ridicule des personnages ou des mœurs,[4] elle cache sous des aspects comiques un message souvent tragique, comme les vices ou le vide de l'existence. La **tragédie** présente «avec tristesse et majesté»[5] le spectacle des passions humaines et des catastrophes qu'elles entraînent. Le **drame** est principalement tragique, mais n'hésite pas à mélanger les tons.

Une pièce de théâtre est souvent divisée en **actes** et en **scènes** où les **monologues** alternent avec les **dialogues.** Une pièce s'organise généralement autour d'une **intrigue**[6] qui se prépare dans l'**exposition** (présentation des personnages et de la situation), se complique jusqu'au **nœud**[7] de l'action, ou la crise, puis trouve une résolution dans le **dénouement.**

---

1. *tales*   2. *short stories*   3. Attention, on ne dit pas «caractère»!   4. manières de vivre
5. expression de Racine (auteur du 17ᵉ siècle)   6. *plot*   7. *the "knot" (the climax)*

La Poésie

La poésie est la musique de la littérature; elle se distingue avant tout par sa forme et son rythme. Un poème s'organise le plus souvent en **vers** (ou lignes) et en **strophes** (ou groupes de vers).

Certains poèmes ont une forme fixe, comme le **sonnet** qui se compose de deux **quatrains** (ou strophes de quatre vers) suivis de deux **tercets** (ou strophes de trois vers). Une **ballade** se compose de vers de 8 **pieds** (ou syllabes) groupés en strophes de 8 vers. Dans un **rondeau,** on retrouve les vers de 8 pieds, ou **octosyllabes,** mais groupés en strophes de 4 vers.

L'octosyllabe que nous venons de mentionner est un vers à forme fixe. Si le vers contient 10 pieds, il s'appelle un décasyllabe; s'il en contient 12, c'est un **alexandrin,** ou le vers classique français. Quand le nombre de pieds n'est pas fixe, ce sont des **vers libres.**

La syllabation diffère légèrement en poésie. Alors que le **e** final des mots ne se prononce pas dans la langue parlée, il se prononce en poésie et compte comme syllabe, sauf devant une voyelle ou à la fin du vers. Notez la syllabation dans le vers suivant:

Cet/**te**/ le/çon/ vaut / bien / un/ fro/ma/**ge**/ sans/ doute. (La Fontaine)

Les deux **e** en caractères gras[8] se prononcent car ils précèdent une consonne; le **e** de «doute» ne se prononce pas, car il se trouve à la fin du vers.

Chaque vers contient souvent une idée complète, mais s'il faut attendre le vers suivant pour que l'idée se complète, c'est un procédé rythmique qu'on appelle l'**enjambement.** Si l'enjambement est très court, c'est-à-dire que si l'idée du premier vers se termine au tout début du vers suivant, créant un effet de surprise, on l'appelle aussi un **rejet.** Les vers suivants de Victor Hugo présentent un exemple de rejet:

Demain, dès l'aube, à l'heure où blanchit la campagne,
Je partirai. Vois-tu, je sais que tu m'attends.

La **rime** est l'élément musical qui se répète à la fin des vers. Selon leur disposition dans une strophe, les rimes peuvent être **plates** (AABB), **croisées** (ABAB) ou **embrassées** (ABBA). Reprenons le poème de Victor Hugo déjà cité:

Demain, dès l'aube, à l'heure où blanchit la campagne,
Je partirai. Vois-tu, je sais que tu m'attends.
J'irai par la forêt, j'irai par la montagne.
Je ne puis demeurer loin de toi plus longtemps.

8. *boldface*

Dans cette strophe, nous voyons que «campagne» rime avec «montagne» (vers 1 et 3) et «attends» rime avec «longtemps» (vers 2 et 4). Les rimes sont donc croisées (disposition ABAB).

La qualité des rimes est un autre facteur à considérer en poésie. Les vers à **rime pauvre** n'ont qu'un élément identique, comme dans «ami/ défi», où le seul son répété est la voyelle **i**. Les vers à **rime suffisante** ont deux éléments identiques, comme dans «attends/longtemps», où les sons répétés sont le **t** et la voyelle nasale. Une **rime riche** comprend au moins trois éléments identiques, comme dans «emporte/morte», où le **o**, le **r** et le **t** sont répétés. Pour déterminer si une rime est pauvre, suffisante ou riche, il faut se rappeler que c'est le son qui compte, et non l'orthographe—un autre signe que la poésie est avant tout musique.

FIGURES DE STYLE

Les termes suivants, présentés par ordre alphabétique, sont les plus communs parmi les figures de style ou figures de rhétorique. Un bon moyen de se les rappeler est de les associer dans sa mémoire avec un exemple-clé.

Une **allitération** est la répétition des mêmes sons consonnes dans une succession de mots.

Exemple: «Pour qui **s**ont **c**es **s**erpents qui **s**ifflent **s**ur vos têtes?» (allitération en **s**).

Une **antithèse** est une opposition.

Exemple: «des grêlons de flamme» (*hailstones of flame*)—l'association d'éléments contraires, comme la glace et le feu, forme une antithèse.

Une **apostrophe** s'adresse directement à une personne, une chose ou une abstraction personnifiée.

Exemple: «O temps, suspends ton vol, et vous, heures propices...»

Une **assonance** est la répétition des mêmes sons voyelles dans une succession de mots.

Exemple: «Les faux beaux jours...» (répétition du son **o**).

Une **comparaison** rapproche deux idées avec le mot *comme* ou un synonyme de *comme* (*tel, pareil à*).

Exemple: «Le jour pour moi sera **comme** la nuit.» (Notez que cette comparaison est aussi une antithèse.)

Une **hyperbole** est une exagération de la pensée.

Exemple: «C'est un géant» pour «Il est grand».

Une **litote** est une diminution de la pensée.

Exemple: «Je ne vous hais pas» pour «Je vous aime».

Une **métaphore** est une comparaison sous-entendue.

Exemple: «les ailes du temps» (*the wings of time*)—le temps est comparé de façon implicite à un oiseau.

Une **métonymie** attribue le nom d'un objet à un autre à cause des rapports évidents qu'ils ont entre eux.

Exemple: «Il a bu la mort»—on ne peut pas boire la mort, mais on peut boire ce qui cause la mort, c'est-à-dire du poison.

Une **périphrase** exprime en plusieurs mots ce que l'on aurait pu dire en un seul.

Exemple: «la plaine liquide» pour «la mer»; ou «l'homme de Waterloo» pour «Napoléon».

Une **personnification** attribue des caractéristiques humaines à des animaux, des choses ou des abstractions.

Exemple: «Le printemps naît».

Dans les fables, les animaux sont personnifiés.

Un **symbole** est la représentation concrète de quelque chose d'abstrait.

Exemple: Le chien est le symbole de la fidélité.

Une **synesthésie** est une association entre des sensations de nature différente.

Exemple: «une musique bleue» (la musique se perçoit par les oreilles, les couleurs se perçoivent par les yeux); «une couleur chaude» (association de la vue et du toucher).

CREDITS

TEXT

p. x, chart (Assessment Criteria: Speaking Proficiency) from The ACTFL Oral Proficiency Interview Tester Training Manual, contributing editors Heidi Byrnes and Irene Thompson with editor Kathryn Buck, published by ACTFL, copyright © 1989. Reprinted with permission, American Council on the Teaching of Foreign Languages (ACTFL). **p. 176,** poem "Les Enfants qui s'aiment" by Jacques Prévert, from the poetic collection *Spectacle.* Copyright © Gallimard. Reprinted by permission. **p. 179,** excerpt from *Le Mythe de Sisyphe* by Albert Camus, 1942. Copyright © 1942. Reprinted by permission of Editions Gallimard. **p. 185,** cinquième tableau, scène 3, from *Les Main sales* by Jean-Paul Sartre, 1948. Copyright © 1948. Reprinted by permission of Editions Gallimard. **p. 192,** excerpt from *Une Mort très douce* by Simone de Beauvoir, Collection Folio, pp. 133–135, 146–152, 1964. Reprinted by permission of Editions Gallimard. **p. 199,** scène IV from *La Cantatrice chauve* by Eugène Ionesco, 1948, scène IV, pp. 39–41. Reprinted by permission of Editions Gallimard. **p. 213,** excerpt from *La Clé sur la porte* by Marie Cardinal, 1975. Reprinted by permission of Editions Bernard Grasset. **p. 217,** exerpt from a novela, *La Grande Vie* by Jean-Marie Le Clézio, 1978, taken from *La Ronde et Autres Faits Divers,* pp. 154–156, 158–160. Copyright © 1978. Reprinted by permission of Editions Gallimard. **p. 222,** excerpt from *La Pluie d'été,* by Marguerite Duras, 1990, pp. 9–17. Reprinted by permission of P.O.L. éditeur.

ILLUSTRATIONS

p. 14, Giraudon, Pol de Limbourg, Calendrier des Très Riches Heures du Duc de Berry: Août. Chantilly, Musée Condé.; **p. 17,** Antony Groves-Raines.; **p. 32,** Photo Musée des arts décoratifs, Laurent Sully Jaulmes-Paris. Tous droits d'utilisation reservés.; **p. 36,** Lauros-Giraudon/Art Resource, New York. Atelier de la Loire, Concert à la fontaine, détail central: femme jouant de l'orgue. Paris, Musée des Gobelins.; **p. 39,** Photographie Bulloz.; **p. 43,** Roger-Viollet.; **p. 46,** Photographie Bulloz.; **p. 49,** Photographie Bulloz.; **p. 52,** Giraudon/Art Resource, New York. Portrait de Michel de Montaigne. Chantilly, Musée Condé.; **p. 58,** Scala/Art Resource, New York. Nicolas Poussin, Rebecca and Eliezer. Paris, Louvre.; **p. 61,** Culver Pictures, Inc.; **p. 64,** Giraudon/Art Resource, New York. Claude Lefebvre, Portrait de Madame de Sévigné. Paris, Musée Carnavalet.; **p. 69,** Culver Pictures, Inc.; **p. 70,** Giraudon/Art Resource, New York. Fables par la Fontaine: Paris, Bibliothèque Nationale.; **p. 72,** Giraudon/Art Resource, New York. Fables par la Fontaine: Paris, Bibliothèque Nationale.; **p. 74,** Giraudon/Art Resource, New York. P. Mignard, Portrait de Molière. Chantilly, Musée Condé.; **p. 81,** Culver Pictures, Inc.; **p. 88,** Jean-Honoré Fragonard, Le Colin-Maillard. The Toledo Museum of Art, Gift of Edward Drummond Libbey.; **p. 91,** Photographie Bulloz.; **p. 96,** Giraudon/Art Resource, New York. French, 18th century, Voltaire at his workdesk. Paris, Musée Carnavalet.; **p. 101,** Culver Pictures, Inc.; **p. 105,** Photographie Bulloz/Musée Carnavalet.; **p. 110,** Giraudon/Art Resource, New York. P.C. Soyer, d'après Greuze, Portrait de Beaumarchais, 1885. Versailles, Château.; **p. 116,** Bridgeman/Art Resource, New York. Renoir, Le Déjeuner des Canotiers. Washington, D.C., The Phillips Collection.; **p. 119,** Collections de la Maison de Victor Hugo, Photographie Bulloz.; **p. 122,** Snark/Art Resource, New York. Decaisne, Portrait de Lamartine, 1829. Mâcon, Musée Lamartine.; **p. 125,** Photographie Bulloz. Latour, Un coin de table, détail Verlaine. Musée Jeu de Paume.; **p. 131,** Photographie Bulloz.; **p. 134,** Culver Pictures, Inc.; **p. 137,** The Bettmann Archive.; **p. 144,** Snark/Art Resource, New York. Guy de Maupassant. Private Collection.; **p. 154,** Culver Pictures, Inc.; **p. 163,** Culver Pictures, Inc.; **p. 170,** Copyright 1992 Charly Herscovici/ARS, N.Y. Renée Magritte, La clef des champs, 1936. Lugano, Thyssen-Bornemisza Collection.; **p. 173,** The Granger Collection.; **p. 176,** Lipnitzki-Viollet.; **p. 178,** Henri Cartier-Bresson/Magnum Photos.; **p. 183,** Henri Cartier-Bresson/Magnum Photos.; **p. 191,** Elliott Erwitt/Magnum Photos.; **p. 198,** Henri Cartier-Bresson/Magnum Photos.; **p. 204,** SIPA Press.; **p. 212,** Roger-Viollet.; **p. 216,** Michel Ginies/SIPA Press.; **p. 221,** Hélène Bamberger/Gamma-Liaison.